«El divorcio es una muerte que continúa trayendo pena y dolor mucho tiempo después que termina. Cuando los novios pronuncian los votos matrimoniales, nunca tienen planes de que su matrimonio termine en divorcio, pero con un simple descuido, muchos buenos matrimonios se deslizan hacia la disolución sin que suene ninguna alarma. Gary y Barb Rosberg ofrecen de manera personal y práctica una visión y un plan que puede alterar la tragedia estadounidense que carcome la integridad de nuestra cultura. La sinceridad poco común que tienen, aumentará tu deseo de caminar por un sendero que no solo preservará tu matrimonio, sino que también hará crecer el deleite en el placer del amor».

DR. DAN B. ALLENDER, presidente de Mars Hill Graduate School, autor de *Intimate Allies*

«No hay otra pareja en Estados Unidos que esté más dedicada a los matrimonios de calidad que Gary y Barb Rosberg. Su enfoque es sofisticado y su espíritu es apasionado y puro. En este nuevo libro han dado un paso importante para ayudar a los lectores a hacer un diagnóstico de sus problemas matrimoniales, pero también a proteger sus matrimonios del divorcio. Estoy convencido de que todo matrimonio en Estados Unidos puede crecer sustancialmente a través de la lectura de estos capítulos. El material es animado y dinámico, muy íntimo y esclarecedor, y el resultado es un libro poderoso que cambiará de manera profunda a miles de matrimonios».

DR. NEIL CLARK WARREN, fundador de eharmony, autor de *Cómo hallar el amor de tu vida*

«Qué placer es para mí avalar este libro. Los Rosberg son un caso serio. Su pasión por ayudar a la gente cuyos matrimonios están heridos es muy evidente. Toda pareja que lea este libro dirá: "Esto es lo que podemos hacer. Podemos proteger nuestro matrimonio para que sea a prueba de divorcio". Por lo tanto, si tu matrimonio se desliza hacia la desconexión, desearás leer cada página del libro de Gary y Barb. No lo lamentarás. Es una gran inversión».

DR. KEVIN LEMAN, autor de *Intimate Connections* y *Becoming a Couple of Promise*

«Ayudar a bajar la tasa de divorcios en Estados Unidos no es tarea fácil, y aplaudo a Gary y a Barb Rosberg por aceptar este desafío. Este libro es un manual apasionado sobre cómo proteger nuestro matrimonio del daño y cómo procurar alcanzar lo mejor que Dios tiene preparado para nosotros. No te conformes con menos. No te conformes con el divorcio. ¡Lee este libro!»

BILL MCCARTNEY, fundador y presidente de Cumplidores de Promesas, autor de *Sold Out: Two-Gether*

«Con tantos matrimonios en problemas hoy, las parejas necesitan ayuda. El mapa del matrimonio de los Rosberg te ayudará a determinar dónde te encuentras en tu matrimonio y las seis facetas del amor te conducirán hacia el camino de vuelta a tu matrimonio soñado. No te puedes dar el lujo de no leer este libro. Por el bien de tu matrimonio, y también del matrimonio de tus hijos, estudia este libro y asegúrate de que vas por el buen camino: lejos del divorcio y en dirección hacia el sueño que tienes de lo que debiera ser tu matrimonio».

DR. TIM y JULIE CLINTON, presidentes de la *American Association of Christian Counselors*, autores de *The Marriage You've Always Wanted*

«Mi esposa, Karen, y yo conocemos a Gary y a Barb desde hace casi veinte años. Su pasión y su llamado no han vacilado. Han entregado sus vidas a fortalecer, reconstruir y preservar los matrimonios. *Matrimonio a prueba de divorcio* no es solo un llamado al amor duradero y al compromiso, sino también es un manual que proporciona visión, esperanza y ayuda práctica para construir un matrimonio capaz de llegar hasta el final. Gary y Barb muestran lo mejor de sí mismos en este libro.

DR. CRAWFORD W. LORITTS, HIJO, director asociado de Cruzada Estudiantil y Profesional para Cristo, EE.UU., autor de *Lessons from a Life Coach*

«Gary y Barbara Rosberg le hacen frente a uno de los mayores azotes de la familia estadounidense, pero lo hacen con transparencia, compasión y gracia. El consejo tierno que dan en *Matrimonio a prueba de divorcio* les da a las parejas lo necesario para permanecer cerca el uno del otro y a los que desean recuperar sus sueños perdidos les da un plan que no solo da resultado, sino que también trae su recompensa.

Encontrarás mucho más que ayuda y esperanza; encontrarás a dos nuevos amigos que caminarán a tu lado a través de los desafíos del amor. Gary y Barbara Rosberg son sabios que con ternura entregan el amor y la misericordia de Dios, voces frescas para matrimonios a prueba de divorcio».

DR. TIM KIMMEL, director ejecutivo de Family Matters, autor de *Basic Training for a Few Good Men*

«Gary y Barbara aman a la gente y a la Palabra de Dios. Esta es una combinación invencible a la hora de hablar del pesado tema del divorcio. Existe un equilibrio fabuloso que surge una vez tras otra de los Rosberg; para ser sincero, es la habilidad que tienen de hablar la verdad en amor».

DR. STEVE FARRAR, fundador y presidente de Men's Leadership Ministries, autor de *El hombre guía, cómo ser líder de su familia*

Matrimonio
A PRUEBA
DE
DIVORCIO

DESCUBRE DE NUEVO EL AMOR DE TU VIDA

DR. GARY Y BARBARA
ROSBERG

Publicado por
Unilit
Medley, FL 33166

Primera edición 2016 (Serie Favoritos)
Primera edición 2004
© 2004 por Editorial Unilit (Spanish translation)
Traducido al español con permiso de Tyndale House Publishers.
(Translated into Spanish by permission of Tyndale House Publishers.)

© 2002 por Gary y Barbara Rosberg.
Originalmente publicado en inglés con el título:
Divorce Proof Your Marriage por el Dr. Gary y Barbara Rosberg.
Publicado por Tyndale House Publishers, Inc.
Wheaton, Illinois, 60189
Todos los derechos reservados.

Traducción: *Cecilia Romanenghi de De Francesco*
Fotografías de la cubierta: © 2015 Joshua Resnick, Happy Art. Usadas con permiso de
Shutterstock.

Algunos de los nombres y los detalles en las historias narradas han sido cambiados para proteger la
identidad de los personajes.

Porciones de la Segunda Parte fueron adaptadas de *Dr. Rosberg's Do-It-Yourself Relationship Mender*,
© 1992, 1995 por Gary Rosberg. Usadas con permiso de Focus on the Family y Tyndale House
Publishers, Inc., Wheaton, Illinois. Todos los derechos reservados.

Los diagramas en el capítulo 5 fueron adaptados de *Dr. Rosberg's Do-It-Yourself Relationship
Mender*, © 1992, 1995 por Gary Rosberg. Usados con permiso de Focus on the Family y Tyndale
House Publishers, Inc., Wheaton, Illinois. Todos los derechos reservados.

Porciones de la Tercera Parte fueron adaptadas de *The Five Love Needs of Men and Women*, ©2000
por Gary y Barbara Rosberg. Usadas con permiso de Tyndale House Publishers, Inc., Wheaton,
Illinois. Todos los derechos reservados.

Porciones de la Quinta Parte fueron adaptadas de *Guard Your Heart*, © 2001 por Gary Rosberg.
Usadas con permiso de Tyndale House Publishers, Inc., Wheaton, Illinois. Todos los derechos
reservados.

A menos que se indique lo contrario, el texto bíblico ha sido tomado de la Santa Biblia, *Nueva
Versión Internacional* ° NVI°. Propiedad literaria © 1999 por Biblica, Inc. ™. Usado con permiso.
Reservados todos los derechos mundialmente.
Las citas bíblicas señaladas con LBD se tomaron de la Santa Biblia, *La Biblia al Día*. © 1979 por
la Sociedad Bíblica Internacional.
El texto bíblico señalado con RV-60 ha sido tomado de la versión Reina-Valera © 1960 Sociedades
Bíblicas en América Latina; © renovado 1988 Sociedades Bíblicas Unidas. Utilizado con permiso.
Reina-Valera 1960° es una marca registrada de la American Bible Society, y se puede usar
solamente bajo licencia.
Usadas con permiso.

Producto 497036 • ISBN 0-7899-2324-6 • ISBN 978-0-7899-2324-0

Impreso en Colombia /*Printed in Colombia*

Categoría: Vida cristiana /Relaciones /Amor y matrimonio
Category: Christian Living /Relationships /Love & Marriage

Por el bien de nuestra próxima generación:
Sarah, Scott y Missy.
Y por el bien de nuestras futuras generaciones:
Mason.
Los amamos y prometemos dejarles un legado piadoso.

QUINTA PARTE: EL AMOR QUE PROTEGE

SEXTA PARTE: EL AMOR QUE CELEBRA

SÉPTIMA PARTE: EL AMOR QUE RENUEVA

Reconocimientos

Hemos tenido la oportunidad de trabajar en algunos libros grandiosos con algunas editoriales maravillosas. Hemos abordado los temas del perdón y de la solución de problemas (*Dr. Rosberg's Do-It-Yourself Relationship Mender*), de la pureza moral (*Guard Your Heart)*, de la comunicación (*Cómo mejorar la comunicación en su matrimonio*), de las necesidades del amor matrimonial (*Las 5 necesidades de amor de hombres y mujeres*) y de las citas amorosas con su cónyuge (*40 Unforgettable Dates with Your Mate*). Barb ha escrito un libro sobre cómo entender a las mujeres (*Life Notes: Understanding Women*). Cada libro ha tenido sus exigencias, sus alegrías y su impacto en el ministerio. Cada uno de ellos se escribió en diferentes momentos de nuestra vida y tuvo su importancia en el aspecto de cuidar a los matrimonios y a las familias para la gloria de Jesucristo.

Este libro, en cambio, es diferente. Es más que una buena idea. Es más que un proyecto. Es más que un buen tema. Este libro es el comienzo de un movimiento fundado en nuestra pasión por usar cada precioso día en la historia de los Estados Unidos para desafiar a las familias y a la iglesia a que capten la visión de restaurar los hogares cristianos.

Estamos entregando nuestras vidas y nuestro ministerio para equipar a los Estados Unidos de tal manera que tengamos matrimonios a prueba de divorcio, por el bien de la próxima generación. Creemos que si no lo hacemos ahora, perderemos a toda una generación de matrimonios. Si no unimos nuestras manos en este esfuerzo, ¿quién lo hará? Deseamos ser fieles en hacer todo lo posible a fin de entregar el mensaje que dice que los matrimonios pueden sobrevivir y prosperar frente a presiones avasalladoras. Nos apasiona llevarte este mensaje a ti, a tu iglesia y a este país que amamos.

Como ha sucedido con todos los libros que hemos escrito, no hubiéramos podido escribirlo solos. A decir verdad, en nuestros esfuerzos por escribir, nunca antes un libro exigió tanto trabajo en equipo como este. Nos gustaría honrar a nuestro equipo:

En primer lugar, gracias a Kevin Johnson. Dios te levantó para ayudar a trabajar en los borradores iniciales de nuestro material. Estamos orgullosos de ti, Kevin. Cumpliste con tu tarea. Gracias.

En segundo lugar, estamos agradecidos a Ed Steward que pulió el manuscrito. Bienvenido al equipo, Ed. Te apreciamos mucho. Gracias.

¿Alguna vez Dios le ha dado una bendición que lo sorprendió por su importancia? Dave Bellis es esa bendición en nuestras vidas y en nuestro ministerio. Dave tiene la capacidad natural de tomar la idea de un libro y convertirla en una campaña que alcance a las familias de todo el país. En Estados Unidos no hay otro mejor y nos sentimos honrados de trabajar con él. Gracias por pelear la buena batalla con nosotros, Dave. Da gusto tenerte entre nosotros.

También queremos agradecer al equipo de Tyndale. Lynn Vanderzalm, nuestra editora en jefe, ha hecho gala de sus habilidades como editora con algunos de los mejores escritores del mundo. Es una gran alegría aprender de ti mientras nos conduces y le das forma a nuestro mensaje, Lynn. ¡Eres la mejor! Ken Petersen, has sido nuestro campeón sistemático. Lo único que supera tu aguda perspicacia y defensa es tu amistad. Gracias, Ken. Ron Beers, sencillamente eres el mejor. Nos encanta contarle a todo escritor con el que hablamos sobre nuestra amistad y asociación contigo y con el equipo de Tyndale. Crees en nosotros y nos has equipado para llevar a cabo esta emocionante misión. Tu apoyo ha sobrepasado todo lo que hubiéramos podido imaginar. Lo único que nos gustaría sería vivir más cerca a fin de pasar juntos más tiempo.

Además, gracias a Greg Johnson, nuestro agente literario, por ponernos a trabajar en equipo con Tyndale House. Tu consejo dio justo en el blanco, Greg.

Este libro y esta campaña tendrán una influencia increíble porque Dios ha levantado nuestro programa diario para ayudar a equiparnos con el propósito de expandir el mensaje. Deseamos agradecer a Jon y Peg Campbell, así como a nuestra querida amiga Evelyn Gibson de Ambassador Advertising, por lanzar nuestro programa diario de radio. Los amamos, queridos amigos. También celebramos la expansión que Dios le ha dado a nuestro ministerio radial por medio de Greg Anderson y la Salem Radio Network. Gracias por trabajar en equipo con nosotros para enviarle nuestro mensaje diario a los Estados Unidos.

Y en el ámbito local, le agradecemos al pastor Quintin Stieff de la iglesia libre Valley Evangelical por pastorearnos tan bien. Tenemos el mejor pastor de Estados Unidos. Al equipo de America's Family Coaches les decimos que nos han servido muy bien. Dios está usando su trabajo, sus grandes corazones y la unidad que tienen para expandir nuestros límites. Sigan así.

Y en último lugar, solo porque son los que están más cerca de nuestro corazón, le damos las gracias a nuestra familia. Gracias a Jack y Colleen Bedford, y a Audrey Rosberg por ser padres maravillosos. El modelo que nos han dado de matrimonios de pacto ha establecido el ideal para nosotros. Y al padre de Gary, que está en el cielo, le agradecemos porque su legado está intacto. Papá, no escribo otra cosa más que lo que me enseñaste. Sarah, Scott, Missy y Mason, los amamos. Ser sus padres y sus abuelos es una alegría inmensa. Somos la familia más bendecida de la tierra. ¡Los amamos!

Gary y Barbara Rosberg

Primera parte

¿DÓNDE ESTÁ TU MATRIMONIO?

uno

CUANDO NUESTRO SUEÑO DEL MATRIMONIO COMIENZA A DESVANECERSE

Siete años después de casado, mi vida era borrosa. Me esforzaba mucho por ser un buen proveedor para mi esposa Barb y para nuestras dos pequeñas hijas, Sarah y Missy. Tenía un trabajo a tiempo completo como director de un correccional. Al mismo tiempo, me preparaba para obtener un doctorado en terapia familiar para lo cual pasaba muchas noches a la semana estudiando en la biblioteca de la universidad.

La mayor parte del tiempo, sentía que me esforzaba al máximo. A la vez que hacía malabares con la familia, el trabajo, el estudio y las actividades de la iglesia, oraba cada día para recibir fuerza y sabiduría, anhelando el día en que pudiera concentrarme a tiempo completo en la terapia de familia. Más importante aun era mi deseo de tener más tiempo libre para estar con Barb, Sarah y Missy, mi familia, el amor de mi vida. El trabajo y la tesis doctoral llenaban mi agenda por completo. Trataba de estirar las horas para sacar un poquito de tiempo de aquí y de allá a fin de ayudar a Barb, pero en el mejor de los casos no era más que un esposo o padre a tiempo parcial.

A decir verdad, pensaba que desempeñaba bien mi papel. Hasta que un día me encontraba sentado en mi silla favorita, estudiando para las etapas finales de mi doctorado, cuando mi pequeña de cinco años, Sarah, se presentó delante de mí con una pregunta:

—Papi, ¿quieres ver mi dibujo de la familia?

En realidad, me sentía estresado y presionado por el tiempo, ya que el trabajo de una semana tenía que comprimirlo en un fin de semana.

—Sarah, papi está ocupado. Vuelve dentro de un rato, cariño —le dije y Sarah se fue muy obediente y me dejó trabajar.

A los diez minutos, volvió a entrar en la sala:

—Papi, déjame enseñarte mi dibujo.

El calor me apretó el cuello.

—Sarah, dije que vengas más tarde. Esto es importante.

A los tres minutos entró como una tromba en la sala, se ubicó a centímetros de mi nariz y gritó con todas las fuerzas que puede reunir una niña de cinco años:

—*¿Quieres verlo o no?*

—*No* —le dije en forma enfática—, *¡no quiero!*

Dicho esto, salió zumbando de la habitación y me dejó a solas. Por alguna razón, quedarme solo en aquel momento no fue tan satisfactorio como pensaba. Me sentí un tonto, así que me levanté y me dirigí a la puerta del frente.

—Sarah —llamé—, ¿podrías venir adentro un minuto, por favor? Quiero ver tu dibujo.

Estuvo dispuesta a venir sin recriminarme nada y saltó a mi regazo.

Era un dibujo grandioso. Hasta le había puesto título. Sobre la parte superior, con su mejor letra, había escrito: LO MEJOR DE NUESTRA FAMILIA.

—Háblame del dibujo —dije.

—Aquí está mami [una figura en forma de palo con largos y crespos cabellos rubios]. Aquí estoy yo parada junto a mami [con un rostro sonriente]. Aquí esta Katie [nuestra perra]. Y aquí está Missy [su hermana menor era una figura en forma de palo acostada sobre la calle delante de la casa, unas tres veces mayor que los demás].

Era una perspectiva muy buena de cómo veía a nuestra familia.

—Me encanta el dibujo —le dije—. Lo colgaré de la pared del comedor y todas las noches, cuando vuelva del trabajo o de la universidad [que por lo general era a eso de las diez de la noche], lo miraré.

Me tomó la palabra, sonrió de oreja a oreja y salió a jugar. Yo regresé a mis libros, pero sin saber por qué, leía una y otra vez el mismo párrafo. Algo me hacía sentir incómodo, algo en el dibujo de Sarah. Allí faltaba algo.

Regresé a la puerta otra vez.

—Sarah —la llamé—, ¿puedes regresar un minuto, por favor? Quiero mirar tu dibujo otra vez.

Sarah volvió a treparse a mi regazo. En este mismo instante, puedo cerrar los ojos y verla. Tenía las mejillas sonrosadas de jugar al aire libre. Trenzas. Zapatillas de fresas y una muñeca Cabbage Patch llamada Nellie que colgaba debajo de su brazo.

Le hice una pregunta a mi pequeña, pero no estaba seguro de querer escuchar su respuesta.

—Cariño, veo a mami, a Sarah y a Missy. La perra Katie está en el dibujo y el sol, la casa, las ardillas y los pajaritos. Pero Sarah, ¿dónde está papá?

—Tú estás en la biblioteca —me dijo.

Con esa sencilla declaración, mi princesita hizo que el tiempo se detuviera para mí. La alcé con suavidad y la bajé de mi regazo. Luego, le dije que volviera a jugar bajo el sol de la primavera. Me dejé caer sobre la silla, aturdido. Al escribir estas palabras, todavía puedo volver a tener todas esas sensaciones. Había puesto el dedo en la llaga. No me había incluido en su dibujo de la familia porque yo estaba en la biblioteca estudiando. Estaba demasiado ocupado como para ser el papá que estaba en casa.

Aunque no recuerdo que Barb expresara estos pensamientos, es probable que tratara de llegar a mí durante meses. Todas las advertencias que recibía de los mensajes, los libros y los amigos de guardar una «vida equilibrada» (primero Dios, en segundo lugar la familia y en tercer lugar el trabajo), no penetraban en mi cerebro con inclinación a la carrera profesional. Sin embargo, la sencilla declaración de Sarah triunfó en llamarme la atención.

EL MATRIMONIO QUE SE DESVANECE CON EL TIEMPO

Hace poco tuve una experiencia que me ayudó a comprender más a plenitud lo que en verdad significó el dibujo de Sara en ese momento de mi vida. Había sacado algunas fotografías: el álbum de la familia de mi niñez. Pasé las páginas de las viejas fotos que describían los años de crecimiento en mi vida. Me detuve a examinar una fotografía en blanco y negro de mi mamá y mi papá recién casados. No pude evitar sonreír con orgullo al ver la imagen. Papá era un joven de rasgos angulosos que me recordaba al ídolo de una película de los años cuarenta y debo decir que mamá era hermosa. Pude ver la chispa que había en los ojos de mis padres, la mirada de amor, la esperanza de un futuro brillante.

No obstante, la fotografía en sí no era tan clara y precisa como lo fue años atrás. El brillo que en algún momento destacaba los rasgos de esta bien parecida pareja en esa página se había opacado. El tiempo había cobrado su cuota en este viejo álbum familiar.

El deterioro es algo normal. En el proceso natural del envejecimiento, las máquinas dejan de funcionar, los edificios se deterioran, las fotografías pierden definición y nuestros cuerpos pierden su tono y su fuerza. Los científicos dicen, por cierto, que todo lo que hay en el universo avanza de manera perpetua a un desorden cada vez mayor, un estado de entropía. No es necesario ser un físico cuántico para saber que, con el tiempo, hasta la casa con más bello diseño y mejor construida se vendrá abajo si no se cuida. Para mantener algo fresco, vivo y en buen orden, hace falta cuidado, mantenimiento y, algunas veces, reparación.

El matrimonio no escapa a esta regla. A menos que se mantenga fresco y se nutra, se desvanecerá como una vieja fotografía. El matrimonio es una relación dinámica de amor entre un hombre y una mujer, y a cada instante esa relación se hace más profunda y rica o se estanca y decae. Y todos los matrimonios deteriorados señalan al menos un camino oscuro y solitario que puede terminar en el divorcio.

Cuando Sarah me mostró el dibujo de la familia en el que faltaba su padre, me di cuenta (o al menos lo admití por primera vez) que no le prestaba atención a las señales de advertencia que decían que mi matrimonio y mi familia se encontraban en un estado de entropía.

QUIERO VENIR A CASA

Colgué el dibujo de Sarah en la pared del comedor tal como lo prometí y a lo largo de esas semanas largas e intensas que precedieron a la defensa oral de mi tesis, me quedaba mirando aquel retrato revelador. Lo miraba tarde por las noches, mientras comía las cenas recalentadas cuando dormía mi familia. No tenía las agallas como para hablar del asunto con Barb. Y ella tuvo la increíble percepción de dejarlo en suspenso hasta que estuviera listo para tratar esta cuestión.

Al fin terminé con el programa del doctorado. Era el «Dr. Rosberg» y desearía que hubiera significado mucho para mí, pero para ser sincero, no sentía mucha alegría. Me sentía un poco vacío.

Una noche después de la graduación, Barb y yo estábamos acostados e hice de tripas corazón para hacerle una pregunta. En realidad, eran tres preguntas. Era tarde, estaba oscuro y mientras murmuraba mi primera pregunta, oraba para que Barb ya se hubiera quedado dormida.

—Barb, ¿estás dormida?

—No.

¡Caramba!, pensé. *Ahora no tengo escapatoria.*

Pregunta número dos:

—Barb, no cabe duda de que has visto el dibujo de Sarah que colgué en el comedor. ¿Por qué no has dicho nada?

—Porque sé cuánto te ha herido, Gary.

Palabras de una mujer sabia, más sabia de lo que se supone que tiene que ser una joven de veintitantos años.

A continuación, le hice la pregunta más difícil que jamás le haya hecho a alguien en toda mi vida.

—Barb, quiero volver a casa. ¿Puedo hacerlo?

Entonces siguieron veinte segundos de silencio. Me pareció que había contenido la respiración durante una hora.

—Gary —dijo Barb—, las niñas y yo te amamos mucho. Queremos que estés en casa, pero no has estado aquí. Ya no te conocemos.

Impresas, estas palabras parecen frías, pero ella las dijo con ternura y moderación. No era otra cosa más que la simple y descarnada verdad. Mi pequeña hizo el dibujo, y ahora su mamá expresaba lo mismo en palabras. Me quedé acostado en la oscuridad fingiendo que dormía, pero no pude hacerlo. Los hechos pasaban con rapidez por mi mente. Recordé cuando Missy tenía dos años y no quería sentarse en mi regazo por más de unos pocos minutos. ¿Por qué? Porque no conocía a su padre. Recordé las cenas que había perdido con mis amigos, las noches en que Barb esperaba que volviera a casa, pero yo tenía que estudiar un poco más. Pensé en las vacaciones que cancelamos para que yo pudiera terminar una clase. Mi vida estuvo fuera de control, la gente de mi familia funcionaba con un piloto automático y tenía delante de mí un largo camino si deseaba ganarlas de nuevo.

En aquel momento no sabía cómo Dios sanaría el dolor en nuestros corazones. Solo sabía que había llegado al final de mí mismo y que lo necesitaba como nunca antes.

Quizá has mirado a los ojos de tu cónyuge o de tus hijos y has descubierto que no están conectados. Es probable que te dieras cuenta de que tu fracaso al tratar de conectarte de corazón a corazón es en gran parte por tu culpa. En ese punto me encontraba esa noche. Sentía temor. Parecía que me deslizaba por la ladera de una montaña, sin poder asirme de algo para detener la caída. Deseaba con desesperación recuperar el equilibrio, pero algo cercano al terror se levantaba dentro de mí. Temía no poder reconstruir jamás a la familia que amaba.

Luego de las palabras de Barb que me dejaron helado, me deslicé fuera de la cama y bajé las escaleras para dirigirme a la sala. Esa noche le rogué a Dios que me diera sabiduría, perseverancia y fe. Le supliqué que restaurara mi familia. Corría el riesgo de perder la seguridad, el gozo y la dirección con los cuales había soñado y que había esperado de nuestro matrimonio. En público, daba una buena imagen frente a nuestros amigos, a los compañeros de trabajo e incluso a la familia extendida; pero en privado, no podía engañar a las tres personas más cercanas a mí. Era un hombre «desaparecido en acción» en nuestra familia y Barb, Sarah y Missy lo sabían.

En lo profundo de mi ser, sabía que Dios es un Dios de segundas oportunidades. Era capaz de conducirme a través del proceso de restauración de mi familia. Aun así, esa noche, al derramar mi corazón delante de Dios en la sala de nuestra casa, la esperanza del futuro parecía sepultada bajo la avalancha de dolor y desaliento que había en mi corazón.

¿Y Barb? ¿Estaría dispuesta a ofrecerme una segunda oportunidad? Dejaré que cuente con sus propias palabras su parte de la historia.

MADRE A TIEMPO COMPLETO, DOLOR A TIEMPO COMPLETO

Gary no era el único que se sentía terriblemente herido por nuestra relación matrimonial y nuestra vida familiar. Yo también estaba herida. Sin embargo, era consciente de que en el matrimonio son dos los culpables. Compartíamos la responsabilidad en el estilo de vida desconectado que vivíamos. Cuando comenzamos el programa del doctorado de Gary, estábamos por completo de acuerdo. Habíamos decidido que él se dedicaría a tiempo completo a ganar el pan y a realizar el doctorado, y yo sería madre a tiempo completo y me quedaría siempre en casa para estar con nuestras hijas. Arremetimos contra esta fase de nuestra vida juntos como lo hacen la mayoría de las parejas, con optimismo y con los ojos bien abiertos.

Al comienzo, me esforcé mucho por ser la primera en defender y alentar a mi esposo. Estaba muy orgullosa de él y de su deseo de cumplir sus metas y sueños; pero con el tiempo, el estrés, la separación y la soledad comenzaron a agotarme. Gary se sumergía sin cesar en el trabajo y en las demandas académicas que lo separaban de mí y de las niñas, y yo me sentía dejada afuera de su cuadro. En tan solo un par de años, pasé de ser una esposa optimista a ser una mujer que se sentía cada vez menos comprendida. Comenzó a crecer en mí el resentimiento. Deseaba que pasáramos juntos algún tiempo en familia. Algunas veces, me sentía un tanto como una madre soltera debido a que Gary estaba ausente tanto tiempo.

Lloraba mucho. Me sentía aislada. Observaba con envidia a otras familias jóvenes que hacían juntos muchas cosas divertidas y eso era lo que deseaba para nuestra familia.

Nuestro matrimonio había sido mi sueño hecho realidad, pero durante estos años estresantes fue difícil mantenerse optimista. Nuestro matrimonio no era lo que había esperado. Gary era mi mejor amigo y lo extrañaba. La mayoría de los días se iba de casa antes de las siete de la mañana y muchas noches no regresaba hasta después de las diez. Las niñas casi no veían a su padre.

Amaba a mi esposo y estaba dedicada a nuestro matrimonio. El Señor me consolaba, pero así y todo seguía siendo difícil. Estaba decidida a cumplir con los votos matrimoniales que les había hecho a este hombre y a Dios, pero todos los días vivía con una necesidad de mayor conexión con Gary. En aquel entonces, no comprendía que Dios me había creado con necesidades legítimas que quería satisfacer a través de mi esposo. Y como Gary estaba tan absorto en las actividades fuera de casa, muchas de estas necesidades quedaban insatisfechas.

Llegué al punto en que dejé de hablarle a Gary sobre lo que pensaba o de mis sentimientos de aislamiento. Parecía inútil y, en algunos sentidos, dejé de intentarlo. Dejé de tener la esperanza que Gary luchara contra este enemigo de la adicción al trabajo que minaba nuestro matrimonio. Había hecho sugerencias, había intentado nuevos enfoques, hasta le había suplicado, pero nunca cambiaba nada. No sabía cómo detenerlo.

Un día, saltó un fusible en mi interior y tomé la decisión de darme por vencida. Nunca se lo dije a Gary ni a nadie más, pero recuerdo el momento en que me quedé parada en medio de nuestra sala, sobre la alfombra verde y tomé la decisión de dejar de intentarlo. Pensé que trataba de proteger mi corazón para no sentir más dolor; pero al levantar una pared de protección alrededor de mí, no solo cerraba mi corazón, sino que lamentablemente dejaba a Gary afuera. En lo exterior seguí siendo respetuosa y hasta agradable, pero en mi interior sabía que había una diferencia. Había menos transparencia y compartíamos menos cosas, y nos comportábamos con mayor formalidad y distanciamiento. Estábamos comprometidos el uno con el otro y jamás hubiera pensado de forma consciente en alejarme de él; pero me había desconectado en lo emocional de mi esposo.

Ahora sé que nos encontrábamos en una posición muy vulnerable a esa altura. Ahora sé que si nuestra desconexión hubiera durado seis meses o más, hubiera podido convertirme en una estadística, en una esposa que era «pan comido» para el enemigo.

Sin embargo, Dios en su misericordia intervino antes de que eso sucediera. Comenzó a responder mis oraciones una vez que me aparté del camino. Luego comenzó a trabajar en la vida de mi esposo.

Dios usó el dibujo con lápices de cera que hizo mi hija para abrirse paso hasta Gary. El simple cuadro de una niña fue su herramienta. Se convirtió en una voz no intimidatoria que ayudó a que un hombre distraído volviera a concentrarse. Esa noche, cuando Gary preguntó si podía «volver a casa», no me quedaron dudas de que me amaba y mi amor era tan profundo y no negociable que todo lo que quería era que volviera a casa. No obstante, ¿lo haría? ¿De verdad podía cambiar? Su doctorado era algo que los dos deseábamos y por lo cual nos esforzábamos, pero nuestro matrimonio sufría a causa de ello. No sabíamos cómo nutrir y cuidar nuestro matrimonio. Yo me había vuelto tensa y demandante. La distancia se había cobrado su cuota y los dos lo sabíamos.

Sentía el distanciamiento emocional entre Gary y yo. Cuando estábamos juntos, no sentía la misma cercanía y conexión que una vez tuvimos. Deseaba con urgencia que Gary volviera a casa, pero para que eso sucediera, algo debía cambiar. Gary contará lo que significó ese cambio para él.

LA AMANTE EN LA BIBLIOTECA

En las semanas y meses después que le pregunté a Barb si podía «volver a casa», Dios me mostró cómo había descuidado a mi familia en lo emocional. Al principio, no quería admitir que mis afectos se alejaron de casa. No tenía intenciones de que ninguna cosa me atrajera fuera de mi familia, y con toda seguridad, nunca había contemplado la posibilidad de divorciarme de mi esposa. Barb y nuestras dos hijas eran mis tesoros.

Al mismo tiempo, me enorgullecía de seguir una carrera en consejería familiar y matrimonial, y lo hacía por el bien del reino de Dios. Sin embargo, aunque la meta de convertirme en un consejero era legítima, permitía que los libros y el estudio me alejaran como una mujer tentadora. Mis esfuerzos académicos capturaron mi corazón y se convirtieron en mi tesoro. El amor de mi vida, mi familia, de forma lenta e insidiosa se veía reemplazado por el trabajo del doctorado y el aprendizaje: una amante en la biblioteca de la universidad, vestida con páginas blancas y cubiertas negras.

Jamás soñé que pudiera pasar. Nunca tuve la intención de que sucediera y no pude ver ni admitir que ocurría hasta que Dios usó a mi inocente hija de cinco años para despertarme. A través del dibujo de mi hija, Dios me mostró que había abandonado en lo emocional a mi esposa y a mi familia y las había sustituido por la amante en la biblioteca.

EL CAMINO DE VUELTA A CASA

Saber cómo remediar un matrimonio deteriorado es algo vital para mantenerlo vivo y bien. Barb y yo no sabíamos cómo revertir nuestra relación, pero al terminar mi tesis doctoral, estuvimos de acuerdo en que algo debía cambiar. Nos comprometimos a encontrar una solución para el distanciamiento emocional que existía entre nosotros. Ni nos imaginábamos que nuestra búsqueda iniciaría un viaje que se convertiría en el fundamento del ministerio que desarrollamos hoy dirigido a las parejas casadas y a las familias. En las páginas siguientes, te hablaremos de ese viaje.

¿Te identificas con el distanciamiento y el deterioro que sentíamos Barb y yo? ¿Cuán cerca de tu cónyuge te encuentras hoy? ¿Las tensiones, demandas y desilusiones de la vida han creado un distanciamiento emocional entre tú y tu cónyuge? ¿Sabes lo que debes hacer para salvar esa distancia? Si no crecen juntos, se separan. Aunque nunca consideren la posibilidad del divorcio, la ruta de un matrimonio decadente siempre va en esa dirección.

¿Es tu matrimonio a prueba de divorcio?

En nuestra búsqueda en oración para reconstruir nuestro matrimonio, Barb y yo hemos descubierto un mapa de ruta matrimonial que nos ha conducido juntos de vuelta al hogar. Les hemos dado este mapa a muchísimas parejas, muchas de ellas con buenos matrimonios, y hemos visto cómo sus relaciones se revitalizan y restauran. El mapa del matrimonio te permitirá identificar dónde se encuentra tu relación, lo cual es el primer paso para revertir el distanciamiento relacional y detener la caída hacia la entropía matrimonial. Si comprendes el mapa, te ayudará a luchar contra las tendencias negativas, a mantener tu amor fresco y lleno de vida y a mantener tu relación conectada de manera íntima y enriquecida siempre.

No te ofrecemos una fórmula mágica ni un programa de tres pasos fáciles para alcanzar la bendición matrimonial. Más bien describiremos un camino que han recorrido miles de parejas con las que nos hemos encontrado en la oficina de consejería, en nuestras conferencias o a través de nuestros programas radiales. Es un camino que conduce al hogar, no al divorcio, y es un camino que Barb y yo hemos transitado en lo personal, aunque no siempre lo hemos recorrido a la perfección. Es un camino enriquecido con un propósito, el propósito de Dios. Es un diseño bíblico que garantiza la profundización y el enriquecimiento de tu relación más allá de tus sueños más preciados.

No te garantizamos que el viaje por este camino será fácil, pero te garantizamos que si sigues el diseño de Dios tendrás un matrimonio a prueba de divorcio.

dos

EL MAPA DEL MATRIMONIO

Solo por un momento, recuerda el día de tu boda. ¿Fue la ceremonia corta y dulce o llena de detalles y de significado? ¿Se dijeron los votos en una catedral, en una capilla, en un crucero o en la glorieta de un jardín? ¿Las mesas de la recepción ofrecían comida casera o tuviste una fiesta suntuosa? ¿Salieron corriendo hacia la luna de miel en una deslumbrante limusina o se fueron en un Rambler de cuatro puertas como lo hicimos Barb y yo?

Una cosa es segura: Tú y tu cónyuge llegaron a aquel momento del matrimonio con el sueño de pasar el resto de sus días con el amor de su familia. La misteriosa y poderosa fuerza del amor los arrasó de tal manera que de forma voluntaria prometieron delante de Dios, de la familia y de los amigos permanecer juntos en tiempos buenos y en tiempos malos, en riqueza o en pobreza, en enfermedad y en salud, hasta que la muerte los separe. Sus corazones estaban llenos de esperanza, expectativa, promesa y del sueño que su matrimonio sería grandioso y que su amor duraría para siempre.

Cuando pronunciaron las palabras «Sí, acepto», no cabe duda de que creían con firmeza en aquel sueño: la belleza, el misterio y el éxtasis del amor para toda la vida. Es probable que tu corazón levantara vuelo al saber que ese alguien especial anhelaba conocerte de forma íntima y prometía aceptarte de manera incondicional. Tal vez tu alma se conmoviera al darse cuenta de que los dos juntos podían convertirse en lo que nunca hubieras podido ser si estuvieras solo. Esperabas con ansias la experiencia de totalidad, seguridad y compañerismo que nunca antes tuviste. Nunca fuiste tan feliz ni más lleno de esperanza que en el día de tu boda.

Y luego, al igual que Barb y yo, entraste al mundo real.

SUEÑOS HECHOS AÑICOS, MATRIMONIOS ROTOS

Como pareja casada, es probable que todavía vivas en la cima de la montaña de la dicha perpetua. Sin embargo, lo más probable es que tú y tu cónyuge hayan perdido pie en ese elevado pico y hayan dado un par de volteretas. Ahora sé sincero: No ha sido tan fácil ni mágico como esperabas, ¿verdad?

Sea cual sea el punto en el que se encuentra tu matrimonio, pienso que estarás de acuerdo conmigo y con Barb en que para la mayoría de las personas llevar a cabo el sueño matrimonial en el mundo real se ha vuelto cada vez más difícil. Y demasiado a menudo, una relación matrimonial en dificultades termina en divorcio. En nuestra cultura, todos los matrimonios están sometidos a ataques. Como nación, parece que hemos renunciado a creer en el valor del amor matrimonial. La tasa de divorcio en Estados Unidos es el doble que la de Francia y Alemania y tres veces mayor que la de Japón (y en general estas naciones son menos cristianas que Estados Unidos). Solo Inglaterra tiene una tasa de divorcio comparable a la de Estados Unidos, pero esta igualdad es solo desde 1996[1].

Hoy en Estados Unidos un alarmante cuarenta y tres por ciento de todas las parejas casadas en primeras nupcias terminan en divorcio[2]. Alrededor de sesenta por ciento de las parejas casadas en segundas nupcias sufre la misma suerte[3]. Compáralo con los datos de 1952, cuando solo una de doscientas cincuenta parejas, es decir cuatro por ciento, terminaba en divorcio[4].

¿Te preocupan estas estadísticas? Algunas veces nos preguntamos si nuestra cultura se ha acostumbrado tanto al divorcio que se lo toma con tanta calma. ¿Nos hemos vuelto apáticos pensando que el divorcio se ha instalado en forma permanente y que no hay nada que podamos hacer al respecto? ¿Nos estamos volviendo inmunes?

Debemos recordar que el divorcio es más que estadísticas. Involucra a gente real con esperanzas y sueños reales... y con dolor real.

Llevemos las cosas al plano personal. Tal vez haya algunas personas en tu familia cercana (padres, hijos, hermanos) que se han divorciado. Es probable que tú te hayas divorciado. Si es así, te encuentras dentro del setenta por ciento de todos los estadounidenses que conocen de primera mano la tragedia del divorcio.

Piénsalo un minuto. ¿De qué manera han afectado tu vida estos divorcios? ¿De qué manera se han arruinado tus relaciones por tu divorcio o el de otros? ¿Cuál ha sido el impacto causado en los niños involucrados?

Aunque el divorcio no haya tocado a tu familia inmediata, es probable que tengas amigos, compañeros de trabajo o vecinos que han sufrido el dolor de la ruptura de la familia. La tasa de divorcio de nuestra nación no es impersonal en absoluto.

Como dijimos, el divorcio es mucho más que estadísticas de la población o que una tendencia social que debe estudiarse. Cada divorcio es la desconexión de los corazones de dos seres humanos cuyos sueños de felicidad matrimonial y de satisfacción se hicieron añicos. La relación que comenzó felizmente en unidad se ha roto de arriba abajo y los dos dejaron de ser uno. El divorcio es la muerte de una relación entre dos personas que esperaban disfrutar toda la vida de la seguridad y la felicidad de la unidad emocional. Nos referimos a las promesas rotas, a los sueños hechos pedazos, a las expectativas incumplidas, a las esperanzas perdidas y a las emociones dañadas de un esposo y una esposa.

El dolor del divorcio no queda reservado solo para la pareja involucrada.

Más de un millón de niños reciben las heridas del divorcio de sus padres todos los años. Considera los estragos emocionales en las vidas de estos hijos: la pérdida de la seguridad, el enojo, los espíritus quebrantados, la desilusión, hechos que ponen de manifiesto la tragedia en nuestra cultura inclinada hacia el divorcio.

Hace poco, Barb y yo fuimos testigos de este dolor otra vez. Nos encontrábamos en el restaurante de un aeropuerto, cerca de una mesa en la que una niña de unos ocho años comía un sándwich con su abuelo. La conversación parecía forzada y difícil. El abuelo luchaba por expresarse. Escogiendo con cuidado las palabras, le dijo a la pequeña pelirroja: «Lamento que tus padres no se lleven bien».

La niña respondió: «Desearía que por lo menos se hablaran. Ni siquiera se responden las llamadas telefónicas el uno al otro». Luego miró hacia otro lado y susurró en voz baja más para sí misma que para que la escuchara su abuelo: «Y ahora no puedo ver más a mi papá».

¿No te parte el corazón? Aunque no sea más que por esta razón, debemos comenzar a preparar matrimonios a prueba de divorcio por el bien de la próxima generación.

CASADOS POR LA LEY, PERO DIVORCIADOS EN LAS EMOCIONES

La mayoría de las parejas acepta el hecho de que la relación matrimonial es mucho más que la euforia y el entusiasmo que sintieron en la luna de miel. La mayoría se da cuenta de que estar casados en el mundo real incluye muchos altibajos en la relación. Si tú y tu cónyuge no crecen con determinación, corren peligro de perder su sueño matrimonial y deslizarse hacia la decadencia en la relación y la entropía matrimonial.

Por lo general, la desintegración en una relación comienza en forma gradual, casi inadvertida. La separación emocional y física que viene como consecuencia tampoco aparece de manera súbita. Un matrimonio que se encuentra en un estado de entropía casi siempre ha sufrido un largo proceso de deterioro en la relación que ha ocurrido en el transcurso de meses y hasta años.

Quizá digas: «Nuestra relación está lejos de ser la del matrimonio soñado, pero estamos comprometidos el uno con el otro. El divorcio ni siquiera es una opción para nosotros».

Cierto, es probable que el divorcio *físico* no entre en sus planes. No obstante, si tú y tu cónyuge no dan los pasos específicos para evitar la entropía matrimonial, en realidad se deslizan hacia el divorcio *emocional*. Tal vez ninguno de los dos se vaya de la casa en forma física, pero si no existe un esfuerzo concentrado en nutrir la relación, se encuentran en el proceso de abandonarse en el aspecto emocional y relacional. Viviendo bajo el mismo techo y compartiendo la misma cama se convierten en extraños el uno con el otro y con los hijos.

SIETE ESCALAS EN EL MAPA DEL MATRIMONIO

Cualquier viaje largo en auto, como uno en el que se cruza de un lado al otro el país, incluye una serie de escalas a lo largo del camino. Cada destino intermedio lo lleva más cerca de su destino final. Lo mismo sucede con el mapa del matrimonio. Hay un largo viaje desde el sueño matrimonial hasta el divorcio, pero existen una serie de etapas intermedias y de carteles de advertencia que te permitirán saber si estás descendiendo hacia el divorcio emocional.

Deseamos hablar contigo de siete escalas en el mapa del matrimonio. Cada una representa una etapa en el tobogán que va del sueño al divorcio, de la integridad a la desintegración. A medida que describimos estas etapas, pregúntate si alguna vez has visitado estos destinos. Evalúa tu matrimonio comparándolo con la lista de indicadores que se proporciona en cada sección. Si identificas ahora mismo el lugar en que te encuentras, esto te ayudará a decidir qué necesitas para revertir el curso y emprender el regreso hacia el sueño matrimonial que una vez tuviste.

Es importante que tanto tú como tu cónyuge lean esta sección y evalúen su matrimonio. Sospechamos que los dos no estarán siempre de acuerdo en cuanto al lugar en el que se encuentran en el mapa del matrimonio; a la mayoría de las parejas les sucede lo mismo. Aun así, esas diferencias de perspectiva son importantes al tratar de comprender al otro. Hemos puesto dos casillas en blanco junto a cada afirmación en las pruebas de autoevaluación a fin de que cada uno marque las afirmaciones que se ajusten a ustedes. Maridos, pongan sus respuestas en la columna «M», y esposas, usen la columna «E». Si poner las respuestas en el libro te hacen sentir demasiado vulnerable, saca dos fotocopias de las pruebas de autoevaluación (véase el apéndice A para las copias de todas las pruebas de autoevaluación) y marquen sus respuestas por separado. Asegúrense de conversarlas luego.

EL MAPA DEL MATRIMONIO

1. La vida del sueño

El «sueño» es un lugar real en el mapa del matrimonio, el lugar en el

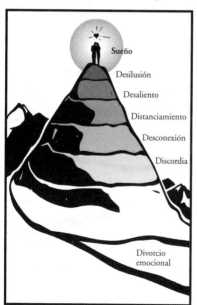

que Barb y yo deseamos vivir juntos, el lugar en el que tú deseas vivir con tu cónyuge. El sueño es la clase de matrimonio que todos esperamos y que hemos saboreado en nuestros mejores momentos juntos. Es la relación chispeante y satisfactoria que en un principio nos llevó al altar y que nos motivó a comprometer nuestra vida con la del otro. Es la relación suprema entre el esposo y la esposa.

MAPA DEL MATRIMONIO

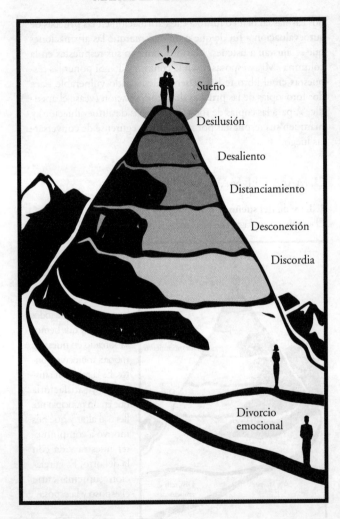

Sueño

Desilusión

Desaliento

Distanciamiento

Desconexión

Discordia

Divorcio
emocional

LA ESCALA DEL SUEÑO

Compárate con estos indicadores y marca cualquiera que describa el estado actual de tu matrimonio:

M   E

❑   ❑   Me comunico con facilidad con mi cónyuge y no guardamos secretos inadecuados.

❑   ❑   Perdono a mi cónyuge cuando me ofende y pido perdón cuando ofendo. Me siento amado sin restricciones.

❑   ❑   Mi cónyuge y yo procuramos con empeño descubrir y satisfacer las necesidades del otro.

❑   ❑   Hemos enfrentado y conquistado circunstancias difíciles que han destruido los matrimonios de otros.

❑   ❑   Me cuido de forma consciente de las amenazas y tentaciones que quizá separen nuestro matrimonio.

❑   ❑   Disfrutamos de la continua cercanía emocional, física y espiritual.

❑   ❑   Nos hemos comprometido a mantener nuestra relación fresca y viva «hasta que la muerte nos separe».

Esperamos que no pienses que vivir el sueño es lo mismo que la perfección matrimonial. *Ese* lugar sencillamente no existe en los matrimonios del mundo real. Vuelve a mirar nuestra lista. El matrimonio soñado no implica que no nos provoquemos heridas. No supone que ya sepamos todo lo que hay que saber acerca del otro. No supone que las circunstancias difíciles no azotarán nuestro matrimonio y de ninguna manera quiere decir que la cercanía y la comunicación se produzcan de manera automática. Puedes vivir en el sueño mientras que a la vez te esfuerzas con diligencia por mejorar tu matrimonio. En realidad, ese es el estado normal de una relación matrimonial saludable. Estar casados es como vivir sobre la Falla de San Andrés. Los esposos son como dos grandes masas de tierra que rozan la una con la otra tratando de mantenerse juntas. A lo largo del transcurso de la relación, es normal que haya fricciones y que se acumule el estrés. Si no existe el esfuerzo continuo de ablandar los puntos en los que hay temblores en la relación, con el tiempo toda esa presión acumulada se liberará, algunas veces de manera explosiva. El suelo ruge. La tierra tiembla.

Somos dolorosamente ingenuos al suponer que el matrimonio soñado no necesita un esfuerzo constante. Tal vez sea por eso que muchas parejas se sienten conmocionadas al enterarse de que su matrimonio es a veces menos de lo que soñaron. Decimos cosas tales como: «No puedo creer que haya hecho eso», o «No puedo creer que haya dicho aquello», o «No puedo creer que hayamos permitido que nuestro matrimonio llegara a este punto».

Las fricciones y los fracasos son normales en un matrimonio compuesto por dos personas imperfectas. La falta de disposición para aceptar esta realidad y esforzarse por resolver los temblores matrimoniales te llevarán al final a la siguiente escala del mapa del matrimonio que describirá Barb.

2. Del sueño a la desilusión

Tal vez al igual que tú, me enamoré y me casé con el hombre de mis sueños, Gary Rosberg. Mi amor me enceguecía y me impedía ver sus fallas y puntos débiles, así como el de Gary no le permitía ver los míos. Sin embargo, no tuvimos que esperar mucho tiempo hasta darnos cuenta de que ninguno de nosotros tenía a su lado una persona perfecta. ¿Te identificas con nuestra experiencia?

Algunas personas se esfuerzan mucho por perpetuar el mito de la perfección en sus matrimonios. Eso fue lo que les sucedió a Janelle y Steve. Después de la boda, Janelle procuraba por todos los medios parecerse a un ángel cada mañana. Se despertaba horas antes que Steve para «ponerse hermosa», como decía ella. Iba en puntillas al baño y pasaba por lo menos dos horas peinándose y maquillándose. Cuando Steve se despertaba, Janelle

se veía tan encanta-
dora como el día de
su boda. Durante los
tres primeros años de
su matrimonio, Steve
jamás vio a Janelle en
un estado inferior al
de una princesa sacada
de un cuento. ¡Ima-
gínate la desilusión
de Steve cuando eso
terminó!

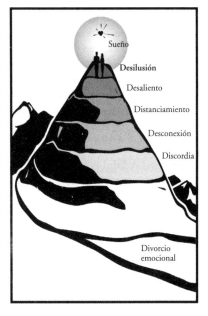

Si te pareces a
Gary y a mí, o a Steve
y Janelle, tu matrimo-
nio soñado también
se ha visto manchado
por desilusiones en la
relación. La desilusión
ocurre cuando tú o tu
cónyuge no logran
satisfacer las expectativas del otro de una forma determinada.

Así fue cómo la desilusión apareció pronto en nuestro
matrimonio. Apoyé en lo absoluto a Gary y lo alenté a perseguir
sus metas educativas. Jamás dudé de que me siguiera amando,
aunque estuviera ausente durante tanto tiempo. Con todo, el
hecho de saber que Gary me amaba no impidió que me sintiera
desilusionada con nuestra relación. El problema fue que ninguno de los dos era capaz de solucionar o ponerle fin a esas desilusiones.

Gary y yo ahora comprendemos que esas desilusiones suce-
den en todas las relaciones matrimoniales. También sabemos
que si hubiéramos comprendido cómo tratar esas primeras desilusiones, nuestra relación no se hubiera deteriorado como lo

hizo. No éramos los únicos ignorantes. Muchas parejas con las que conversamos no han aprendido la manera de tratar con rapidez y eficacia las desilusiones normales en el matrimonio.

Ya sea que cumplas el papel de «desilusionador» o de «desilusionado», cada desilusión necesita una solución para la relación. El rey Salomón entendía la importancia de actuar de manera rápida para resolver las cosas pequeñas. Él nos insta: «Atrapen a las zorras, a esas zorras pequeñas que arruinan nuestros viñedos, nuestros viñedos en flor» (Cantares 2:15).

LA ESCALA DE LA DESILUSIÓN

Compárate con estos indicadores y marca cualquiera que describa el estado actual de tu matrimonio:

M	E	
❑	❑	Tengo dificultad para expresarle mi apoyo a mi cónyuge o para hablar bien de él delante de otros.
❑	❑	Mi cónyuge no es la persona impecable con la que pensé que me había casado.
❑	❑	Me sorprendo y me desanimo cuando encuentro una imperfección en mi cónyuge.
❑	❑	Ambos nos hemos herido y hemos hecho enojar al otro.
❑	❑	Mi cónyuge y yo hemos tenido conflictos debido a las diferentes personalidades, a las tendencias masculinas y femeninas o a las maneras de hacer las cosas tal como las aprendimos en nuestras familias.
❑	❑	Comparo a mi cónyuge con otras personas.
❑	❑	Tengo una lista mental de cosas que me gustaría cambiar en mi cónyuge.

¿Alguna de estas declaraciones te parece conocida? Si te ves retratado en una o más de estas descripciones, queremos asegurarte que eres una persona normal. La clave es saber cómo responder ante la desilusión y cómo resolverla.

Las desilusiones que surgen al comienzo del matrimonio y que no se resuelven a menudo preparan el terreno para problemas más serios y profundos. Gary lo ve una y otra vez en las parejas en apuros que llegan a su oficina en busca de consejo. Cuando termina la luna de miel y el brillo del primer año de matrimonio desaparece, los esposos comienzan a tener roces entre sí de manera equivocada. Se ofende el uno al otro. Se lastiman. Estas ofensas los enceguecen; no están preparados para el conflicto inevitable que se presenta en todo matrimonio.

Las desilusiones matrimoniales no se pueden evitar porque el matrimonio es la colisión de dos perspectivas diferentes y de dos maneras de vivir diferentes. Cada uno de los cónyuges trae a la unión el trasfondo y las tradiciones de su propia familia, una personalidad única, valores en alguna medida distintos, filosofías y estilos de vida, así como un cargamento de expectativas diversas. Si a esto le añadimos las diferencias fundamentales entre el hombre y la mujer, tenemos todos los elementos para las potenciales desilusiones de toda una vida.

¿Es aquí donde te encuentras en el mapa del matrimonio? ¿Logras ver cómo la desilusión ha trabado tu relación? Si no tratas las desilusiones en la medida que se producen, es posible que comiences a descender a una etapa aun más dolorosa en el mapa del matrimonio.

3. De la desilusión al desaliento

Gary y yo hemos aprendido a través de la experiencia que la desilusión es algo que no solo se puede evitar, sino que es indispensable para enriquecer y profundizar nuestra vida amorosa. Durante el proceso, hemos aprendido cómo hacer que las desilusiones se conviertan en un elemento positivo que edifique la relación en nuestro matrimonio. Es lamentable, pero no lo aprendimos lo bastante rápido como para evitar el desaliento

que viene como resultado de las desilusiones matrimoniales sin resolver.

Una pareja enseñable procura adquirir las habilidades a fin de resolver estos conflictos normales. Una pareja que no es enseñable permite que las desilusiones se acumulen y que los lleven al desaliento. En este sitio comencé a hacer campamento cuando no traté la desilusión que me causaba nuestro matrimonio. Empecé a sentirme desalentada por la falta de interés de Gary en pasar tiempo conmigo, por la ocasional falta de respuestas amorosas hacia mí y por la falta de inversión emocional en nuestro matrimonio. Por más que Gary tratara de ser comprensivo, no llegaba a entender lo que yo necesitaba, y yo no sabía cómo explicarle cuáles eran mis necesidades. La situación estaba liquidando mi valor para hacerle frente.

Muchas esposas usan la palabra *desalentada* para describir este amontonamiento de problemas en la relación con sus esposos. Muchas veces, su «muchacho imperfecto» es el tema de conversación en esas charlas de corazón a corazón con sus madres o amigas. En cambio, los esposos son más propensos a macerar en silencio su insatisfacción en lugar de hablar al respecto con su esposa o con sus amigos.

Es difícil mantener una relación en crecimiento cuando se está concentrado sobre todo en lo negativo. Uno permite que las heridas sin sanar enturbien el pensamiento. La esperanza de tener una mejor relación comienza a oscurecerse, se agota la energía para esforzarse por el bien del cónyuge y uno queda descorazonado. La persona descubre que se le escapa el tiempo para estar juntos, para la intimidad y para la solución de conflictos.

Las parejas que viven en el desaliento descubren que sus necesidades básicas de amor no se satisfacen en el matrimonio. A lo mejor no están listos para pedir el divorcio en forma legal, pero viven lejos de su sueño matrimonial y de lo que Dios planeó para ellos.

LA ESCALA DEL DESALIENTO

Compárate con estos indicadores y marca cualquiera que describa el estado actual de tu matrimonio:

M	E	
❏	❏	A menudo me pregunto si me estoy perdiendo algo en mi matrimonio.
❏	❏	Tengo una lista mental de razones por las cuales estoy insatisfecho con mi matrimonio.
❏	❏	Mi cónyuge insinúa –o dice– que no lo comprendo o que no sé cómo satisfacer sus necesidades.
❏	❏	En mi matrimonio, mis necesidades no se ven satisfechas. Siento que las amistades de mi cónyuge, su trabajo, su participación en la iglesia y los hijos son más importantes que yo.
❏	❏	Aunque reconozca las necesidades de mi cónyuge, no logro satisfacerlas.
❏	❏	Me cuesta mucho expresar mis necesidades de manera tal que mi cónyuge pueda entenderlas y satisfacerlas.
❏	❏	Me pregunto si me equivoqué al escoger a mi cónyuge.

Así es el desaliento. Puedes estar seguro de que has perdido la huella en tu relación matrimonial cuando te preguntas si todo lo que el matrimonio tiene para ofrecer es lo que has experimentado o si otras personas se sienten tan insatisfechas con el matrimonio como tú. También se puede diagnosticar el desaliento cuando te preocupas con una visión del matrimonio centrada en ti mismo. Por supuesto, todos deseamos que se satisfagan nuestras necesidades, pero la constante actitud de «yo primero» te puede llevar a quejarte, por ejemplo, de que tu cónyuge nunca pasa tiempo contigo aunque algunas de nosotras estemos igual de ocupadas con los hijos, trabajando como voluntarias en la iglesia o dedicándoles tiempo a nuestras amigas. Estar centrado en uno mismo puede llevar a pensar que las cosas nunca mejorarán aunque sepamos que nuestro cónyuge trata de cambiar.

Hoy en día te puedes encontrar con muchas parejas que no están alertas a las señales de advertencia del desaliento. Además, cuando cualquiera de los cónyuges no trata en forma adecuada con el desaliento en el matrimonio, se puede deslizar con facilidad a un lugar de distanciamiento relacional. Gary describirá esta etapa en el mapa del matrimonio.

4. Del desaliento al distanciamiento

Barb y yo podemos descubrir con facilidad a las parejas que han llegado al punto del distanciamiento emocional en sus matrimonios. Es probable que tú también te hayas dado cuenta. Se ven en restaurantes: esposos y esposas que entran juntos, ordenan y comen su comida, pagan la cuenta y se van sin decirse una palabra durante todo el tiempo. Si sigues a estas parejas hasta su hogar, descubrirás que son apenas un poco más que dos extraños que viven bajo el mismo techo. El otro ya no les resulta atractivo y ni siquiera interesante. Se aburren con el otro, incluso en la cama.

A los esposos distanciados casi cualquier otra cosa les resulta más atractiva que perseguir una relación saludable, cada vez más profunda con su cónyuge. El esposo puede llenar este tiempo perfeccionándose en su carrera, saliendo con los muchachos, participando en deportes u otros pasatiempos, o haciendo una interminable lista de proyectos que giren en torno a la casa. La esposa puede ocupar su tiempo con los hijos, con su carrera o en actividades como voluntaria a la vez que invierte toda su energía emocional en amistades femeninas. Los dos usan las actividades, las posesiones y las ocupaciones para llenar la

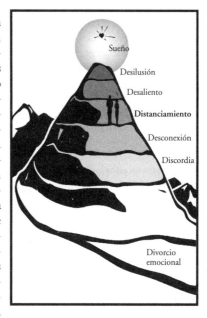

distancia que ha crecido entre ellos. Estas actividades egoístas pueden destruir el matrimonio. Los cónyuges llegan a preocuparse tanto por sus propios asuntos que pierden de vista al otro y no les queda energía emocional para su compañero.

Dios sabía que como esposos necesitábamos la compañía del otro. Luego de crear el mundo, Dios miró lo que había hecho y dijo: «No es bueno que el hombre esté solo. Voy a hacerle una ayuda adecuada» (Génesis 2:18). La principal solución de Dios para la soledad del hombre es la unidad y el compañerismo que proporciona un cónyuge. Cuando el esposo y la esposa se distancian, están luchando en contra del plan de Dios para el matrimonio y pierden de vista la bendición de la unidad que Dios diseñó para ellos.

Barb y yo descubrimos en nuestro matrimonio que nos deslizábamos con facilidad hacia el distanciamiento en la relación. Era la consecuencia natural de dos personas que estaban muy enamoradas, pero que tenían dificultades para conectarse de forma profunda en medio de la desilusión y el desaliento. No éramos fríos a propósito con el otro, pero como no le dedicábamos tiempo a nuestra relación, socavamos la unidad que los dos queríamos y necesitábamos.

LA ESCALA DEL DISTANCIAMIENTO

Compárate con estos indicadores y marca cualquiera que describa el estado actual de tu matrimonio:

M E

❏ ❏ Describiría nuestra relación como «parcialmente nublado, sin probabilidades de buen tiempo».

❏ ❏ Casi siempre lleno mi tiempo libre con actividades que no incluyan a mi cónyuge.

❏ ❏ He renunciado a la mayoría de las expectativas que tenía con respecto a mi cónyuge.

❏ ❏ Me pregunto si alguna vez mi cónyuge se siente entusiasmado ante la idea de estar casado conmigo.

❏ ❏ Algunas veces mi cónyuge me parece un extraño.

❏ ❏ A mi cónyuge no le digo muchos de mis pensamientos o sentimientos.

❏ ❏ Me preocupa pensar que algún día quizá enfrentemos un problema que sea mayor que nuestra disposición para permanecer juntos.

Muchas parejas aceptan una relación viciada y distante como lo mejor que pueden lograr. Parece que reconocen que la luna de miel terminó hace mucho tiempo y que lo típico es una relación matrimonial mediocre. Es interesante que la mayoría de las parejas con las que Barb y yo hablamos, en realidad, *esperen* separarse poco a poco con el paso del tiempo. No es que a la gente le guste la sensación de distanciamiento en la relación, pero la mayoría de las parejas se han resignado al distanciamiento emocional sin comprender cómo llegaron allí o sin creer que pueden volver a tener el matrimonio soñado. Cuando no se trata la desilusión y el desaliento en la relación, la pareja descubrirá que se va separando y que sus sueños para el matrimonio se desvanecen. Además, se pierden lo precioso que Dios les tiene preparado.

Si te encuentras en el punto del distanciamiento en la relación de tu matrimonio, es vital que reviertas el curso. No te conformes con menos que la intimidad y la unidad que Dios ha diseñado. Si permites que el distanciamiento relacional persista, es probable que te encuentres descendiendo hacia la siguiente etapa en el mapa del matrimonio: la desconexión en la relación.

5. Del distanciamiento a la desconexión

Dios nos creó a ambos para ser seres que nos relacionemos y puso en nosotros la necesidad de conectarnos con otras personas en un nivel emocional y espiritual profundo. La conexión humana más profunda queda reservada para la relación matrimonial. Dentro de la intimidad y la seguridad del compromiso matrimonial, la pareja tiene libertad para expresar sus deseos, temores, luchas y angustias más profundos y a la vez preocuparse por los del otro. El plan de Dios es que Barb y yo disfrutemos de esta conexión satisfactoria y lo mismo sucede contigo y con tu cónyuge. A medida que crece esta conexión, nos sentimos cada vez menos solos y experimentamos la rica intimidad y unidad que Dios ha diseñado para el matrimonio. Sin embargo, cuando el esposo y la esposa se distancian y sus vidas se llenan de otras actividades e intereses, queda poco tiempo para conectarse, y en la medida que el distanciamiento persista, hay cada vez menos interés de conectarse. El dolor de la desilusión y del desaliento es

Sueño

Desilusión

Desaliento

Distanciamiento

Desconexión

Discordia

Divorcio
emocional

tan grande que uno de los integrantes del matrimonio o los dos ya no confían en el otro para sus necesidades y anhelos más profundos. Entonces, dejan de disfrutar a este nivel. Se desconectan en su relación. Levantan paredes de autoprotección y la intimidad es muy poco frecuente.

En un matrimonio desconectado, el esposo y la esposa pueden vivir juntos, pero en realidad viven solos por completo. El problema es que sus necesidades no cambian. Todavía necesitan conectarse con otra persona en un nivel íntimo y profundo. Si esa necesidad que Dios ha puesto no se satisface de forma legítima a través del cónyuge, puede encontrar su expresión en otra relación. Esta es, por lo general, la forma en que comienzan los romances extramatrimoniales.

El marido solitario recibe la atención, la compasión y el cuidado que tanto anhela de una compañera de trabajo. Una esposa solitaria vierte su dolor en un compasivo amigo. Estas conexiones extramatrimoniales no siempre pueden terminar en relaciones adúlteras, pero la vulnerabilidad y la tentación de tener intimidad sexual son muy grandes. En el mejor de los casos, las conexiones inapropiadas con una persona que no sea tu cónyuge pueden crear un lazo emocional insalubre. Tal como aprendí durante esos largos días en la biblioteca, no es solo otra persona la que nos puede cautivar y separar de esta conexión vital con el cónyuge, sino también el trabajo o los pasatiempos, el excesivo compromiso con buenas actividades e incluso las de la iglesia.

LA ESCALA DE LA DESCONEXIÓN

Compárate con estos indicadores y marca cualquiera que describa el estado actual de tu matrimonio:

M E

- ☐ ☐ Algunas veces me siento solo, aun cuando estoy con mi cónyuge.

- ☐ ☐ Me resulta difícil «sentir» que mi esposo me ama. Lo sé de manera intelectual, pero no siento una conexión emocional.

- ☐ ☐ Cuando estamos juntos, no tenemos mucho que decirnos.

- ☐ ☐ Cuando hablamos, por lo general no nos entendemos o nos malinterpretamos.

- ☐ ☐ Prefiero dedicar mi tiempo, mi energía y mi dinero a algo o a alguien que no sea mi cónyuge.

- ☐ ☐ Dudo que mi matrimonio crezca o cambie para mejor.

- ☐ ☐ No creo que a mi cónyuge le interese mucho quién soy ni qué deseo hacer.

¿Alguna vez has sentido que ya no existe conexión en la relación con tu cónyuge? Si tu matrimonio ha sufrido a causa de la desilusión, el desaliento y el distanciamiento sin resolver, es probable que se encuentre en el proceso de una dolorosa desconexión. Quizá sientas que tú y tu cónyuge ya no juegan en el mismo equipo, y cuando ya no son compañeros de equipo, es muy fácil que se conviertan en adversarios permitiendo que el matrimonio se deteriore hasta llegar a un estado de discordia.

6. De la desconexión a la discordia

Las parejas que viven distanciadas y solas, con una desconexión en la relación, son presa fácil de la desunión, la división, la disensión y la discordia. Los conflictos que en algún momento estaban reprimidos, ahora salen a la superficie como disputas

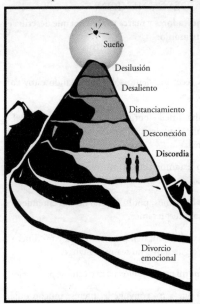

abiertas. Las opiniones diferentes se elevan al grado de peleas defensivas. La crítica y la ira rigen la mayoría de los intercambios verbales. En lugar de herir solo los sentimientos del otro, se producen heridas profundas en el corazón del cónyuge.

Los matrimonios en un estado de discordia se vuelven acalorados. Casi todas las parejas casadas tienen discusiones, algunas de las cuales son fuertes y emotivas, pero las parejas en discordia están en guerra casi siempre. El desprecio que siente el uno por el otro hace erupción como un volcán con una historia ardiente de desilusión, desaliento, distanciamiento y desconexión.

Las relaciones en discordia también pueden tornarse frías. La intimidad física se desvanece. Los abrazos y la relación sexual se consideran equivalentes a dormir con el enemigo. Algunas parejas en matrimonios con problemas siguen disfrutando de una vida sexual buena, pero en la mayoría de los que viven un conflicto abierto la llama sexual se ha extinguido.

Las parejas pueden llegar a un estado de discordia al comienzo del matrimonio, como lo ponen en evidencia los matrimonios que explotan a las pocas semanas o meses del día de la boda. No obstante, estas «explosiones tempranas» son casi siempre manifestaciones de problemas que se instalaron en la relación del noviazgo.

LA ESCALA DE LA DISCORDIA

Compárate con estos indicadores y marca cualquiera que describa el estado actual de tu matrimonio:

M	E	
❑	❑	La mayoría de mis pensamientos sobre mi cónyuge es negativo.
❑	❑	Mi cónyuge y yo nos agredimos verbalmente y nos decimos cosas que lastiman.
❑	❑	Muchas veces me pregunto cómo sería estar o no casado con una persona diferente.
❑	❑	Sueño despierto o fantaseo con otra persona que quizá sea mejor cónyuge.
❑	❑	Siento como si mi cónyuge y yo estuviéramos en guerra.
❑	❑	La verdadera ternura hacia mi cónyuge es un recuerdo desvanecido. Esquivamos la intimidad sexual.
❑	❑	La familia y los amigos cercanos se dan cuenta de que nuestro matrimonio está bajo severas tensiones.

Las parejas que viven en discordia matrimonial se preguntan en serio si sus vidas serían mejores sin el cónyuge. Esta actitud de buscar una forma de librarse de la situación puede deshacer un matrimonio enseguida. William Doherty, director del programa de terapia para el matrimonio y la familia de la Universidad de Minnesota, dice: «La idea de una separación gana terreno poco a poco a lo largo del tiempo y un buen matrimonio se puede desmoronar en dos años cuando los cónyuges se concentran en lo que no pueden obtener de la relación y en las expectativas que el otro no logra llenar»[5].

Si un buen matrimonio se puede desmoronar en dos años, ¿cuánto más cerca del precipicio está una pareja en discordia?

Aunque la discordia no es algo imposible de revertir en un matrimonio, es muy peligrosa. A menos que la situación se atenúe y los combatientes se desarmen, el sueño del amor verdadero muere con el tiempo y el resultado es el divorcio emocional.

7. De la discordia al divorcio emocional

Es posible que una pareja esté casada por la ley y, sin embargo, esté separada del todo en el corazón. Viven bajo una nube oscura de desilusiones y desalientos sin resolver. El comportamiento diario se caracteriza por el distanciamiento y la discordia en la relación. Es posible que ocupen la misma casa, pero en lo emocional viven a kilómetros de distancia. Barb y yo lo llamamos divorcio emocional.

Cuando una pareja alcanza el punto del divorcio emocional, la relación ha muerto. Si van a la corte para divorciarse, los papeles no son más que el certificado de defunción del matrimonio, pero la relación y el sueño que dio nacimiento a este matrimonio ya están muertos y enterrados. No obstante, algunas parejas que se encuentran en una relación muerta se niegan a divorciarse de forma legal. Permanecen juntos por diversas razones: los hijos, las finanzas, la imagen profesional o para evadir el «pecado» del divorcio. Tratar de sostener una relación muerta debido a la culpa o para guardar las apariencias es una absoluta tortura.

LA ESCALA DEL DIVORCIO EMOCIONAL

Compárate con estos indicadores y marca cualquiera que describa el estado actual de tu matrimonio:

M   E

☐   ☐   Sigo casado por otra razón ajena al amor hacia mi cónyuge.

☐   ☐   He perdido la esperanza de que mi matrimonio mejore.

☐   ☐   Finjo no tener problemas matrimoniales para guardar las apariencias.

☐   ☐   Mi meta principal en el matrimonio es protegerme de más dolor.

☐   ☐   Mi cónyuge y yo nos hemos separado o hemos considerado la posibilidad de la separación.

☐   ☐   Mi corazón está apegado hasta lo más profundo a otra persona que no es mi cónyuge, aunque no actúe de acuerdo a ese sentimiento.

☐   ☐   Sé que en el aspecto emocional me he alejado de mi cónyuge.

Entonces, ¿cuál es la diferencia entre el divorcio emocional y el legal? A los ojos de Dios, hay muy poca diferencia. La Escritura nos enseña que Dios está tan interesado en las actitudes de nuestros corazones como en las acciones externas. Este principio lo vemos en el sermón de Cristo sobre el adulterio. En Mateo 5:27-28, Jesús señala que el adulterio no es solo el acto físico de tener relaciones sexuales con otra persona que no sea el cónyuge. El adulterio comienza con una actitud de lujuria en el corazón. Jesús nos dice: «Cualquiera que mira a una mujer y la codicia ya ha cometido adulterio con ella en el corazón» (v. 28). De manera similar, ¿acaso Dios no ve el divorcio en el corazón, el divorcio emocional, de la misma manera que el divorcio que se concretó ante la justicia? Muchos cristianos con matrimonios moribundos se niegan a usar la palabra que empieza con «d». Saben que Dios aborrece el divorcio (véase Malaquías 2:16). Recuerdan la línea de la ceremonia religiosa que dice: «Por tanto, lo que Dios ha unido, que no lo separe el hombre» (Marcos 10:9). Entonces, rechazan cualquier pensamiento relacionado con el divorcio legal. Como el divorcio es tanto una actitud del corazón como una acción legal, ¿no deberían procurar con la misma vehemencia revertir el patrón que los llevó al divorcio emocional?

¿Todavía queda esperanza cuando un matrimonio ha decaído hasta llegar al punto del divorcio emocional? Barb y yo creemos en un Cristo resucitado, y también creemos que Dios es capaz de resucitar un matrimonio muerto. Hemos visto a muchas relaciones muertas que han vuelto a la vida. Aun así, este no es el primer lugar en el que Dios desea intervenir en un matrimonio. En realidad, es el último lugar en el que desea involucrarse. Dios está dispuesto a rescatar a un matrimonio y a restablecer una relación de amor en cualquier lugar del mapa del matrimonio en el que se encuentre una pareja. Desea vernos volver al sueño vivo de unidad y de intimidad en la relación. Es por eso que Barb y yo nos hemos comprometido a ayudar a los matrimonios para que sean a prueba de divorcio.

SIGAMOS EL MAPA DEL MATRIMONIO DE REGRESO AL SUEÑO

Cuando hablamos de ayudar a que los matrimonios sean a prueba de divorcio, lo que queremos decir es que queremos ayudarlos a que no lleguen a la corte de divorcio. Todo el que lea este libro se encuentra en algún lugar en el camino entre el sueño y el divorcio, y si no se dirige con determinación en dirección al sueño, va, aunque sea poco a poco, en la dirección que termina en el divorcio. Preparar parejas a prueba de divorcio es dirigirlas en la dirección adecuada y equiparlas para el viaje en busca de reconquistar su sueño.

Muy bien, ¿dónde te encuentras en el mapa del matrimonio? ¿Ves a tu matrimonio en cualquiera de los indicadores que usamos en este capítulo? ¿En qué dirección se encuentra? ¿Avanza hacia el sueño o hacia el divorcio emocional? Mientras evalúas dónde se encuentra, confiamos que te hayas sentido desafiado y animado a unirte a nosotros en el viaje de regreso a casa.

Cuando Barb y yo hemos hablado sobre este mapa del matrimonio en conferencias alrededor del país, todavía no nos hemos encontrado con una pareja que salte y grite: «¡Bravo! ¡Lo tenemos! ¡Todos los días vivimos nuestro sueño matrimonial!». Tampoco Barb y yo podemos pretender que nos encontramos en ese estado. Todavía nos encontramos en el viaje diario para tener un matrimonio a prueba de divorcio. Si queremos que el matrimonio crezca, necesitamos esforzarnos. Por más difícil que te resulte admitir que tu matrimonio está lejos del sueño, esperamos que te hayas sentido cautivado por la realidad de que existe un camino que conduce de vuelta al matrimonio que siempre quisiste. Es este camino, arraigado en la Palabra de Dios, del que deseamos hablarte en los capítulos restantes.

 *Tres*

PUEDES LOGRAR UN
MATRIMONIO A PRUEBA DE
DIVORCIO

$\mathcal{M}$ike, de diecisiete años de edad, era un joven para el que las metas eran algo muy importante. Se había fijado en Cheryl, una joven de la escuela, y decidió que quería conocerla, aunque ella ya tenía novio. Entonces, cuando encontró a Cheryl trabajando en el mostrador de McDonald's aquel verano, Mike caminó hacia ella y le preguntó si había alguna posibilidad de que saliera con alguien que no era su novio. Cheryl le dijo: «Por supuesto, alguna vez».

Durante un partido de fútbol de la escuela aquel otoño, Mike divisó una oportunidad para entrar en acción. Mientras el novio deportista de Cheryl estaba afuera en el campo de juego, Mike la encontró sentada en las gradas. Ella aceptó tener una cita con él.

Al verano siguiente, Mike ya tenía dieciocho años y se había graduado. Cheryl tenía diecisiete y se preparaba para el último año del instituto.

Y estaba embarazada, esperando un bebé de Mike.

La familia y los amigos de la joven pareja les dijeron que estaban locos al decidir casarse. También los presionaron para que Cheryl se hiciera un aborto; pero estaban enamorados y deseaban criar juntos al bebé. Así que se casaron aquel verano, apenas unos niños a punto de criar a su propio niño.

Mike tomó la situación como un desafío. Provenía de una familia exitosa y sabía que quizá formaría parte del negocio familiar algún día. En el otoño, comenzó la universidad a tiempo completo mientras trabajaba sesenta y cinco horas a la semana repartiendo la leche de la vaquería familiar.

Cheryl, una flamante madre, se quedaba en su pequeña casa todos los días mientras Mike se sumergía en la universidad y el trabajo. «Desde el principio fue una lucha», dice la joven. «No tenía idea de cuál era mi papel ni de lo que implicaba mi compromiso con Mike. Cometí muchos errores, hice malas elecciones. Teníamos un bebé, pero no trabajamos en absoluto en nuestra relación».

Como Mike y Cheryl estaban casados y tenían un bebé, se veían como adultos, y como los dos habían pasado el límite de edad para el consumo legal de bebidas alcohólicas, comenzaron a vivir como les parecía que vivían los adultos. Pasaban las noches y los fines de semana bebiendo y participando de fiestas con sus amigos, enloquecidos. Cheryl sabía que no estaba estableciendo como debía lazos afectivos con su hijo, Michael, ni con su esposo. «Era solo una niña en busca de amor y de pasarla bien. No sabía cómo ser madre».

«En aquel entonces, no era alcohólico», insiste Mike, «pero bebía mucho, y cuando estaba bajo la influencia del alcohol me volvía agresivo y furioso. Daba puñetazos contra las paredes dejando agujeros y una vez hice pedazos una silla de la cocina contra el piso. También atacaba a Cheryl, no en forma física, sino verbal. Nos parábamos en el escalón de delante de la casa y nos gritábamos cosas obscenas. En poco tiempo, nos convertimos en enemigos».

El comportamiento de Mike era demasiado conocido para Cheryl. Al haber crecido en el hogar de un alcohólico, ya había visto esto antes. Lo que veía en Mike la asustaba y hacía que se preguntara si estaba dispuesta a soportar su problema con la bebida y la ira el resto de su vida. «Mike nunca me maltrató», dice, «pero no me sentía segura cerca de él».

A medida que su relación con Mike seguía deteriorándose, Cheryl agonizaba al ver en lo que se había convertido su romance de libro de cuentos. «Éramos desdichados de verdad, así que decidí abandonar a Mike. Nuestro divorcio finalizó pocos meses después».

LA FRAGILIDAD DEL MATRIMONIO

Barb y yo sabemos que no todos los matrimonios con problemas terminan tan pronto ni de manera tan explosiva, pero es fácil divisar los riesgos de una relación como la de Mike y Cheryl desde el comienzo. Un matrimonio entre adolescentes. Un bebé a bordo. Falta de apoyo de la familia y de los amigos. Inmadurez emocional. Tensión financiera. Alcohol.

Volveremos sobre la historia de esta joven pareja al final del capítulo; pero por ahora, responde una pregunta: ¿Te parece que tu matrimonio corre el mismo riesgo de divorcio que el de Mike y Cheryl?

«¿Nosotros? ¿Al borde del divorcio con todas esas cosas en nuestra contra?», quizá contestes. «De ninguna manera». Sin embargo, al haber localizado en el mapa del matrimonio el lugar en que se encuentra tu matrimonio, es probable que estés listo para reconocer que tu relación corre un riesgo mayor de desconexión, distanciamiento o divorcio emocional que lo que antes pensabas. Además, es probable que hayas observado que muchos de los matrimonios de tu familia o de tus amigos viven más cerca del divorcio emocional que del sueño.

Si te parece que una relación matrimonial, incluso la tuya, es frágil y vulnerable al deterioro, estás en lo cierto. Todos los años, a través de nuestro programa radial diario y de las conferencias sobre el matrimonio que damos en todo el país, Barb y yo hablamos con miles de parejas angustiadas. Además, he aconsejado a miles de parejas más en los veintitantos años de terapeuta matrimonial y familiar. Cada vez que nos encontramos con matrimonios, nos enfrentamos a esta realidad: *Si no tenemos un plan para hacer que nuestro matrimonio sea a prueba de divorcio, todo matrimonio es vulnerable al deterioro, y el deterioro terminará, en definitiva, en el divorcio emocional y legal.*

Hemos sido testigos de la implosión de muchos matrimonios que no piensan así. Algunas parejas se enfrentan a amenazas muy serias y evidentes como las de Mike y Cheryl. Otros parecen incuestionables, al menos en la superficie. Sin embargo, una y otra vez hemos visto cómo la devastación del divorcio ha caído sobre amigos, miembros de la familia y conocidos. Muchos de ellos han sido los matrimonios de líderes cristianos y de personas que asistían a la iglesia tanto como de no creyentes.

Nos dan mucha pena las parejas que no son conscientes de lo peligrosamente cerca que están del divorcio emocional o legal. Nuestro corazón se duele no solo porque cada matrimonio es vulnerable, sino también porque tenemos la seguridad de que todos los matrimonios se pueden proteger de la entropía del divorcio.

UNA CAUSA POR LA CUAL MORIR Y POR LA CUAL VIVIR

A Barb y a mí nos han llamado a adoptar una postura *en pro* de matrimonios saludables, en crecimiento y que duren toda la vida, y *en contra* de la sombría amenaza del divorcio. Este ha sido nuestro compromiso continuo a lo largo de mi carrera como consejero profesional. Es la misión de *America's Family Coaches*, el ministerio que compartimos Barb y yo. Es el enfoque de nuestro ministerio radial y es el credo de nuestro propio matrimonio. Estamos ofreciendo nuestras vidas en pro de los matrimonios estadounidenses.

¿Por qué? Creemos que si cada uno de nosotros no trata con el divorcio ahora, la próxima generación de matrimonios se perderá. Debemos captar la visión de los matrimonios a prueba de divorcio y hacer todo lo posible para que retroceda la amenaza del divorcio hasta donde llegue nuestra influencia. Queremos unirnos a ti no solo para proteger de una manera activa tu matrimonio, sino también para ayudarte a que prepares a cada pareja que conozcas a fin de que tenga un matrimonio a prueba de divorcio.

Cuando batallemos juntos por la causa del hogar cristiano, pagaremos un precio. Tenemos un enemigo muy poderoso en esta causa. El apóstol Pedro nos advierte: «Practiquen el dominio propio y manténganse alerta. Su enemigo el diablo ronda como león rugiente, buscando a quién devorar» (1 Pedro 5:8). Tú y tu matrimonio son las víctimas que el diablo tiene como objetivos. Como los matrimonios a prueba de divorcio se encuentran en un lugar muy importante en la lista de prioridades de Dios, puedes saber que tales matrimonios también se encuentran en primer lugar en la lista de ataques del enemigo. No hay nada mejor para Satanás que desanimarte, debilitar tu matrimonio y contabilizar en su libro otra familia tullida o rota. Por eso afirmamos que tu matrimonio y tu familia *son* tu ministerio. Son la primera línea de defensa en la cual puedes tener un impacto personal.

Proclamemos juntos y de forma unánime: el divorcio debe cesar... y debe cesar *ahora*. Comenzando por nuestro hogar y el tuyo, tracemos una línea en la arena y digámosle a todo el que tenga oídos para oír: «Por mi parte, mi familia y yo serviremos al SEÑOR» (Josué 24:15). Evitemos todas las escalas de deterioro para construir hogares bíblicos por el bien de nuestro matrimonio, por el bien de la próxima generación y por la causa de Jesucristo.

¿Por qué no convertirnos en parte de un movimiento de familias cristianas que, por medio del Espíritu Santo, edifiquen sus hogares sobre la roca que es Cristo Jesús y establezcan matrimonios para toda la vida que enriquezcan sus vidas y glorifiquen a Cristo? Permítenos hablarte en la forma más directa posible. Si esto no sucede en esta generación, en la cual los adultos jóvenes prefieren no casarse porque existen tan pocos modelos positivos de cómo tener matrimonios con éxito, amorosos y que honren a Dios, ¿cuándo sucederá?

Si no comienza con nosotros, ¿quién adoptará esta postura?

Cuando vemos a hombres y mujeres que sienten este fuego en sus entrañas, vemos una tierra de matrimonios y familias recuperadas para la gloria de Dios. Y eso, querido amigo, es una causa por la cual vale la pena vivir.

UN RICO LEGADO PARA LAS GENERACIONES FUTURAS

Barb y yo sentimos pasión por esta causa porque creemos que las familias están en el centro del corazón de Dios. Él fue el que tuvo la idea de la familia, fue su creación, su plan para la humanidad. Escogió a la familia para ejemplificar la relación entre Jesús y la iglesia. Algunas de las mejores cosas que Dios hace en nosotros, las hace a través de los cónyuges, los padres o los hijos: nos enseña a tener gracia y a perdonar, nos muestra cómo amar con humildad y con corazones de siervos y desarrolla nuestro carácter. Y en el diseño de Dios, la familia es el ambiente primario en el cual los hijos pueden conocer a Dios y pueden llegar a tener fe en Jesucristo.

Preparar matrimonios a prueba de divorcio no es solo para nosotros los esposos y las esposas. Es para nosotros *y* para nuestros hijos, nuestros nietos y para las generaciones futuras. La atención y el esfuerzo que viertas en tu matrimonio hoy le dejará un legado a todos los que vengan después de ti en tu familia. Como dice mi mejor amigo, Steve Farrar: «Es probable que no conozcamos a nuestros bisnietos, pero ellos nos conocerán a nosotros». Permite que tus hijos y tus nietos te conozcan como un hombre y una mujer que tomaron partido por el matrimonio piadoso en medio de una cultura impía. Por más riqueza que quizá tengas, no puedes dejarle a tu descendencia una herencia más rica que un matrimonio a prueba de divorcio y hacer realidad el sueño que Dios tiene para ustedes como pareja.

Al lanzarnos a esta travesía contigo, esta batalla a favor de los matrimonios, Barb y yo prometemos que no te desafiaremos a dar un paso que nosotros mismos no hayamos dado. Sabemos lo que significa para nuestro matrimonio y nuestra familia estar en riesgo. Podemos recordar el fragor de la batalla, el mal olor del aliento del enemigo mientras trataba de devorar a la familia Rosberg. Recordamos cómo clamamos al Señor Jesús una y otra vez, pidiendo gracia y una segunda oportunidad.

Lo que presentamos en este libro no es un simple ejercicio académico o terapéutico. Es la historia de nuestra vida. Barb y yo éramos vulnerables y nuestra familia también lo era. No queremos volver allí jamás. Deseamos advertirles a los demás, incluyéndote a ti, acerca de los peligros de no preparar nuestros corazones, nuestros matrimonios y nuestras familias para que sean a prueba de divorcio. Además, deseamos hablarte de las bendiciones que vienen sobre los que lo hacen.

MENTIRAS DESTRUCTIVAS SOBRE EL MATRIMONIO, EL DIVORCIO Y EL AMOR

Barb y yo creemos que el divorcio es una alternativa del matrimonio aceptable a nivel nacional en Estados Unidos porque nos hemos tragado tres mentiras dañinas sobre el matrimonio, el divorcio y el amor. Estas mentiras representan el consenso de la actitud de nuestra nación que moldea la visión de la vida que tenemos y nos adormecen de modo que nos sintamos satisfechos con nosotros mismos frente a las verdaderas amenazas del divorcio. Aunque tú y tu cónyuge no acepten por completo estas creencias distorsionadas, puedes estar seguro de que mucha gente en el círculo inmediato de tu familia, de tus amigos, de tus compañeros de trabajo y de tus relaciones se adhieren a ellas sin reservas.

Primero examinemos cada una de estas mentiras a la luz de una mentira que se cree casi siempre sobre el matrimonio.

«Nuestro matrimonio es bastante bueno»

Luego de doce años juntos, Dave y Libby tienen poco en común además del certificado de matrimonio que lleva los nombres de los dos; pero su relación no comenzó de esta manera. Cuando eran recién casados, todo el tiempo que podían estar juntos no les bastaba. Sus amigos los llamaban «pegajosos», en parte porque les encantaban «Los cazafantasmas», pero sobre todo porque estaban muy «apegados» el uno con el otro. Hacían todas las cosas juntos e iban a todas partes juntos, tomados de la mano y acariciándose.

Libby tenía solo cinco meses de embarazo de su primer hijo cuando entró en trabajo de parto. Con medicamentos, demoraron el parto otros dos meses. Mientras tanto, Libby tomó una licencia sin sueldo de su trabajo para hacer reposo en cama. Renunció del todo a su trabajo cuando su hijo nació en forma prematura.

Entristecidos por el oneroso costo de cuidar a un bebé con muchas necesidades, la vida feliz de Dave y Libby comenzó a apagarse. Dave buscó un trabajo extra para compensar el ingreso de Libby que ya no tenían. Le resultaba difícil volver a casa para encontrar a un bebé exigente y a una esposa que ahora le parecía «llorona». No quería admitirlo, pero estaba resentido porque su hijo se había interpuesto entre ellos.

Luego de ese primer embarazo traumático, la pareja sintió alivio cuando Libby llevó a término el segundo y tercer embarazo sin dificultades. Para Dave, sin embargo, más bocas para alimentar significaban más horas de trabajo. Lo que es peor, se dio cuenta de que a Libby la preocupación por los niños le dejaba poco tiempo y poca atención para él.

Ahora, después de doce años, Dave y Libby parecen resignados a la idea de que este es el mejor matrimonio que pueden tener. No es un gran matrimonio, ni siquiera uno bueno, pero es bastante bueno. Al mismo tiempo, Dave tiene que rechazar los pensamientos de tener un romance con su atractiva secretaria en el trabajo. La joven está expectante, disponible y es devota a su jefe. Está a su lado durante ocho o nueve horas al día, tal como solía estar Libby. Dave se pregunta si alguna vez volverá a estar cerca de Libby otra vez.

Si alguien hiciera un programa de televisión llamado *La pareja perfecta*, ninguno de nosotros, incluyendo a Dave y Libby, esperaría ser el finalista para el gran premio. De buena gana admitimos que nuestros matrimonios no son perfectos, pero eso no es excusa para conformarnos con el estado en el que están las cosas. Un matrimonio que no es más que «bastante bueno» no saldrá adelante a largo plazo. Si crees que puedes seguir de forma indefinida con un matrimonio bastante bueno, te crees una gran mentira. Lo cierto es que si tu matrimonio no crece y no se profundiza, se hace más vulnerable a la desconexión, a la discordia y al divorcio emocional.

Recuerda: Te encuentras en guerra contra el archienemigo de Dios cuando hablamos de la vitalidad y el éxito de tu matrimonio. Las fuerzas que acometen contra ti son grandes. Debes estar en guardia porque Satanás busca la oportunidad de destruir tu matrimonio. Jesús dijo: «El ladrón no viene más que a robar, matar y destruir» (Juan 10:10). Y el ladrón esperará todo lo que sea necesario para encontrarte desprevenido. La definición «bastante bueno» no es lo bastante buena cuando te encuentras bajo un ataque constante.

No solo debes velar, sino que debes tomar la ofensiva en este conflicto. Debes tomar parte activa en cuanto a nutrir tu relación matrimonial. La mayoría de los matrimonios sentenciados no terminan en el divorcio de la noche a la mañana. Por el contrario, se atrofian a lo largo de un período de años debido a la pereza y a la falta de esfuerzo. Un matrimonio que parece saludable hoy se puede deslizar hacia el precipicio del divorcio en cinco o diez años si no se lo vuelve a energizar con constancia y determinación.

Proverbios 24:30-34 pinta un cuadro triste del seguidor de Dios adormecido. Es un cuadro que nos muestra lo vulnerables que quedamos ante los ataques cuando dejamos de cuidar nuestros matrimonios: «Pasé por el campo del perezoso, por la viña del falto de juicio. Había espinas por todas partes; la hierba cubría el terreno, y el lindero de piedras estaba en ruinas. Guardé en mi corazón lo observado, y de lo visto saqué una lección: Un corto sueño, una breve siesta, un pequeño descanso, cruzado de brazos... ¡y te asaltará la pobreza como un bandido, y la escasez, como un hombre armado!».

Los trabajadores que avanzan sin ningún esfuerzo en sus trabajos, sin diligencia ni ambición, no pueden esperar disfrutar de las recompensas y los privilegios del progreso. Al final, al vago lo despedirán. Los cristianos que pasan por alto las disciplinas espirituales como el estudio de la Biblia, la oración y la comunión con otros creyentes no pueden esperar tener la victoria sobre el pecado en sus vidas. Por el contrario, siempre serán presas fáciles del tentador. De la misma manera, ninguna pareja que vague a la deriva en un matrimonio «bastante bueno», en el cual no se invierte esfuerzo, puede esperar volver a capturar el sueño del día de la boda. Más bien se encuentran en peligro de perder el poco gozo y la poca intimidad que tienen.

Ningún matrimonio es perfecto, pero tampoco se debiera considerar a ningún matrimonio como bastante bueno.

«El divorcio me ofrece la oportunidad de tener una vida mejor»

La tendencia al divorcio en nuestro país se alimenta de un concepto equivocado en cuanto al resultado que ofrece. Aunque ni Barb ni yo conocemos a alguien que afirme que el divorcio es indoloro, hemos descubierto que muchas personas creen que es la puerta de entrada a un nuevo comienzo y a una vida más feliz. Estas personas razonan así: «Si puedo librarme de este matrimonio muerto, si puedo librarme de mi fastidioso cónyuge, al fin seré feliz». Al ver que las tasas de divorcio de los cristianos son más altas que las de la población en general, suponemos con bastante seguridad que muchos creyentes también se han tragado esta mentira.

Si alguna vez te sientes tentado a creer que el césped es más verde al otro lado de la cerca matrimonial, olvídalo. No es cierto.

Una investigación reciente siguió a un número de parejas que fueron infelices en su matrimonio. Cinco años después, estas mismas parejas calificaban sus matrimonios como «felices» o «muy felices». ¿Qué produjo la diferencia? El tiempo, sin lugar a dudas. Si solo permaneces en un matrimonio y pasas el período de infelicidad, es probable que descubras que mejora con el tiempo. Tan solo piensa lo que podría suceder si, como cristianos, al tiempo le añadimos el poder del Espíritu Santo para darle *verdadero* propósito a nuestros matrimonios.

Una de las grandes ironías del divorcio es que la gente cree que cambia su relación amorosa gastada por algo mejor; pero en realidad el matrimonio es lo mejor. Una reseña de más de ciento treinta estudios empíricos que van de 1930 hasta el presente, indican que las personas casadas casi siempre viven más tiempo, gozan de más salud emocional y física, son más felices y tienen más probabilidades de recuperarse del cáncer que las personas que no están casadas[1]. Los estudios acerca del matrimonio han descubierto que la gente casada vive más tiempo, disfruta de mayores ingresos y riquezas, adquieren menos conductas de riesgo, comen de manera más saludable y tienen menos problemas sicológicos que las personas solteras[2].

Considera los siguientes beneficios que tiene el matrimonio sobre el divorcio:

1. Salud. Una mujer casada de cuarenta y ocho años tiene ochenta y siete por ciento de posibilidades de vivir hasta los sesenta y cinco años, pero las posibilidades de una divorciada de la misma edad de alcanzar los sesenta y cinco es solo de sesenta y siete por ciento. Un hombre casado de cuarenta y ocho años tiene ochenta y tres por ciento de posibilidades de vivir hasta los sesenta y cinco, pero las posibilidades de un divorciado de la misma edad de alcanzar los sesenta y cinco es solo de sesenta y tres por ciento[3].

2. Riqueza. En 1994 las parejas casadas de cincuenta años tenían un activo promedio de ciento treinta y dos mil dólares.

Las personas divorciadas llegaban solo a treinta y tres mil seiscientos dólares, los que nunca se habían casado, treinta y cinco mil dólares y las personas separadas solo siete mil seiscientos dólares[4].

3. Felicidad. Las personas casadas tienen el doble de probabilidades que las personas que están solas por cualquier motivo de decir que son «muy felices». Treinta y ocho por ciento de las parejas casadas dicen que son muy felices, en comparación con catorce por ciento de hombres divorciados, dieciocho por ciento de mujeres divorciadas, veintiún por ciento de personas que nunca se casaron y dieciocho por ciento de personas separadas[5].

«¿Desea vivir más tiempo y tener más prosperidad?», resume Scott M. Stanley, subdirector del Centro de estudios matrimoniales y familiares de la Universidad de Denver. «Cuide bien a su cónyuge y a su matrimonio».

Por mayores que sean los beneficios del matrimonio, la parte más positiva se extiende mucho más allá de la pareja y alcanza a la siguiente generación. No solo las parejas casadas se encuentran por lo general en mejores condiciones que las divorciadas, sino que los hijos de las parejas casadas también se encuentran mejor que los hijos de parejas divorciadas.

Judith Wallerstein ha realizado una investigación pionera y a largo plazo de los efectos del divorcio sobre la siguiente generación. En su libro *The Unexpected Legacy of Divorce,* esta investigadora octogenaria sostiene que el daño que causa el divorcio es mucho más grave y duradero que lo que nos han hecho creer.

Wallerstein ha visto que los hijos de padres divorciados sufren de maneras diversas y que se les altera la vida:

1. No tienen modelos a imitar. Los hijos adultos de padres divorciados no tienen imágenes de una relación matrimonial saludable. Los hijos de familias intactas adquieren esa fuerza de los matrimonios de sus padres (incluso la decisión de permanecer en un matrimonio que no es feliz). «El solo hecho de que los adultos no sean felices no quiere decir que los hijos no lo sean», dice Wallerstein.

2. Adolescencia prolongada. Cuando los hijos de parejas divorciadas les proporcionan apoyo emocional a sus padres heridos, como casi siempre hacen, los lazos son más difíciles de romper.

3. Menores posibilidades en la vida. Los padres del noventa por ciento de hijos que tienen sus familias intactas contribuyen con los gastos de la universidad. Menos de treinta por ciento de los hijos de parejas divorciadas reciben ayuda de sus padres.

4. Relaciones tempestuosas con la nueva familia. Las segundas nupcias hacen que el centro de los padres sea agradar al nuevo cónyuge, al menos al comienzo. Del sesenta y siete por ciento de los hijos en el estudio de Wallerstein que crecieron en medio del divorcio y segundas nupcias de uno o ambos padres, solo un grupo muy pequeño se sintió ligado a todos los miembros de las familias que se unieron.

5. Más conductas de riesgo. Los hijos de padres divorciados usan drogas y alcohol antes de los catorce años con mayor frecuencia que los hijos de las familias intactas. Las muchachas tienen experiencias sexuales a más temprana edad.

6. Menos competencia social. Se informó que sesenta y siete por ciento de los hijos de padres divorciados están por encima del promedio en su competencia en el trabajo, pero solo cuarenta por ciento funciona bien en las relaciones sociales. Otro treinta y tres por ciento va a terapeutas para resolver los conflictos personales[6].

Quizá pienses que tus hijos no se dan cuenta cuando hay distanciamiento o discordia en tu relación matrimonial. A lo mejor supones que tus conflictos están fuera del alcance de sus oídos, pero Barb y yo sabemos por experiencia que los hijos están más sintonizados con la relación de sus padres que lo que deseamos admitir.

Cuando me encontraba en el proceso de escritura de mi primer libro, que irónicamente trataba el tema de reparar relaciones, Barb y yo nos encontrábamos una noche en el dormitorio en medio de un conflicto. La puerta estaba cerrada, así que estábamos seguros de que nuestras hijas no podían escuchar nuestra acalorada discusión.

A eso de las diez, escuchamos un golpe en la puerta. Miré a Barb.

—¿Quién puede ser?

—Creo que es una de las niñas —dijo—. Fíjate. Tú eres el que está ladrando.

Abrí la puerta y me encontré con Sarah y Missy paradas allí con los pijamas puestos. Nos miraron y una de ellas preguntó:

—¿Se van a divorciar?

—¿*Qué*? —pregunté—. ¿Por qué lo preguntan?

—Bueno, los padres de mi amiga han estado discutiendo —respondió Sarah—, y se van a divorciar.

Señor, ayúdanos, gemía en silencio. Nos sentimos muy tristes de que nuestra discusión les hubiera causado dolor a nuestras niñas. Además, nos impactó lo vulnerables que eran ante nuestro conflicto.

Dios espera que tengamos matrimonios a prueba de divorcio no solo por nuestro bien, sino por el bien de nuestros hijos.

«Nuestro amor nos hace inmunes a la amenaza del divorcio»

Cuando Barb y yo escuchamos esta afirmación, comenzamos a tener esperanza. Las parejas que se tragan esta mentira, al menos se encuentran en el buen camino porque esta afirmación tiene mitad de verdad. El amor es el cimiento de un matrimonio floreciente. La pregunta crítica es: ¿de qué clase de amor hablamos? Para tener matrimonios a prueba de divorcio, no alcanza con tener cualquier clase de amor. Debemos comprender y experimentar la clase de amor que Dios ha provisto para mantener nuestro matrimonio vital, en crecimiento y a salvo de la amenaza del divorcio.

Creemos que hay seis clases clave de amor que se necesitan para tener un matrimonio a prueba de divorcio:

- ❖ el amor que perdona
- ❖ el amor que sirve
- ❖ el amor que persevera
- ❖ el amor que protege
- ❖ el amor que celebra
- ❖ el amor que renueva

Estas seis expresiones son el secreto de un matrimonio invencible y sólido como una roca. A medida que comiences a poner en práctica estas facetas del amor mediante la gracia de Dios, protegerás a tu matrimonio de los estragos del distanciamiento, la desconexión, la discordia y el divorcio emocional. Dedicaremos el resto de este libro a explorar y aplicar estas seis expresiones vitales del amor.

El amor que perdona sana las heridas y ayuda a los esposos a sentirse aceptados y conectados.

El amor que perdona ofrece un nuevo comienzo cuando se han ofendido y herido el uno al otro. Cuando eras recién casado, sentías que eras importante para tu cónyuge, y le decías lo importante que era para ti; pero en algún momento del camino, esa sensación disminuyó debido a las ofensas que van de desacuerdos menores a golpes de traición más importantes. El amor que perdona te equipa para comunicar un nivel tan profundo de aceptación mutua que les permite recuperarse del dolor que de vez en cuando se causan el uno al otro y de superar las ofensas. El amor que perdona te ayuda a volver a conectarte luego de que se han herido el uno al otro. Es la clase de amor que Pablo describe cuando escribe: «Si es posible, y en cuanto dependa de ustedes, vivan en paz con todos» (Romanos 12:18).

 El amor que sirve descubre y satisface necesidades, y ayuda a que los cónyuges se sientan honrados y comprendidos.

El amor que sirve te ayuda a descubrir y satisfacer las necesidades más profundas del otro. Dios los creó a ti y a tu cónyuge con necesidades físicas, emocionales y espirituales, y desea que se involucren en las necesidades físicas, emocionales y espirituales del otro y que se ocupen de satisfacerlas. Tal vez te cueste expresarle a tu cónyuge las necesidades que tienes porque piensas que no deberías sentir necesidad o que de alguna manera deberías estar en condiciones de satisfacer tus propias necesidades. El amor que sirve es el proceso que identifica las necesidades del otro y da los pasos para satisfacerlas. El apóstol Pablo escribió: «Ámense los unos a los otros con amor fraternal, respetándose y honrándose mutuamente» (Romanos 12:10). Se honran entre sí cuando se sirven el uno al otro poniendo las necesidades del cónyuge por encima de las propias. Cuando nos servimos el uno al otro, nos humillamos tal como lo hizo Jesús al lavarles los pies a sus discípulos (véase Juan 13).

 El amor que persevera permanece fuerte en tiempos difíciles y ayuda a los esposos a sentirse unidos, a ser los mejores amigos para siempre.

El amor que persevera te sostiene a través de las pruebas de la vida. Muchas veces la vida cotidiana es peligrosa. Se producen accidentes. Las tragedias nos golpean. Sufrimos pérdidas. Debes amar de tal manera que ayudes a que tu matrimonio permanezca arraigado con firmeza a través de las pruebas tormentosas y de los sufrimientos de la vida. Al implementar el amor que persevera en tu matrimonio, te ligarás a tu cónyuge y disfrutarás de un amor que durará en medio de los momentos buenos y malos. Este amor que perdura se describe en el Nuevo Testamento: «También [nos regocijamos] en nuestros sufrimientos, porque sabemos que el sufrimiento produce perseverancia; la perseverancia, entereza de carácter; la entereza de carácter, esperanza» (Romanos 5:3-4).

 El amor que protege nos guarda de las amenazas y ayuda a los cónyuges a sentirse seguros y a salvos.

El amor que protege guarda tu corazón de las cosas que amenazan tu matrimonio. Hoy en día, los matrimonios se ven amenazados por muchas fuerzas: las externas como los negocios, el estrés laboral, las tentaciones sexuales y las distracciones mundanas, así como fuerzas internas tales como la competencia, la preocupación y las elevadas expectativas que alimentan los medios de comunicación y la comparación con los demás. Si no tienes en cuenta las cosas que amenazan tu matrimonio ni el daño potencial que estas fuerzas logran causarle a tu relación, eres vulnerable. Tal vez te hayas hecho alguna de estas preguntas: ¿Algún día me levantaré y descubriré que mi cónyuge ya no me ama? ¿Ocupo un segundo lugar en el corazón de mi cónyuge con relación a su carrera, a algún pasatiempo, a una amistad o a otras distracciones? ¿Mi cónyuge o yo podemos caer presas de una aventura extramatrimonial? El amor que protege está alerta a las amenazas y hace todo lo posible por guardarlos de las fuerzas destructivas. La Biblia nos recuerda: «Por sobre todas las cosas cuida tu corazón, porque de él mana la vida» (Proverbios 4:23).

 El amor que celebra se goza en la relación matrimonial y ayuda a que el cónyuge se sienta valorado y cautivado.

El amor que celebra te equipa para mantener una conexión emocional, física y espiritual satisfactoria. ¿Recuerdas la chispa y la magia que caracterizaron los primeros meses de tu matrimonio? Quizá se pareciera al entusiasmo que experimentó Salomón cuando su esposa lo atrajo diciendo: «¡Hazme del todo tuya! ¡Date prisa! ¡Llévame, oh rey, a tu alcoba!» (Cantares 1:4). Salomón le respondió a su amor diciendo: «¡Con tus rizos has cautivado al rey! Cuán bella eres, amor mío, ¡cuán encantadora en tus delicias!» (7:5-6). El rey Salomón y su esposa celebraban su amor. Los dos sentían que el otro lo valoraba y lo cautivaba mucho después de la luna de miel. El amor que celebra mantiene viva esa chispa, no solo en el dormitorio, sino también en todas las esferas de la relación. A medida que aprendes a celebrar la unidad entre ambos, te enamorarás una y otra vez.

El amor que renueva, refresca y apoya el lazo matrimonial, y ayuda al cónyuge a sentirse confiado y arraigado.

El amor que renueva considera que el matrimonio es un pacto inquebrantable. La opinión de Dios sobre el divorcio es muy clara en la Escritura. Fíjate lo que dice en Malaquías 2:14-16:

> Y todavía preguntan por qué. Pues porque el SEÑOR actúa como testigo entre ti y la esposa de tu juventud, a la que traicionaste aunque es tu compañera, la esposa de tu pacto. ¿Acaso no hizo el SEÑOR un solo ser, que es cuerpo y espíritu? Y ¿por qué es uno solo? Porque busca descendencia dada por Dios. Así que cuídense ustedes en su propio espíritu, y no traicionen a la esposa de su juventud. «Yo aborrezco el divorcio dice el SEÑOR, Dios de Israel, y al que cubre de violencia sus vestiduras», dice el Señor Todopoderoso.

Dios aborrece el divorcio, a pesar de que todos los días se disuelven matrimonios, incluso los de los cristianos. ¿Qué garantía

tienes de que tu matrimonio sobrevivirá? El amor que renueva
te protege de la inseguridad y te brinda confianza al enfrentar el
futuro con tu cónyuge.

UNA VISIÓN PARA TENER
UN MATRIMONIO A PRUEBA DE DIVORCIO

A medida que tu matrimonio experimenta estas seis clases de
amor en la fuerza de Dios, recibirás el poder para tener un
matrimonio a prueba de divorcio. Barb y yo no solo hablamos
de echar el resto por una relación que es una constante fuente de
agonía y desdicha. Eso no es un matrimonio soñado; es una
relación que más bien se parece a una pesadilla. Por el contrario,
hablamos de desarrollar una relación matrimonial que traiga
como resultado un amor tan profundo entre tú y tu cónyuge
que les permita descubrir algo tan completo que nunca se logra-
ría alcanzar por uno mismo.

La protección contra el divorcio es la mayor cerca protecto-
ra que puedes colocar alrededor de tu familia. Dentro de los
límites de la protección se puede diseñar el plan definitivo para
una relación en la que te conocen, te comprenden, te honran, te
guardan y te estiman al punto que tus necesidades de amor más
profundas se ven satisfechas. Los capacita para que se amen de
forma tal que se vean protegidos de los temores, los peligros y las
amenazas que asedian a tantos matrimonios. Vivir el matrimonio soñado al hacerlo resistente al divorcio en el plano emocional y espiritual es una manera bíblica de amar de verdad a tu
cónyuge. Es el camino al matrimonio de tus sueños. Barb y yo
queremos guiarte por ese camino en los capítulos que restan.

Piensa en lo que puede suceder cuando al aplicar los principios
para la protección contra el divorcio, tu propia relación y la de
otros matrimonios en la iglesia comienza a fortalecerse. ¿Te imaginas la transformación que tendrá lugar cuando las parejas que
conoces estén equipadas para valorar sus relaciones y alimentar
a cada momento sus sueños con respecto al matrimonio? Tu

iglesia estará llena de familias libres del dolor emocional que producen las relaciones desconectadas y también de parejas que han experimentado el gozo de ver a sus matrimonios sanados. Si tú o tu cónyuge provienen de una historia de divorcio, el legado de tu familia romperá el círculo del divorcio. Tus hijos, nietos y las generaciones futuras los conocerán como un esposo y una esposa que abrazaron el diseño de Dios en cuanto a la permanencia del matrimonio. Tus hijos verán el modelo de un matrimonio saludable que los equipará para disfrutar su propio y pleno matrimonio que dure para toda la vida.

Además, las familias a prueba de divorcio experimentarán un gozo y una unidad tan atractiva y encantadora que al mundo exterior le resultará irresistible. Puede ser la chispa que encienda un avivamiento de fe y de compromiso en el matrimonio en toda la comunidad, a medida que la gente descubre al Dios amoroso que está detrás de sus vidas transformadas. Piénsalo: Si hay muchos matrimonios que se sanan y crecen fuertes, tu ciudad puede llegar a tener el número más bajo per cápita de consejeros matrimoniales y de abogados dedicados al divorcio de toda la nación.

¿Esto te resulta más parecido a la tierra de la fantasía en *Magic Kingdom* que a la vida real del siglo veintiuno? No tiene nada que ver con la fantasía; es una realidad en potencia. Preparar matrimonios a prueba de divorcio en Estados Unidos puede hacerse realidad de familia en familia, de iglesia en iglesia y de comunidad en comunidad.

Y puede comenzar contigo.

Es probable que en este mismo instante estés diciendo que es justo lo que necesita tu mundo. Es probable que pienses cuánto quieres que tus hijos experimenten un matrimonio a prueba de divorcio. Tal vez medites en qué manera si preparas tu corazón a prueba de divorcio logras obtener una experiencia matrimonial más profunda y rica en tu relación. O tal vez te preguntes cuánta eficacia quizá tenga la preparación a prueba de

divorcio, ¿en verdad te dará resultado? Te ofreceremos dos califi-
cativos importantes para nuestra visión.

En primer lugar, preparar un matrimonio a prueba de
divorcio no es una reparación rápida y de una vez para siempre.
No solo puedes leer este libro y considerar que terminaste la
tarea. La preparación a prueba de divorcio es un proceso, una
travesía. Siempre tendrás la tentación de conformarte con algo
menor que el sueño que Dios tiene para tu matrimonio. Por lo
tanto, la tarea de tener un matrimonio a prueba de divorcio
debe convertirse en una búsqueda de toda la vida. Estar de
acuerdo con los principios y nada más no es suficiente; debes
practicarlos y aplicarlos en forma constante en tu propia relación.

En segundo lugar, como dice la vieja canción, para bailar el
tango hacen falta *dos*. El matrimonio es una relación entre dos
personas, así que para lograr un matrimonio a prueba de divorcio se necesita la cooperación de las dos partes. Aunque leas este
libro y apliques su verdad a tu vida individual, la protección
completa contra el divorcio de tu matrimonio requiere el compromiso y el esfuerzo tanto del esposo como de la esposa.

Es probable que hayas escuchado a un esposo desesperado o
a una esposa que diga: «Ya no es posible salvar nuestro matrimonio».
Tal vez has pensado lo mismo sobre el tuyo. Esa es otra mentira.
Muchos matrimonios pueden ser difíciles y pueden requerir
meses y años de trabajo en oración, pero ninguno se encuentra
en un punto en el que no se pueda salvar.

¿Cómo lo sabemos? En su momento, Barb y yo recupera-
mos nuestro sueño después de vagar a la ligera por el camino
que conduce a la entropía matrimonial. Dos años después que
Sarah me mostrara su dibujo de la familia con el padre ausente,
nuestra hija Missy hizo otro dibujo. Solo entonces los lápices de
cera me hicieron aparecer en el papel. Ese dibujo cuelga en mi
oficina como un testimonio de la fidelidad de Dios hacia Barb y
hacia mí. Aunque nuestro matrimonio nunca llegó al borde del
divorcio legal, estaba encaminado en la dirección indebida, pero

Dios, en su misericordia, nos rescató del sufrimiento y del dolor que ocurren cuando obviamos su plan para nosotros como pareja.

Además, hemos visto a otras parejas que han regresado del límite con el divorcio, parejas que han vagado en la desilusión, el desaliento, el distanciamiento, la desconexión y la discordia durante todo el camino hacia el divorcio emocional. Al contar estas historias a lo largo del libro, aprenderás que muchos esposos y esposas se las han ingeniado para vencer los mismos obstáculos a los que se enfrenta tu matrimonio hoy.

Es más, hasta hemos conocido parejas que han regresado después de *traspasar* el límite del divorcio. ¿Recuerdas la historia de Mike y Cheryl que contamos al principio de este capítulo, los adolescentes que se casaron, tuvieron un bebé y luego se divorciaron? Creemos que el resto de la historia será para ti una fuente de mucho aliento.

EL RESTO DE LA HISTORIA

Después que Mike y Cheryl se divorciaron, su relación siguió siendo horrible. «No quería saber nada de Mike», dice Cheryl.

«Lo culpaba por todo lo que marchó mal entre nosotros. No nos hablábamos en absoluto. El contacto que teníamos se limitaba a los momentos en que nos encontrábamos para entregarnos a nuestro pequeño hijo, Michael».

Entretanto, Mike se había convertido a Cristo y Cheryl se encontraba en el camino de vuelta al Señor. A medida que Dios comenzó a cambiar el corazón de Mike, él pensaba en la joven familia que había perdido. Decidió tratar de ganar de nuevo a Cheryl y hacerlo como era debido esta vez.

Cheryl recuerda un día en el que se encontraba en el auto mientras el pequeño Michael sollozaba: «¿Por qué no podemos estar con papá?». Al poco tiempo, Mike llamó a Cheryl y le preguntó si le gustaría que hicieran algo juntos. «Luego de hablar unos momentos con Mike, supe que estaría segura con él», dice Cheryl. «Tenía una paz que antes no tenía. Hasta su voz sonaba diferente. Él también se debe haber dado cuenta de que Cristo me estaba transformando a mí también».

Después de aquella primera noche que estuvieron juntos con su hijito, Mike y Cheryl comenzaron a reconstruir su relación bajo el consejo de un sabio pastor. Volvieron al punto de partida. Mike cortejaba a la que fue su esposa y la invitaba a salir. Durante este tiempo, no tuvieron relaciones físicas. Deseaban construir un amor que durara, un amor que fuera espiritual y emocional, no solo físico.

Un año y medio después de su divorcio, Mike y Cheryl se volvieron a casar en presencia de familiares y amigos, muchos de los cuales habían tomado partido por alguno de los dos cuando se separó la pareja. El proceso de sanidad en la contienda de esta familia comenzó el mismo día en que Michael, de tres años, se paró durante la ceremonia y gritó: «¡Miren, esos son mi mamá y mi papá!». Los corazones se suavizaron. Las lágrimas fluyeron. Todos se dieron cuenta de que estaban siendo testigos de un milagro en el nuevo nacimiento del matrimonio de Mike y Cheryl.

Sin embargo, la historia no termina aquí. Hace poco, Mike y Cheryl cumplieron veintiún años de casados y celebraron el aniversario de su boda. Barb no pudo asistir, pero yo estuve allí. El pastor condujo una reunión de celebración por un matrimonio que no morirá. Yo tuve el gozo de guiar a la pareja al recitar los votos matrimoniales que confirmaban su compromiso y al firmar un pacto matrimonial. Cuando Mike y Cheryl aprendieron la verdad acerca del sueño de Dios para el matrimonio, la verdad los hizo libres, y tuvieron una maravillosa historia de reconciliación para contar. Mike y Cheryl son la viva evidencia de que ningún matrimonio se encuentra en una condición insalvable.

En la medida en que Barb y yo hemos seguido el diseño de Dios para tener un matrimonio a prueba de divorcio, Dios ha cumplido sus promesas de mantener nuestra relación en intimidad y frescura. Ha hecho lo mismo en el caso de incontables parejas, y hará lo mismo contigo, Él lo promete.

Entonces, comencemos la travesía.

UNA NOTA ESPECIAL SOBRE LA TRAVESÍA

Barb y yo estamos muy convencidos de que es posible preparar a los matrimonios para que sean a prueba de divorcio. Se ha convertido en una realidad en nuestro propio matrimonio y en miles de matrimonios en todo el país. Hemos visto a parejas distanciadas en lo emocional que encontraron de nuevo la chispa, a familias desconectadas que se han vuelto a conectar y a corazones destrozados que se han sanado. Por eso lanzamos una campaña nacional llamada *Campaña para preparar matrimonios a prueba de divorcio en los Estados Unidos.* Como pareja y como ministerio, deseamos ayudar, proporcionando los recursos que dirigirán a las familias y a las iglesias de vuelta al sueño de Dios para el matrimonio.

Este libro es el inicio de nuestra campaña. En las páginas siguientes descubrirás seis maneras de amar que honrarán a

Dios y le proporcionarán gozo, profunda satisfacción y una intimidad duradera a tu relación matrimonial.

Hablamos en serio cuando decimos que deseamos ayudar a las iglesias y a las familias que están comprometidas con la causa de tener matrimonios a prueba de divorcio. Hemos creado, o estamos creando, un libro o cuaderno de ejercicios para cada una de las seis facetas del amor que se desarrollan en este libro. También hemos preparado un cuaderno de ejercicios para acompañar a este libro llamado *Cuaderno de ejercicios de los matrimonios a prueba de divorcio*. Estos materiales están diseñados para que se usen en pequeños grupos de matrimonios.

Una cosa es captar con nuestra mente lo que se necesita para tener un matrimonio a prueba de divorcio y para mantener ardiendo con intensidad el amor matrimonial, pero otra cosa es poner en práctica ese concepto en la pesada rutina diaria de la vida. Estos libros y cuadernos de ejercicios se han creado para que la experimentación de estas facetas del amor se convierta en modelo del corazón y en una parte permanente de tu comportamiento. Además, apoyaremos esta campaña a través de nuestro programa diario de radio en vivo *America's Family Coaches... LIVE!* Revisa nuestro sitio en la Web en www.afclive.com para encontrar una estación de radio cercana a tu localidad. Te animamos a que aproveches cada una de estas herramientas de ayuda.

Al final de cada sección de este libro, te haremos recordar la disponibilidad de estos recursos. Nuestro objetivo es equiparte mejor para que vayas más allá del *conocimiento* de lo que es bueno y en verdad *lo pongas en práctica*. Únete a un grupo pequeño de parejas o forma tú mismo un grupo nuevo. Descubre lo gratificante y vital que es formar parte de un grupo que haya captado la visión de proteger a los matrimonios y a las familias a prueba de divorcio en el cual puedas rendir cuentas.

Segunda parte

EL AMOR QUE PERDONA

El amor que perdona

sana las heridas y ayuda a los esposos

a sentirse aceptados y conectados

cuatro

EL CAMINO PEDREGOSO DE LAS HERIDAS Y EL ENOJO

«Sabía que algo andaba mal con Mark, pero no intuía qué», dice su esposa, Shannon. «Se mostraba distante conmigo y con los niños, muy despreocupado. La mayoría de las noches, después de cenar, se escondía en su estudio, se encorvaba sobre la computadora y trabajaba en hojas de cálculo hasta después que yo me iba a la cama. Lo llamaba "el zombi" porque sencillamente no estaba con nosotros. Además, se había retraído del resto de la familia y de los amigos».

En el trabajo, las cosas tampoco le iban bien. Como fue el vendedor más exitoso de su división durante años, todavía movía los productos lo bastante bien como para mantener a sus jefes a raya; pero su ingreso basado en comisiones había caído de forma inexplicable en picada y había puesto a su familia en una severa tensión financiera.

El motivo de la distracción de Mark se puso de manifiesto cuando lo despidieron por entrar a sitios pornográficos de la Internet en la computadora de su compañía. Como su oscuro secreto salió a la luz, Mark también le admitió a Shannon que no trabajaba en hojas de cálculo durante sus sesiones hasta altas horas de la noche en la computadora. Con lágrimas confesó que era un adicto a la pornografía de la Internet.

Incluso después que Mark buscó ayuda en un consejero y en un grupo con respaldo bíblico de apoyo para adicciones sexuales, Shannon tenía dificultad para asimilar el impacto que le produjeron las actividades de su marido en su propia vida. «Mark no tenía trabajo, así que tuve que aceptar un trabajo que detestaba a fin de pagar las cuentas. Lo que es peor, me sentía como si hubiera perdido el corazón de Mark que se había ido detrás de un grupo de mujeres de la Internet, mujeres que en realidad no existían. Estaba furiosa. Quería vociferarle a alguien. Quería enfrentarme a una persona real, alguien a quien arrancarle la cabeza. En cambio, lo único que pude hacer fue permanecer enojada con Mark».

Con el tiempo, esta pareja herida comenzó a sufrir una transformación, comenzando por Shannon. «Poco a poco me di cuenta de que para poder seguir adelante, tenía que perdonar a Mark por el dolor que me había causado. En aquel momento pensaba que perdonar significaba olvidarme de lo que había hecho, actuar como si no me importara o como si él no necesitara cambiar; pero a medida que Mark y yo comenzamos a estudiar el asunto del perdón en la Biblia, aprendí que el perdón no es solo cuestión de decir "te perdono" y tratar de olvidar todo. Atravesamos un proceso largo y difícil para comprender y practicar el perdón. Nuestra relación todavía no es perfecta, pero los dos salimos del proceso aliviados y sabiendo que Dios estaba restaurando nuestros corazones. Nuestro matrimonio ha vuelto a recuperar algo de la frescura que perdimos hace mucho tiempo».

Cuatro años después que el oscuro secreto de Mark saliera a la luz, él y Shannon se pararon frente a la iglesia y contaron la historia ante una congregación en absoluto silencio. En pocas semanas, media docena de hombres se pusieron en contacto con Mark para decirle que deseaban unirse al grupo de apoyo de adicciones sexuales basado en la Biblia que él ayudaba a conducir. Shannon ha crecido a través de esta prueba hasta el punto de estar lista para trabajar con esposas y novias que han sufrido lo mismo que ella.

¿CÓMO SE ENFRENTA EL DOLOR?

¿Alguna vez te has sentido herido por tu cónyuge? ¿Has sentido de alguna manera que tu cónyuge te defraudó? Si no puedes responder que sí a esta pregunta, no hace mucho que te has casado o te has casado con un ángel proverbial.

¿De qué manera te ofendió tu cónyuge? ¿Te insultó, criticó, mintió, violó, maltrató, evitó o traicionó? ¿Cuántas de estas ofensas has sufrido en tu matrimonio? ¿En qué sentido tú y tu cónyuge no han estado a la altura de las expectativas del otro?

Las parejas no llegan muy lejos en sus matrimonios antes de pasar por al menos algunas transgresiones en la relación. Ya conoces algo acerca del dolor que Barb y yo nos causamos el uno al otro. Es casi seguro que tu cónyuge te haya decepcionado. Hasta es probable que te hayas quedado pasmado por completo ante su comportamiento hiriente. O quizá sufriste más en silencio con un cónyuge que no conversa o que no muestra interés.

Todos hemos estado del lado de los ofensores en los conflictos y todos hemos estado en el lugar del receptor, sintiendo el dolor de la herida y la desilusión. Ya sea que te hayan herido o que hayas causado la herida, cada ofensa en un matrimonio debe resolverse.

¿Cómo enfrentas las ofensas con tu cónyuge? ¿Cómo enfrentas el dolor y el enojo? ¿Identificas las causas de la fricción entre ustedes? ¿Puedes pensar en un conflicto al que tienes que hacerle frente en este momento, algún problema que les traiga dolor a uno de ustedes o a los dos?

Es trágico que la mayoría de las parejas no tengan idea de cómo tratar las ofensas y de cómo recuperar la salud en sus relaciones. ¿Por qué? Porque pocos han aprendido a superar las desilusiones. Entonces, en lugar de sanar la herida, permiten que sus corazones se endurezcan. Las frustraciones y los conflictos quedan sin resolver.

Esto era precisamente lo que nos sucedía a Barb y a mí al comienzo de nuestro matrimonio. Si hubiéramos sabido cómo hacerle frente a las desilusiones que los dos nos provocábamos, nuestra relación no se hubiera deteriorado como lo hizo; pero ninguno de los dos sabía cómo cerrar el círculo de la herida, cómo traer solución a nuestras desilusiones constantes. Así es que las ofensas inconfesadas y que no se perdonaban se convirtieron en una carga cada vez más pesada en nuestra relación en conflicto.

Necesitábamos un amor que nos permitiera comenzar de nuevo con nuestra relación luego de herirnos, un amor que nos permitiera superar las ofensas pasadas, tanto grandes como pequeñas. Necesitábamos el amor perdonador que sana heridas y ayuda a los cónyuges a sentirse aceptados y conectados de nuevo.

UN MODELO QUE PRODUCE DOLOR

Al trabajar con parejas a lo largo de los años, hemos notado un modelo doloroso que se usa para tratar las ofensas en el matrimonio. Es probable que tú hayas vivido esta escena muchas veces, al igual que nosotros. Barb lo explicará.

La ofensa

Todo comienza cuando un cónyuge ofende al otro de alguna manera. Las ofensas pueden ser importantes, como el dolor de Shannon producido por las «aventuras» de Mark con mujeres que veía en la pantalla de su computadora, o pueden ser ofensas menores, como colgar el rollo de papel higiénico en el lugar «indebido». Gary y yo podríamos ofrecer una larga lista de maneras en que nos hemos ofendido el uno al otro a lo largo de los años, pero estamos seguros de que tienes tu propia lista.

Sería bueno que todos los conflictos fueran tan pequeños como la manera en que se supone que se debe colgar el papel higiénico, pero muchas ofensas en el matrimonio están lejos de ser triviales. Hay pocas parejas que escapan de los conflictos que vienen como resultado de las diferencias en la crianza, en las personalidades, en las preferencias de cada género o en los valores. Las parejas riñen en cuanto a dónde pasar las vacaciones, cómo administrar el dinero y cómo disciplinar a los niños. Los conflictos comienzan con críticas personales destructivas tales como comentarios crueles que desencadenan una serie de desaires y portazos. Por más que nuestro matrimonio haya crecido en madurez, parece que siempre encontramos maneras de herirnos, ya sea de manera intencional o no. Además, con cada ofensa viene el dolor.

El dolor

Así como una herida física produce dolor y lastima los tejidos o los huesos, las ofensas en la relación producen un trauma en nuestras emociones. Y eso duele. Algunas ofensas parecen no doler más que un pinchazo. Otras nos dan una paliza que nos deja tambaleantes. Algunas veces una ofensa nos ataca por la espalda de una manera como nunca antes habíamos sufrido. Luego se produce un aporreo continuo al sentir que se repite la misma ofensa a lo largo de un período de semanas, meses o años.

Sea cual sea la severidad del incidente doloroso, si se trata de manera rápida, tendrá consecuencias mínimas en la relación; pero muchas veces el ofensor no es consciente del dolor que le inflige al otro o no tiene apuro por corregir la situación. Esto deja al cónyuge ofendido vulnerable a más dolor, así como una herida o una rozadura en la piel pueden infectarse si no se limpian. Además, el dolor se prolonga o empeora hasta que la ofensa se resuelve.

La herida nos deja muy expuestos y nos sentimos como si nos hubieran arrancado el corazón, como si nos hubieran dejado insensibles y nos hubieran quitado el equilibrio. Algunas veces no reconocemos el dolor interior de inmediato y cuando lo hacemos, muchos de nosotros tratamos de ocultarlo. No le decimos a nuestro cónyuge que nos ha herido. No queremos dar la impresión de ser vulnerables. Entonces suprimimos el dolor y actuamos como si nada sucediera.

Al principio de nuestro matrimonio, desarrollé una manera de esconder el dolor cada vez que Gary me ofendía de alguna forma. Fuimos de luna de miel a San Francisco porque Gary se encontraba en las etapas finales para asegurar un trabajo grandioso allí. Sin embargo, yo sentí el dolor interior de que me desarraigaran de mi hogar en Iowa y me imaginaba abandonada en una ciudad extraña mientras él volaba por el país como consultor; pero no le dije nada a Gary, mientras en silencio alimentaba mi herida interior.

Cuando el trabajo no prosperó, volvimos al hogar en Iowa a recuperar nuestros viejos empleos; pero en aquel primer año de matrimonio, Gary comenzó a esforzarse para obtener el doctorado a la par que trabajábamos a tiempo completo. Una vez más me sentí herida, y de nuevo no dije nada. Gary estaba listo para conquistar el mundo y yo solo quería establecer un hogar y un matrimonio. No nos detuvimos para resolver nuestras diferencias básicas: sus ambiciones que estaban en pugna con mi anhelo de seguridad.

Me guardé todas estas cosas. No sabía cómo expresar mis necesidades ni mi dolor, así que me di por vencida y dejé de hablar al respecto. Ahora Gary te dirá de qué manera las necesidades y el dolor inexpresados conducen al siguiente paso de este modelo.

El enojo

La sensación de dolor se debe a que nuestras emociones hacen sonar una alarma. La advertencia nos dice que debemos detenernos de inmediato para resolver la situación. Sin embargo, como la mayoría de las personas, Barb y yo no le prestamos atención a esa alarma y no tratamos el dolor en nuestro matrimonio. Como resultado, este se convirtió en enojo. Cuando no se trata el dolor, se desarrolla el enojo y muchas veces esto impide que los conflictos se resuelvan en paz.

El enojo es un tabú en muchos círculos cristianos. Negamos que estemos enojados. Delante de la gente, mantenemos a raya el enojo, pero en la privacidad de nuestro hogar muchas veces nos sentimos libres para dejarlo explotar, y al hacerlo las consecuencias son nefastas.

Una de las cosas que descubrimos Barb y yo cuando fuimos a la Palabra de Dios es que Dios nunca dijo: «No se enojen». Dijo: «Si se enojan, no pequen» (Efesios 4:26). El enojo en sí no es un pecado, pero si no lo tratamos de manera apropiada, podemos llegar a pecar con palabras hirientes, amargura o violencia.

Así como puede resultarnos difícil reconocer la herida, nos puede resultar difícil identificar el enojo. Mientras niegues que estés enojado debido a tus heridas y desilusiones sin resolver, no enfrentarás el problema. Barb y yo lo garantizamos: Donde hay una ofensa, hay una herida. Y donde hay una herida sin resolver, hay enojo.

Tal vez cuando te hieren no dejas de ser un cónyuge que habla en voz baja para transformarte en un gritón con la cara colorada; pero todos, ya seamos cristianos o no, *experimentamos* el enojo. Es una emoción que Dios nos ha dado. En su libro *Good 'n' Angry*, el sicólogo Les Carter explica: «El enojo en sí no es ni bueno ni malo. La manera en que la gente usa su enojo es lo que lo hace positivo o negativo. Lo ideal sería que el enojo fuera un medio que Dios les dio a los humanos para ayudar a construir relaciones. En su forma pura, es una señal emocional que le dice a la persona que algo debe cambiar. La intención es que sea un motivador positivo para que se use de forma que le digamos al otro cómo se puede vivir de una manera más productiva»[1]. Es de vital importancia que admitamos que el enojo existe. Debemos estar dispuestos a lo que Dios quiere enseñarnos cada vez que nuestras emociones se estremecen con tanta fuerza. Tal vez te resulte difícil admitir y enfrentar el dolor y el enojo que te ha causado tu cónyuge, pero el proceso siempre es necesario para restaurar la aceptación y la conexión que viene como resultado de experimentar el amor que perdona en nuestro matrimonio.

En el proceso normal del modelo ofensa-dolor-enojo, el dolor está antes que el enojo, pero después de toda una historia de ofensas, tu mente puede aprender a pasar por alto el dolor para dirigirse directo a la etapa del enojo. Por ejemplo, tu cónyuge ha criticado tantas veces la manera en que te vistes que explotas ante el primer comentario de menosprecio que te haga sobre tu ropa.

La causa del enojo también puede ser confusa. Aunque la mayor parte del enojo se desencadena por situaciones o hechos específicos, el enojo también se puede *desplazar*, es decir, quizá lo provocara una persona o situación, pero se descarga sobre otro. Por ejemplo, tu cónyuge te llama para decir que llegará tarde a cenar. Cuelgas el teléfono y durante toda la cena descargas tu enojo con tus hijos, aunque ellos no sean la causa de tu dolor.

El enojo también puede *quedar como una sobra*, algo que se arrastra desde el pasado, algunas veces de tan lejos que hasta se ha olvidado la causa. Por ejemplo, tu cónyuge te suelta una sarta de palabras agresivas sin ninguna razón aparente. Cuando se sientan a conversar al respecto, descubres que el otro se sintió herido por algo que hiciste hace un mes, algo que ya casi ni recuerdas.

Venga de donde venga el enojo, Dios ha provisto una manera bíblica para tratarlo y para desarmar el modelo ofensa-dolor-enojo que le roba a tu relación intimidad y conexión.

LA RESPUESTA AL MODELO: TIENES DOS OPCIONES

Cada vez que experimentas la espiral descendente de las ofensas sin resolver, tienes dos opciones. Por una parte, puedes pasar por alto la ofensa y el dolor en tanto que permites que el enojo se encone; pero cuidado: Esto llevará a tu matrimonio a un lugar triste al que nunca soñaste que llegarías. Quizá sigas guardando en lo profundo tus sentimientos sin resolver, pero traerán como consecuencia amargura, resentimiento y depresión. A lo mejor explotas y dejas salir tu enojo sin importarte la manera en que hiere y distancia a tu cónyuge. De cualquier manera, al no romper el modelo negativo, continúas menoscabando al otro. En el mapa del matrimonio te alejas cada vez más del sueño y te acercas más al divorcio emocional. El resultado final quizá sea un terremoto en la relación que la hará vibrar hasta los cimientos.

No obstante, tienes una segunda opción. Se llama el amor que perdona. Cuando te enfrentas al dolor y al enojo, puedes decidir resolver el conflicto. Esa es la manera bíblica de tratar con el modelo ofensa-dolor-enojo. Lo que queremos lograr, como individuos y como parejas, es el compromiso de tratar el dolor y el enojo, de resolver los conflictos, de perdonar al ofensor y de renovar la relación. La meta es llevar la relación a un lugar de sanidad, de unidad y de apertura que te ayude a sentirte aceptado y conectado de nuevo.

En el próximo capítulo te presentaremos un proceso que te permitirá superar las ofensas, descubrir la sanidad para tus heridas y encontrar alivio para tu ira. Sin embargo, lo que debemos entender primero es el poder que hace que esta decisión sea posible. Y ese poder lo encontramos en el amor que perdona.

¿QUÉ ES EL AMOR QUE PERDONA?

El amor que perdona salvaguarda tu matrimonio al sanar las heridas y ayudarte a que te sientas aceptado y conectado. Es el amor que vuelve a unirte a tu cónyuge cuando las inevitables ofensas que se producen en la relación matrimonial los han separado. Es la primera clase de amor que necesita todo matrimonio para ser a prueba de divorcio. Además, es un amor que se encuentra arraigado con seguridad en el amor de Dios para nosotros.

El Nuevo Testamento usa varias palabras para *perdonar*. La raíz de la palabra más común significa «despachar» o «despedir». Otra palabra que algunas veces se traduce como *perdonar* quiere decir «soltar» o «liberar». Otra más quiere decir «otorgar el favor de forma incondicional». En la práctica, el perdón bíblico quiere decir que decidimos de manera activa renunciar al rencor a pesar de lo severa que haya sido la injusticia cometida contra nosotros. No quiere decir que digamos o sintamos «no me dolió», o «en realidad, no importa». Muchas desilusiones nos lastiman muy hondo, pero una vez que reconocemos la herida, deberíamos tomar la decisión de soltarla. Y cuando causamos la herida, procuramos la misma liberación de los que ofendimos.

La Biblia dice que nuestras malas acciones nos separan de Dios y nos convierten en sus enemigos (véase Colosenses 1:21), pero el perdón de Dios, que viene a través de nuestra respuesta de fe al sacrificio de Cristo en la cruz, abre la puerta para recibir beneficios incomparables. Cuando Dios perdona, elimina nuestras transgresiones y las aleja «como lejos del oriente está el occidente» (Salmo 103:12). Pero eso no es todo lo que sucede. Junto con el perdón, Cristo también

- ❖ nos rescata de la oscuridad (véase Colosenses 1:13)
- ❖ nos redime (véase Colosenses 1:14)
- ❖ nos reconcilia con Dios (véase Colosenses 1:22)
- ❖ nos hace aptos para estar delante de Dios sin culpa (véase Colosenses 1:22)
- ❖ nos libra de todas las acusaciones (véase Colosenses 1:22)
- ❖ nos limpia de toda maldad (véase 1 Juan 1:9)

Cuando nos otorgamos el amor que perdona el uno al otro, disfrutamos de la misma clase de experiencia restauradora de la relación. Al ofrecer el perdón, brindamos la gracia, el favor inmerecido, que Dios nos ha dado. Seguimos el sabio mandamiento de la Biblia que dice: «de modo que se toleren unos a otros y se perdonen si alguno tiene queja contra otro. Así como el Señor los perdonó, perdonen también ustedes» (Colosenses 3:13).

Cuando exhibes la gracia del amor que perdona frente a tu cónyuge, cambias todo el tono de tu matrimonio. Ya no se parecen más a dos árbitros que cuentan las faltas del otro y que están listos para sacar al otro del juego. El matrimonio se convierte en un lugar seguro en el que no tienes que esconder tus debilidades y fracasos. En lugar de sentirte examinado y condenado por tus faltas, te sientes aceptado y perdonado.

Piensa en un conflicto reciente entre tú y tu cónyuge. Imagina lo que el amor perdonador es capaz de lograr en este conflicto y en otros. El amor perdonador

❖ trae tu relación a la luz
❖ libera al ofensor y al ofendido
❖ nos reconcilia al uno con el otro
❖ te permite estar ante tu cónyuge sin manchas
❖ te libra de la culpa y de guardar rencor
❖ te limpia de toda mala acción

El amor perdonador se deshace de las faltas que cometieron contra ti o que tú cometiste. Te permite ver a tu cónyuge como si no hubiera hecho nada malo. ¿Te imaginas un nuevo comienzo en tu relación como si el comportamiento ofensivo nunca hubiera tenido lugar? Es una reparación divina, una nueva oportunidad para tomar las buenas decisiones. Tienen libertad para aceptarse y conectarse de nuevo el uno con el otro.

El amor perdonador restaura una relación herida. Te pone de vuelta en dirección hacia el sueño. Cuando practicas con constancia el amor perdonador, proteges tu matrimonio para que no tome el camino descendente del divorcio emocional o legal.

EL COSTO Y LOS BENEFICIOS DEL AMOR QUE PERDONA

El amor perdonador es siempre el paso más gratificante al tratar nuestras desilusiones en la relación, pero también quizá sea el más difícil.

Gwen tiene buen ojo para las antigüedades. Puede hacer una lista de memoria de todas las antigüedades que se encuentren almacenadas en treinta kilómetros a la redonda alrededor de su hogar cerca de Des Moines. Por lo tanto, cuando tiene una tarde libre, lo que más le gusta es descubrir nuevos negocios, caminar por todos los pasillos, por todos los negocios en busca de algún hallazgo fantástico. Su objeto favorito son las muñecas de cerámica. No tiene una colección muy grande, pero es hermosa. De vez en cuando, se encuentra con una muñeca tan original y hermosa que anhela con todas sus fuerzas añadirla a su colección, pero la mayoría de las veces el precio de una artesanía tan exquisita es demasiado alto. Entonces sale del negocio desilusionada y con las manos vacías.

El perdón es como una de esas muñecas de porcelana. Puedes apreciar el valor del perdón. Puedes discernir la belleza de un matrimonio que desborda de amor perdonador. Puedes desear traer esta clase de gracia divina al hogar para disfrutar de la conexión libre con tu cónyuge que solo el amor perdonador proporciona. Pero temes que tengas que renunciar a muchas cosas para obtenerlo.

Es verdad, el perdón puede ser costoso. Uno de los pasos principales en el proceso del perdón es liberar a tu cónyuge que te ha ofendido, renunciar a tomar el control de la venganza y de la retribución, y permitirle a Dios obrar en su corazón. Quiere decir que debes liberar a tu cónyuge del anzuelo y renunciar al derecho de retener la ofensa sobre su cabeza. Además, si eres el que ha ofendido, el perdón significa rendir tu orgullo, admitir la culpa y buscar la restauración. Es tarea difícil, pero los beneficios que se encuentran en una relación renovada bien valen el costo del perdón. Es más, los beneficios del perdón son tan increíbles que si no puedes perdonar por amor a tu cónyuge, desearás hacerlo debido a cómo te beneficiará a ti. El ético cristiano Lewis Smedes escribe: «Cuando liberas al ofensor de la ofensa, extirpas un tumor maligno de tu vida interior. Liberas a un prisionero, pero descubres que el verdadero prisionero eras tú mismo»[2]. Puedes escoger entre soltar las ofensas que te hayan hecho o pagar un precio personal muy alto.

Cuando perdonamos, cosechamos un beneficio único. Estamos en condiciones de liberarnos de la esclavitud de cargar con una ofensa que solo Dios es capaz de soportar. Ese es el poder sobrenatural del perdón. A través de él, Dios nos permite comenzar de nuevo. Por cierto, el amor perdonador permite que una relación crezca en profundidad y sea más significativa que antes.

Tanto Mark como Shannon se dieron cuenta de que los beneficios del amor perdonador de Dios bien valían el costo. Shannon dice: «Crecí en un hogar abusivo y sabía muy bien esconder mis sentimientos, pero un día me quebranté. Todo lo que tenía adentro salió de pronto. Estaba en condiciones de decirle a Mark como mujer y como su esposa de qué manera me sentía con respecto a la pornografía. Le hablé sobre el temor que me había causado al llevarnos al borde de la ruina financiera. Lo confronté con lo que pensaba sobre la manera en que nos había descuidado a mí y a los niños.

»Hay un versículo que dice que si esperamos que Dios nos perdone, debemos perdonar a los demás[3]. Me di cuenta de que sentía amargura por la traición de Mark y no solo eso, sino que descargaba sobre él el enojo que sentía como consecuencia de mi niñez dolorosa. Para ser sincera, una vez que Mark confesó su problema, progresó con rapidez en el proceso de romper su hábito pasado. Yo fui la que demoró varios meses hasta tomar la actitud que trajera de vuelta a Mark. Tuve que encontrar el camino de Dios y descubrí que su gracia hacia mí me dio la capacidad de perdonar a Mark».

El perdón es la manera en que traemos nuestra relación a la luz. Es la manera en que liberamos al ofensor y al ofendido, en que nos reconciliamos el uno con el otro, es lo que nos permite estar delante de nuestro cónyuge sin manchas, lo que nos libra de la culpa y de guardar rencor y lo que permite que estemos limpios de toda mala acción.

¿TIENES LO QUE HACE FALTA PARA PERDONAR?

¿Recuerdas cuando eras pequeño lo nervioso que te ponía al estar frente a la caja registradora de tu negocio favorito de juguetes? Estudiabas cada juguete antes de llevar lo que elegías a la caja.

Tembloroso, ponías el juguete sobre el mostrador y le entregabas al empleado el dinero. Habías contado tus centavos una decena de veces. Estabas seguro, bueno, casi seguro de que tenías dinero suficiente y algunas veces te encontrabas con que te faltaba un poco. No había por qué preocuparse. Detrás de ti se encontraba tu papá o tu mamá con la chequera lista.

Es probable que algunas veces alguien te haya herido tan hondo que cuando buscas en tu corazón la capacidad de perdonar, no sabes si encontrarás lo que necesitas. En realidad, nunca encontrarás lo suficiente en ti mismo.

En nosotros mismos, no tenemos la ilimitada gracia capaz de liberar al ofensor por completo y perdonar la ofensa. La buena noticia es que Dios no nos ha dejado solos, temblorosos ante el mostrador. Sabe todo acerca del costo del perdón. La Biblia nos dice que un inocente, el propio Hijo de Dios, vino a la tierra a cumplir los planes que se profetizaron en la Escritura: cumplir con la voluntad de su Padre. Jesús no causó ningún daño. No pecó; era perfecto. No se preocupó por sí mismo, sino por los demás. Enseñó acerca del amor, del perdón, la fe y la esperanza. No hizo ningún mal. Sin embargo, lo crucificaron. No se resistió. Puso la otra mejilla. Al Hijo de Dios lo golpearon, le hicieron burla y lo escupieron. Entonces lo clavaron en la cruz. Dolor. Agonía. Fue de forma voluntaria. ¿Por qué? Aunque no tenía culpa, nos amó lo suficiente como para morir como si fuera culpable. Fue nuestro sacrificio por el pecado, el Cordero perfecto. Y en los últimos momentos, gritó: «Padre, perdónalos» (Lucas 23:34, RV-60). Después la muerte, la oscuridad, el silencio.

Eso es lo que Jesús hizo por nosotros. Dios escogió el único camino, uno muy costoso, el de perdonar a los seres humanos pecadores. Nos dio *gracia*, un favor que no merecíamos.

Dios no solo sabe todo acerca del costo del perdón, sino que también es el gran perdonador que desea llenar nuestros corazones con lo necesario para perdonar a nuestro cónyuge. Ha derramado en abundancia sobre nosotros el regalo del perdón y nos ha equipado en gran manera justo con lo que desea que les demos a los demás. El mandamiento de Dios es que perdonemos así como Él nos ha perdonado a nosotros (véase Colosenses 3:13). En definitiva, el poder para perdonar en el matrimonio proviene de Dios. Todo lo que nos pide es que hagamos correr este regalo.

¿Recuerdas a Mike y Cheryl, la joven pareja del capítulo 3? Cheryl nos contó que solo logró perdonar a Mike cuando llegó a entender que Dios la había perdonado a ella. «Una mañana me preparaba para ir a trabajar», explica, «y había un hombre que predicaba en la televisión. Sé que suena un poco extraño, pero rompí a llorar. Me puse de rodillas en mi pequeño departamento y le pedí a Dios que me perdonara y que cambiara mi corazón. Pensé: *Señor, ¿cómo puedes perdonarme? He hecho tanto desastre en todo sentido. He lastimado a tanta gente. Nadie ha pecado como yo lo he hecho.* En aquel mismo instante sentí el calor de su amor. Sentí su perdón.

»A esta altura, solo traté de recomponerme. Al principio, no pensaba en volver con Mike. Solo quería conocer la paz de Dios, estar a cuentas con Él y hacer lo que debía con mi hijo. Sin embargo, cuando Mike llamó, me di cuenta de que mi corazón ya no estaba enojado con él. Cuando estuve en condiciones de aceptar el perdón de Dios y de permitirle que reconstruyera mi vida, sucedió algo milagroso entre Mike y yo».

El amor que perdona proviene de Dios, y cuando su perdón nos llena, tenemos más que suficiente para compartir con otros, incluyendo a nuestro cónyuge.

DISIPEMOS LOS MITOS DEL PERDÓN

El amor que perdona es difícil y costoso, pero muchas veces le adjudicamos algunos costos que ni siquiera son válidos. Estos son los mitos del perdón, requerimientos falsos que muchos de nosotros suponemos que son ciertos, pero que no son más que obstáculos para expresar el amor perdonador de Dios. Estos mitos son populares en nuestra sociedad. Tenemos la tendencia a creerlos porque los escuchamos infinidad de veces. Si quieres ejercer el amor que perdona cuando tu cónyuge te ha ofendido o herido, debes asegurarte de que no creas estos mitos.

Mito #1: «Cuando perdono, también debo olvidar». La Biblia dice que Dios perdona y olvida: «Yo les perdonaré su iniquidad, y nunca más me acordaré de sus pecados» (Jeremías 31:34). Pero tú no eres Dios. Él tiene el poder de olvidar, tú no. En realidad, Barb y yo creemos que Dios no tiene intenciones de que olvidemos el dolor sufrido. Por el contrario, debemos recordarlo a fin de lograr valorar las lecciones aprendidas. El recuerdo también nos ayuda a cuidarnos de no cometer los mismos errores o de ponernos innecesariamente en una posición en que sabemos que nos van a herir.

Mito #2: «La herida es demasiado grande. Me resulta imposible perdonar». Todos hemos soportado situaciones muy dolorosas en las que nos preguntamos si nos liberaremos de la ofensa y perdonaremos al ofensor. No obstante, siempre es posible perdonar. Dios nunca te ordenaría que hagas algo imposible. Barb y yo conocemos esposos y esposas que se perdonaron el adulterio. Hemos escuchado incontables historias de desengaños y traiciones en las que uno de los cónyuges perdonó y superó el dolor debido al compromiso que tenía de restaurar su matrimonio. Tuvieron que perdonar al otro por:

- ❖ gastos secretos: los gastos de uno de los cónyuges llevaron a la pareja a la bancarrota;
- ❖ terribles heridas por parte de la familia política: el esposo que siempre se ha puesto de parte de su madre en lugar de su esposa;
- ❖ cicatrices producidas por un padrastro o madrastra: la madre biológica se pone de parte de sus hijos y en contra del nuevo esposo;
- ❖ pornografía: la esposa se pregunta si tuvo una relación auténtica con su esposo cuando estuvieron juntos.

El perdón logra vencer las mayores ofensas, incluso las que amenazan con llevar a la pareja al divorcio. Hemos visto cómo se derrama una paz increíble sobre personas que han soportado los pecados más traumáticos cometidos en contra de ellos: víctimas de la violencia, hombres y mujeres que sufrieron el abuso en la niñez, esposos y esposas traicionados por su cónyuge. No eludieron el perdón. Caminaron en el ojo de la tormenta para experimentar el dolor necesario que luego les permitiera experimentar la sanidad que esperaban.

En nuestro dolor, experimentamos a Dios y su fidelidad. El escritor C.S. Lewis comprendía esto cuando escribió: «Dios nos susurra en nuestros placeres, también nos habla mediante nuestra conciencia, pero en cambio grita en nuestros dolores, que son el megáfono que Él usa para hacer despertar a un mundo sordo» [4]. Incontables parejas heridas y ofendidas han atravesado el proceso de reconocer sus sentimientos de dolor y de enojo para luego decidirse a comenzar el proceso de perdonar a la persona ofendida. Es un proceso real que imparte paz y del que hablaremos en el próximo capítulo.

Mito # 3: «No siento deseos de perdonar, por lo tanto, mi perdón no puede ser genuino». Cuando te han ofendido, muchas veces no sientes deseos de perdonar al ofensor. Pero en realidad, el perdón no tiene nada que ver con los sentimientos. Es una elección, un acto de la voluntad. Si esperas hasta que sientas deseos de perdonar, estás tomando la decisión de alimentar al monstruo del resentimiento y la amargura.

Aunque la decisión de perdonar supere nuestros sentimientos, no quiere decir que los niegue. Los abarca y nos permite expresarlos a través de una comunicación eficaz, luego resuelve el conflicto al entrar en el proceso del perdón. Incluso cuando no sentimos deseos de perdonar, necesitamos pedirle fuerzas a Dios para entrar en el proceso. Él nos dirigirá si lo buscamos con sinceridad.

Mito #4: «No puedo perdonar hasta que la otra persona me pida perdón». Podemos fantasear con la idea de que el ofensor nos pida perdón de rodillas diciendo: «Actué mal y lamento haberte herido. ¿Serías capaz de perdonarme?». No obstante, si esperas esa clase de respuesta cuando tu cónyuge te hiere, es probable que tengas que esperar largo tiempo. Además, el perdón es un acto de gracia. Es amor inmerecido. Tu cónyuge no tiene que seguir todos los pasos debidos para ganárselo.

Nuestro perdón hacia los demás debe tener como modelo el perdón de Dios hacia nosotros. Cuando perdonamos sin reservas, ponemos en acción el mandamiento bíblico: «Sean bondadosos y compasivos unos con otros, y perdónense mutuamente, así como Dios los perdonó a ustedes en Cristo» (Efesios 4:32). ¿Nos ganamos el perdón de Dios? ¿Acaso Jesús murió en la cruz porque hicimos algo para merecer semejante sacrificio? No. Dios nos perdona por pura gracia. El perdón no se puede ganar. Por lo tanto, no debemos ofrecer el perdón con ninguna condición, como una disculpa ni una confesión de la mala acción. Sencillamente perdona como Dios lo hace.

Mito #5: «Para perdonar, debo hacer como si nada hubiera sucedido». El perdón no pretende obviar lo que sucedió ni tampoco supone que la ofensa no lastimara. En cambio, el verdadero perdón reconoce lo que sucedió de verdad y cuán grande fue el daño, luego decide liberar la ofensa. El perdón dice: «Sé lo que hiciste y me duele de verdad, pero al considerar a plenitud esta realidad, prefiero perdonarte. Lo hago gracias al ejemplo y al poder de Cristo y porque quiero que nuestra relación se sane». El perdón nunca dice que no hubo herida porque, si así fuera, no habría nada que perdonar.

Mito #6: «Debo perdonar de inmediato o de lo contrario no tiene valor». Muchas veces este mito se basa en la amonestación de Pablo: «No dejen que el sol se ponga estando aún enojados» (Efesios 4:26). Barb y yo hemos oído de parejas que se han quedado despiertas toda la noche tratando de resolver un conflicto porque sinceramente pensaban que la Biblia les ordenaba que lo hicieran. Por lo general, terminaron demasiado cansados como para tratar el problema con eficacia y el conflicto empeoró. Si deseas aplicar este versículo de forma literal, debes resolver todos tus problemas a la puesta del sol, no a la hora de ir a dormir.

Este versículo no es una fórmula para la cantidad de tiempo que debería pasar hasta que se conceda el perdón. Es un mandamiento para que no dejemos que el enojo se encone en nuestro corazón. Como el perdón es un acto de la voluntad, es probable que te lleve algún tiempo llegar al punto en el que estés listo para perdonar. Si se trata de una ofensa menor, el proceso del perdón puede llevar menos tiempo, pero si se trata de una ofensa mayor, debes prepararte para un proceso de sanidad más largo. El único error que cometemos es negarnos a entrar en el proceso.

UNA MEJOR MANERA DE PERDONAR

Piensa en cómo enfrenta nuestra cultura cristiana el asunto del perdón. Sabemos que la Biblia ordena que perdonemos a los que nos ofenden. Entonces, con nuestra eficiencia concebida en función de la tarea, de vez en cuando hacemos una lista de personas a las que hemos ofendido y los visitamos, los llamamos por teléfono o les escribimos para pedirles perdón. O hacemos una lista de los que nos han ofendido, los enfrentamos y esperamos que pidan disculpas. Una vez llevado a cabo nuestro deber cristiano, borramos a esta gente de nuestra lista.

Este proceso puede terminar en lo que Barb y yo llamamos «perdón barato». Para algunos de nosotros, esta es la única clase de perdón que conocemos. Aplicamos la fórmula, pero nunca llegamos a una solución genuina del conflicto. Es como pintar una pared toda rota en lugar de arreglarla primero. El perdón barato da lugar a los mitos del perdón que acabamos de mencionar. Esta clase de perdón no considera el genuino costo del verdadero perdón.

Pensamos que hay una manera mejor y más bíblica, un proceso del que hablaremos en el próximo capítulo.

cinco

CERREMOS EL CIRCUITO

Ryan y Jackie comenzaron como dos tortolitos que se acomodaban bien en su acogedor nidito de amor matrimonial. Sin embargo, en cuanto pasaron el primer año de matrimonio, la pareja comenzó a sentir que su nido no era tan cómodo.

Un día Ryan levantó la parte de su sillón reclinable para descansar los pies y comenzó a mirar televisión cambiando de un canal al otro mientras Jackie le hablaba. Había sucedido lo mismo muchas veces durante el primer año juntos y a Jackie la ponía furiosa. Esta vez se dio vuelta, tomó su cartera y salió como una tromba por la puerta. «Me voy de compras», dijo.

«No gastes dinero», le dijo Ryan por encima del hombro con los ojos pegados a la pantalla del televisor.

De camino al centro comercial, Jackie marcó el número de tres amigas en su teléfono celular sin encontrar a una que la acompañara. Entonces llamó a su madre.

Jackie tenía un par de amigas que la escuchaban cuando se desahogaba, pero cuando estaba desesperada de verdad, llamaba a su madre. Se sorprendió al encontrarse pidiéndole consejos matrimoniales a su madre. No era que no pudiera resolver una cuestión, pero no le gustaba mucho Ryan y se alegraba escuchar las quejas de Jackie.

Lo que Jackie le contó a su madre aquel día no era nada nuevo. «No puedo imaginar a dónde ha ido a parar el Ryan con el que me casé», dijo. «Solía ser muy divertido. Fue el que me enseñó cómo estar alegre y ahora da la impresión de que su cerebro se encuentra en algún lugar del espacio. Todo el tiempo está acostado en un lugar u otro. Si trato de hablar sobre las cuentas o de cómo le va en el trabajo, explota. Luego se va al garaje a juguetear con ese estúpido auto que tiene. Es la única vez en que se digna mover su lamentable trasero».

En la casa, Ryan se mecía hacia atrás en el sillón y cerraba los ojos. Sabía que Jackie estaba disgustada por algo, pero no se imaginaba cuál era la razón en ese momento. *Me siento asfixiado*, pensó. *Nunca hacemos algo que yo quiera hacer. Jackie solía mostrarse interesada en ver un partido, en jugar al sóftbol y en hacerme compañía en el garaje. Ahora actúa como si fuera mi madre.* Luego añadió algo que jamás se lo diría a nadie: *Además, la relación sexual tampoco es todo lo que yo esperaba.*

Tanto Ryan como Jackie ocultaban su desilusión y su dolor. Ryan se retraía. Cuando salía del trabajo, se iba directo a encontrarse con sus amigos. Cuando estaba en casa, casi siempre atacaba a Jackie con palabras poco amables. Ella se habituó a salir a escondidas para gastar el dinero en cosas que sabía que Ryan no aprobaría. No cesaba de quejarse de él delante de cualquier persona que estuviera dispuesta a escucharla.

Pasaron varios años hasta que algo los obligó a cambiar el enfoque de su relación. Cuando Jackie llevaba cinco meses de embarazo, se enteraron de que quizá algunas complicaciones no permitirían que el bebé naciera a término. Las difíciles semanas que vinieron a continuación los obligaron a ser sinceros el uno con el otro. Jackie le dijo a Ryan que necesitaba saber que él iba a estar a su lado para apoyarla. No podía andar dando vueltas por quién sabe dónde en cualquier momento. Cuando Ryan miró sus ojos suplicantes, volvió a darse cuenta por qué se había casado con ella. Los dos sabían que habían permitido que su sueño se les escapara de las manos.

Ryan y Jackie descubrieron que las ofensas y las heridas son inevitables en una relación matrimonial. Aun antes del primer aniversario, Jackie había sentido el pinchazo de la lengua filosa de Ryan, y él había sufrido los roces del mal carácter de su joven esposa. A medida que pasaban los años, las cosas empeoraban en lugar de mejorar. La estrecha relación anterior al casamiento, conversaciones y largas caminatas, noches compartidas con los amigos, diversiones espontáneas, se había deteriorado hasta llegar a una serie de conflictos sin resolver y de heridas sin sanar. Se encontraban bien encaminados hacia el divorcio emocional y quizá hacia el legal.

No obstante, el embarazo complicado los trajo a un punto crucial. Ryan y Jackie necesitaban limpiar el aire que había entre ellos. Debían resolver las ofensas y las heridas, debían perdonarse el uno al otro y volver a encontrar aceptación y conexión. Sabían que debían unirse como un equipo para batallar contra los problemas que enfrentaban.

Entonces comenzaron el proceso de enfrentar los conflictos y las diferencias; pero al igual que otros matrimonios consumidos por las ofensas, las heridas y el enojo, la única manera de sobrevivir y volver a descubrir el sueño sería poner en acción el amor que perdona. Solo el amor que perdona sana las heridas, resuelve los conflictos y les permite a los esposos sentirse aceptados y conectados de nuevo.

¿DÓNDE ESTÁS EN EL CIRCUITO?

Barb y yo nos encontramos a menudo con personas como Ryan y Jackie a través de nuestro programa de radio y de nuestras conferencias. Las parejas que se encuentran atrapadas en el modelo sin resolver ofensa-herida-enojo y que no tienen idea de cómo resolver sus diferencias están atrapados en lo que llamamos el «circuito abierto». El circuito es un concepto que desarrollé a medida que trataba a miles de parejas en mi práctica de consejería. Mientras me esforzaba por comprender las luchas de una pareja tras otra, veía que el modelo ofensa-herida-enojo es justo el comienzo de un círculo de conflicto que tiene dos finales posibles. El primero, el circuito abierto, tiene lugar cuando el conflicto no se trata y no se resuelve. Véase la figura 1 para comprender la forma de este modelo.

Algunos matrimonios tienen decenas de circuitos abiertos. Por ejemplo, las parejas tal vez vivan en continuo conflicto sobre en cuanto a cómo disciplinar a sus hijos, quién es el responsable

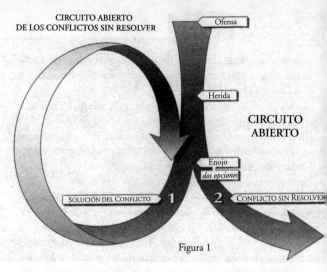

Ofensa

Herida

CIRCUITO ABIERTO

Enojo
dos opciones

Solución del Conflicto   1   2   Conflicto sin resolver

Figura 1

de sacar la basura, quién se ocupa de las finanzas, cuántas veces tienen relaciones sexuales, etc. Algunos asuntos sin resolver quizá sean hasta más personales, como las heridas que causan la crítica, los insultos, la apatía, la falta de amor, etc. Cuando los circuitos se dejan abiertos, los conflictos se acumulan y se apilan unos sobre otros. El enojo arde. El lazo matrimonial se tensa. La amargura pesa en el corazón. Y dos personas que alguna vez estuvieron muy cerca la una de la otra y muy conectadas se retraen del otro cada vez más.

Sin embargo, este estado sombrío no es la única opción que tienen las parejas. Pueden elegir la opción de trabajar en el proceso de «cerrar el circuito» a través del perdón. Solo el perdón capacita a las parejas para que reconstruyan la confianza y disfruten de una relación restaurada por completo. Este es el resultado al que apuntamos en nuestro ministerio hacia las parejas. Examina este resultado y los pasos a seguir para cerrar el circuito en la figura 2.

Suponte que esta misma mañana se produjo una ofensa entre tú y tu cónyuge. No cualquier ofensa, sino una que se repite tantas veces que los dos ya están cansados de hablar al respecto.

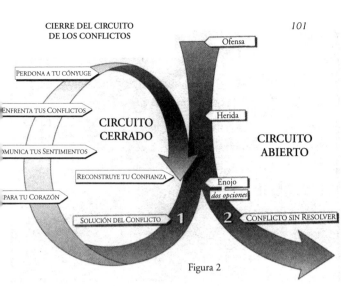

Figura 2

Detestas el arrebato de enojo que enciende en tu interior. Durante la primera hora después de separarse para seguir cada uno su curso del día, repasas mentalmente el conflicto y piensas en todos los comentarios desagradables con los que hubieras podido responder. A media mañana, la furia comienza a calmarse, pero temes la siguiente ronda que se producirá cuando se encuentren al final del día.

Tienes que tomar una decisión. ¿Qué harás? Cada conflicto con tu cónyuge te trae a una bifurcación en el camino. Después que la ofensa te llevó a la herida y esta se convirtió en enojo, te enfrentas a la decisión de cómo enfrentar la situación: ¿Te esforzarás por resolver el conflicto y cerrar el circuito o lo dejarás pasar y dejarás el circuito abierto para que junte las sobras de conflictos más dolorosos? La figura 3 nos muestra la apariencia de esa elección.

Un camino, cerrar el circuito, conduce a la restauración. El otro, no resolver la herida y dejar el circuito abierto, permite que tus desilusiones sean más profundas.

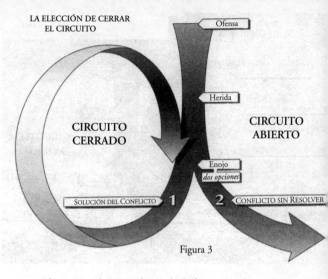

Ofensa

Herida

CIRCUITO
CERRADO

CIRCUITO
ABIERTO

Enojo

dos opciones

SOLUCIÓN DEL CONFLICTO **1**   **2** CONFLICTO SIN RESOLVER

Figura 3

¿Alguna vez has estado en la bifurcación de un camino? ¿Entiendes de qué hablamos? ¿Identificas algunas situaciones habituales en las que te sitúas en un punto en el que debes decidir si te esforzarás por cerrar el circuito o no?

A simple vista, es seguro que parezca más fácil obviar el problema, poner a un lado la ofensa sufrida o la que causaste; pero ese arreglo fácil no durará. Se necesita valor para restaurar y reconstruir una relación, sin importar de qué lado de la ofensa te encuentres. Se necesita tiempo, paciencia, confianza y tal vez hasta algunas lágrimas. No obstante, si Barb y yo pudiéramos sentarnos contigo y con tu cónyuge, te miraríamos a los ojos y te aseguraríamos que sea cual sea el conflicto que enfrentes en este momento, los beneficios de una relación restaurada sobrepasan en gran medida el esfuerzo de cerrar el circuito.

Cuando cerramos el circuito ponemos en acción el amor perdonador. Este es el camino bíblico para enfrentar las ofensas, para resolver los conflictos y sanar las heridas. Esta es la manera que Dios tiene para restaurar la aceptación mutua y la intimidad en cuanto se produzca un malentendido y un dolor. Cuando cerramos el circuito a través del amor que perdona, añades un componente vital para hacer que tu matrimonio sea a prueba de divorcio.

CÓMO CERRAR EL CIRCUITO PASO A PASO

Las parejas nos preguntan con frecuencia cuánto tiempo pasará hasta que su relación «mejore». En otras palabras, cuánto tiempo lleva cerrar todos los circuitos. Nos gustaría decirte que el proceso es fácil. Nos gustaría poder ofrecerte unos pocos puntos que logren hacerte sentir mejor; pero con sentirse mejor no se logran cambios duraderos. Muchas personas se acercan a nosotros con heridas que requieren tiempo para resolver y sanar. Te animamos a que adoptes un enfoque frontal para tratar los conflictos y las heridas en tu relación. No los entierres. No le des vueltas al asunto. Enfréntalos y cierra el circuito, aunque te lleve tiempo.

Deseamos guiarte en cinco pasos bíblicos para expresarle el amor perdonador a tu cónyuge y cerrar el circuito de las ofensas y las heridas. Sabemos que este proceso da resultados porque es la manera que Dios usa para tratar las heridas y restaurar las relaciones.

Paso 1: Prepara tu corazón

Los corazones de Ryan y Jackie estaban destrozados el día que se enteraron de las complicaciones que existían con su bebé nonato. Cuando comenzaron a pedirles que tomaran decisiones en cuanto a procedimientos médicos de los que nunca habían oído hablar, la confusión se apoderó de ellos. Lo peor de todo es que ambos se dieron cuenta de que esta nueva fuente de estrés se sumaba a todo el montón de heridas que se habían causado el uno al otro y que convertía en dudosa la posibilidad de concentrarse en cerrar el circuito.

La pareja buscó con sabiduría la ayuda de su pastor para resolver las decisiones médicas necesarias. A medida que se estabilizaba la condición del bebé nonato, comenzaron a ocuparse de todas las ofensas atrasadas sin resolver.

Al igual que Ryan y Jackie, a algunas parejas una crisis las motiva a decidirse a resolver sus diferencias. A otros les lleva mucho más tiempo resolver todo el cúmulo de ofensas, heridas y enojo sin sanar. De cualquier manera, la sanidad comienza solo cuando uno de los cónyuges, o los dos, deciden emprender el trabajo que necesariamente hay que hacer en el corazón para limpiar el camino y poder cerrar el circuito. Aquí tenemos varios elementos en el proceso de la preparación del corazón:

Humíllate y ora. Retrocede, acude a Dios, confiesa tu pecado, ¡y ora! Puedes decir: «Dios, dame la humildad para resolver este asunto de una manera que te honre. Ayúdame a tener gracia con mi cónyuge y a ser sensible a su punto de vista. Ayúdanos a hablar con cordura. Ayúdanos a cerrar el circuito y a reavivar nuestro amor». También puedes orar con las palabras de uno de los Salmos de David, un hombre que produjo profundas heridas a través de sus ofensas. «Examíname, oh Dios, y sondea mi corazón; ponme a prueba y sondea mis pensamientos. Fíjate si voy por mal camino, y guíame por el camino eterno» (Salmo 139:23-24).

La oración suaviza nuestro corazón, nos ayuda a cambiar nuestro orden de prioridades. Mientras hablas con Dios, dile que tienes un compromiso con el amor, la humildad y la obediencia. Puedes orar con las palabras de Filipenses 2:3-5, que describe cómo cerrar el circuito del modo que Cristo lo haría: «No hagan nada por egoísmo o vanidad; más bien, con humildad consideren a los demás como superiores a ustedes mismos. Cada uno debe velar no solo por sus propios intereses sino también por los intereses de los demás. La actitud de ustedes debe ser como la de Cristo Jesús».

Busca la causa subyacente del conflicto. Atraviesa las cuestiones superficiales y busca la *verdadera* causa de la herida. ¿Tu enojo se debe en verdad a la ofensa o hay alguna otra cosa que te ha molestado? Prueba algunas de estas ideas para que te ayuden a cavar más profundo:

❖ Busca fuerzas externas, tales como la presión en el trabajo o las finanzas, que produzcan estrés en la relación.

❖ Decide qué es lo que en verdad tiene importancia. ¿El problema básico de tu conflicto no es negociable o se trata de alguna preferencia personal como la proverbial diferencia en cuanto a cómo aprieta cada uno el tubo de pasta dentífrica? ¿El problema es un mundo o una irritación leve?

❖ Devánate los sesos para buscar maneras en que puedas quitar motivos de estrés en tu matrimonio, aunque sea de forma temporal, a fin de que logres concentrarte en la relación. Considera la posibilidad de salir a pasear todo un día o de disfrutar una salida nocturna o de una velada tranquila en tu hogar sin los niños.

❖ Trata de comprender y aceptar la manera en que tu cónyuge se enfrenta al conflicto.

❖ Sé realista. No esperes que todo se haga como lo hacía tu madre o la madre de tu cónyuge, según el caso.

Comprométete a hacer que tu relación sea la prioridad número uno. Uno de los grandes saboteadores de las relaciones saludables es la tendencia a dejarlas para lo último. Cuando estamos estresados o sobrecargados porque vivimos a toda máquina, algunas veces la gente más cercana a nosotros es la que más resulta herida.

En su libro *Fit to Be Tied,* el pastor Bill Hybels y su esposa, Lynne, escriben sobre la «vida a modo de crisis», y la definen como «pasar cada momento de cada día tratando de ingeniárselas para mantener todas las bolas en el aire y todos los platos dando vueltas». Lo que está implícito en la vida a modo de crisis es que las relaciones sufren. Como escribe el pastor Hybels: «El lazo que te une a tu cónyuge, el cual solía ser fuerte e íntimo, se vuelve cada vez más débil y distante. Deseas que tu cónyuge no tenga una necesidad seria porque no tienes la energía para enfrentar esa situación»[1].

Dios espera que la relación con tu cónyuge sea un lugar seguro para resolver conflictos. A medida que te comprometes con Dios y con tu cónyuge a mantener viva la relación pase lo que pase, esta se convierte en esa clase de refugio.

Incluye a un compañero de confianza al que le rindas cuentas. Mientras más arraigado esté el conflicto y la herida, más importante será que incluyas a un tercero confiable que te pida cuentas sobre cómo cierras el circuito. Debe ser alguien que los ame y respete a los dos por igual, en vez de «mi amigo» o «tu amigo», y que mantenga reserva en cuanto a tu relación de la manera más confiable posible. Busca a un pastor, a un consejero cristiano, a un grupo de discipulado o a una pareja madura que te ayude a mantenerte concentrado en el amor que perdona. Invita a estas personas a que te pidan cuentas de forma periódica haciéndote preguntas como estas mientras trabajas en el proceso de cerrar el circuito:

- ❖ ¿Siempre le adjudicas un alto valor a tu relación?
- ❖ ¿Te valoras y respetas a ti mismo, y valoras y respetas a tu cónyuge?
- ❖ ¿Abordas el conflicto de frente?
- ❖ ¿Te retraes o lo evitas?
- ❖ ¿Resistes la tendencia a controlar o manipular?
- ❖ ¿Te esfuerzas por lograr la reconciliación?

Estas son preguntas difíciles de responder, pero te ayudarán a mantener en el camino del proceso del amor perdonador.

Paso 2: Comunica tus sentimientos

Muchas veces a la comunicación se le llama el problema número uno en los matrimonios. ¿Por qué? Quizá se deba a que las rupturas en la comunicación llevan a rupturas en muchas otras esferas. Cuando dejamos de comunicarnos, los conflictos se recrudecen, la tensión se acumula y la intimidad se enfría.

La comunicación en el contexto de cerrar el circuito implica describir con sinceridad tus pensamientos y sentimientos con respecto a la ofensa sufrida. Así es como te vuelves transparente y vulnerable con tu cónyuge al expresarle el impacto que tuvo en ti el conflicto.

Cuando Ryan y Jackie pudieron tomarse un respiro para hablar de manera constructiva sobre sus desilusiones, cada uno había juntado una lista de trapos sucios con todas las ofensas. Sus quejas estaban llenas de expresiones como «Yo esperaba...» y «Yo pensaba...» Jackie se sentía abandonada. Ryan se sentía manipulado. Jackie no estaba en condiciones de decir si todavía le gustaba a Ryan. Este se encontraba frustrado por tener que rendirle cuentas a Jackie de «cada minuto de todos los días», sin un tiempo para relajarse. Jackie sentía que Ryan la controlaba por cada centavo que gastaba, aunque los dos ganaban buenos salarios.

No fue un intercambio doloroso ni lleno de lágrimas, pero Ryan y Jackie desnudaron sus almas el uno frente al otro y ventilaron sus heridas. En el proceso, lograron adquirir una nueva perspectiva de los sentimientos del otro. Las acusaciones de «Tú nunca...» y «Tú eres tan...» se convirtieron en «No me di cuenta de que te lastimaba cuando...» y «No tenía idea de que pensaras así...» La comunicación sincera los ayudó a lograr una mejor comprensión de sus conflictos; comenzaron a ver los problemas a través de los ojos del otro.

Recomendamos una serie de estrategias cruciales para comunicarle con eficacia los sentimientos a tu cónyuge:

Piensa con antelación lo que deseas decir. Haz una lista o escribe un párrafo sobre cada asunto de modo que logres expresar tus motivos de queja y las cosas que te duelen de manera simple y clara.

Reconoce las diferencias de cada género en la comunicación. Algunas veces los hombres van directo al grano y omiten los detalles. Para una mujer, ese no es el enfoque más cálido. En ocasiones las mujeres dan vueltas alrededor de cada detalle y así oscurecen la línea principal. Los hombres desean oír la línea principal; las mujeres desean tener un contexto para la línea principal.

Busca un árbitro. Cuando los problemas son demasiado grandes o demasiado dolorosos como para enfrentarlos por tu cuenta, busca un tercero que sea objetivo y confiable para hablar de estos asuntos frente a él.

Envía el mensaje completo. Habla de manera amable y con calma, pero di todo lo que fuiste a decir. Un mensaje completo consta de pensamientos, sentimientos y necesidades. Expresa lo que piensas, lo cual incluye tu percepción, tus valores y actitudes acerca del conflicto. Luego di cómo te sientes al respeto. ¿Sientes temor, ansiedad, desilusión, esperanza, optimismo? Después sigue adelante y completa el mensaje expresando lo que necesitas de tu cónyuge. ¿Necesitas una respuesta, un abrazo, un espacio durante algunas horas, otro punto de vista?

Comprométete a escuchar. Cuando escuches a tu cónyuge que describe la ofensa y la herida, resiste el apuro por defenderte o probarle que está equivocado. En cambio, primero escucha y haz preguntas que ayuden a la claridad y la comprensión. La Biblia nos recuerda: «Mis queridos hermanos, tengan presente esto: Todos deben estar listos para escuchar, y ser lentos para hablar y para enojarse» (Santiago 1:19).

Concéntrate en lo positivo. Confirma rasgos o hábitos positivos. Di por ejemplo: «Me gusta...», o «Estoy muy agradecido...», o «Eres muy buena en...»

Evita el silencio por respuesta. Algunas veces, en especial cuando los cónyuges están enojados, se cierran como una ostra y le dan al otro el silencio por respuesta porque piensan que este comunicará su perspectiva. No confundas silencio con comunicación. En realidad, casi siempre es solo manipulación. El objetivo es abrir la comunicación, no se trata de ver quién gana.

Que tus palabras expresen tu intención. No digas: «Detesto el fútbol», si lo que en realidad quieres decir es: «Me gustaría que pasáramos algún tiempo significativo juntos los sábados por la tarde». Antes de hablar, piensa con cuidado qué te molesta en realidad.

No uses generalizaciones. Evita frases como: «*Nunca* sacas la basura como se supone que debes hacerlo» o «*Siempre* estás hablando por teléfono con tu madre». Por lo general, son exageraciones y sin lugar a dudas no sirven de ayuda.

Utiliza el «yo» en los mensajes. «Algunas veces *yo* me siento olvidado y solitario» suena mucho mejor que «*Tú* nunca me prestas atención». Concéntrate en tus pensamientos y sentimientos en lugar de insistir en los fracasos de tu cónyuge. Es invariable que las generalizaciones conduzcan a la respuesta defensiva de tu cónyuge porque sentirá la necesidad de aclarar las cosas.

Pónganse de acuerdo en un plan para manejar los conflictos. Contesta esta pregunta junto con tu cónyuge: ¿Cómo deseamos hablar el uno con el otro cuando surge un conflicto?

Cuando te encuentras en un conflicto, es imprescindible que te comuniques de manera abierta y sincera. El fracaso al tratar de expresar tus sentimientos y hablar de las diferencias ahogará cualquier esfuerzo por limpiar el aire y restaurar la intimidad.

Paso 3: Enfrenta tus conflictos

Barb y yo enseñamos con regularidad en las conferencias de *FamilyLife* en todo el país. En un momento durante cada una de estas conferencias «Fines de semana para recordar», les pedimos a los matrimonios que se miren a los ojos y repitan una declaración que esperamos que arda en sus memorias: «Mi cónyuge no es mi enemigo». ¿No te encanta ese pensamiento? Muchas veces, en medio de un conflicto, los esposos se ven el uno al otro como un adversario al que hay que derrotar. En lugar de esforzarse por encontrar una solución, se arrojan dardos directos al corazón; pero la verdad esencial es que estamos en el mismo equipo. Debiéramos trabajar juntos para encontrar una solución.

Sin embargo, aun en medio de una atmósfera de espíritu de equipo y de comunicación sincera, ciertos conflictos se deben enfrentar y resolver. Por ejemplo: ¿Colgaremos el papel higiénico como tú dices, como yo digo o alternaremos con cada rollo? O algo más serio: ¿Pasaremos la mañana de Navidad con tus padres, con mis padres o en casa con nuestros hijos? ¿Cuántas noches a la semana nos comprometeremos a estar juntos en casa? ¿Quién pagará las cuentas? ¿Lo harás tú, lo haré yo o los dos juntos? Si no tomas decisiones necesarias en cuanto a cómo proceder, el conflicto no terminará.

Nos gustaría ofrecerte un punto de partida que prácticamente garantiza el éxito. Es una frase de tres palabras que quizá sorprenda a tu cónyuge, pero también ayudará a desarmar el conflicto y preparar el escenario para la discusión en la que se tomen decisiones. El punto de partida es el siguiente: «Primero oremos juntos».

La oración produce un impacto positivo en la solución del conflicto. Toma a dos personas que se encuentran enfrentadas con respecto a un asunto y recibe dentro del debate a una tercera persona: Jesús. Cuando traes a Jesús al debate, significa que se deciden juntos a jugar con sus reglas.

Una vez que ores, la manera más práctica de hacer que Jesús forme parte de este paso en la toma de decisiones es ir a la Biblia en busca de soluciones. ¿Qué dice la Biblia con respecto a tu situación? ¿Hay mandamientos claros que debes obedecer? ¿Hay principios bíblicos que se deban aplicar en esta situación? Cuando buscas en la Palabra de Dios, nivelas el campo de juego al recibir la solución de Dios.

Durante la difícil conversación de corazón a corazón, Ryan y Jackie expresaron algunas sinceras heridas y desilusiones. Desahogaron su enojo. Los hizo sentir mejor el hecho de tener los problemas sobre la mesa, pero aun así necesitaban llegar a algunas conclusiones: ¿Cuánto tiempo debía pasar Ryan con sus amigos? ¿Qué podía hacer Jackie para que Ryan se sintiera más relajado en casa? ¿Qué haría Jackie para dejar de murmurar cosas venenosas? ¿Qué debía cambiar en cuanto a la administración del dinero en la pareja? ¿Cómo iban a detener la guerra de palabras?

En la primera cosa que Ryan y Jackie se pusieron de acuerdo fue en dedicar tiempo para conectarse luego del trabajo. Ryan, que llegaba primero al hogar, se tomaría algunos minutos en su sillón reclinable para acomodar su cerebro luego de un largo día; pero en cuanto Jackie llegara a casa, sería tiempo de conversación.

En el aspecto financiero, se pusieron de acuerdo en conversar sobre cualquier compra que superara cierta cantidad; a ellos cincuenta dólares les resultó una cifra razonable ya que los dos trabajaban. Decidieron que la mejor manera de acabar con las quejas de Jackie, en especial frente a su madre, era ir juntos a la casa de los padres de ella. No habría más encuentros a solas de Jackie con su madre hasta que tuviera algo agradable que decir sobre Ryan. Además, decidieron que hacer estas cosas y mantener abiertas las líneas de una comunicación saludable sería la manera más rápida de impedir que sus conversaciones se degeneraran convirtiéndose en peleas a gritos.

¿Te das cuenta de cómo Ryan y Jackie encontraron una posición intermedia que respetaba las necesidades de los dos? Ese es uno de los objetivos principales del enfrentamiento. Aquí tenemos algunas otras ideas para tener un careo amoroso:

Escoge el momento y el lugar apropiados. ¿Acaso es imprescindible que resuelvas un problema con tu cónyuge minutos antes de que lleguen dos docenas de invitados a cenar? Escoge un momento y un lugar que reduzcan al mínimo las distracciones y garanticen intimidad lejos de los hijos.

Pide permiso para tratar el conflicto. Por ejemplo: «¿Estás preparado para hablar sobre el desacuerdo que tenemos en cuanto a cómo disciplinar a los niños?» o «Estoy listo para hablar acerca de nuestros problemas con el dinero. ¿Para ti está bien?». Asegúrate de que tu cónyuge esté listo para enfrentar el problema antes de sacarlo a relucir.

Evita frases que asignen culpa. Las frases que comienzan en primera persona alientan a la conversación; las frases que comienzan en segunda persona la desalientan. Comienza las oraciones diciendo: «Me parece...» o «Yo pienso...», en lugar de decir: «Eres...» o «Tú deberías...».

Paso 4: Perdona a tu cónyuge

Después que Ryan y Jackie se pusieron de acuerdo acerca de los asuntos que socavaban su matrimonio, experimentaron un avance aun más significativo en su relación. «Lo más grande que hemos aprendido es a perdonar», dice Jackie. «Ahora sabemos cómo decir: "Me equivoqué", y estamos aprendiendo a pedir perdón y a otorgarlo. No se nos ocurre otra habilidad más importante para nuestro matrimonio».

El centro del amor que perdona es el acto del perdón. Este escenario es muy difícil para muchas personas, pero es lo que trae la mayor sanidad a las heridas y a los conflictos. Barb y yo creemos que el perdón nos acerca más a Dios que ninguna otra cosa que podamos hacer. Las relaciones lo demandan. Jesús nos dio el ejemplo. Nuestros corazones lo necesitan. Todo comienza en tu matrimonio cuando tú y tu cónyuge se ponen de acuerdo en dejar en libertad al otro.

¿Decidiste perdonar? ¿Están listos para experimentar el «perdón absoluto»? Como verás, para que exista perdón absoluto se necesitan dos personas, una que pida perdón y la otra que lo otorgue, y las sinceras declaraciones descritas a continuación.

PEDIR PERDÓN Piensa en un conflicto que experimentaste hace poco con tu cónyuge e imagina de qué manera se resolvería haciendo las siguientes declaraciones:

«Me equivoqué». Cuando necesitas que te perdonen, no basta con decir: «Bueno, si te parece que hice algo mal, hablemos». Tampoco es bueno decir: «No me parece que lo que hice sea algo tan grave, pero si crees que lo fue, hablemos». Debemos enfrentar la ofensa tal como es. Aquí tenemos algunas maneras de decirlo: «Me equivoqué»; «Lo que dije/hice estuvo mal»; «Hice algo malo y necesito hablar contigo sobre lo que te ofendió».

«Lo lamento». ¿Cuántas veces has procurado que te perdonen y has dicho «me equivoqué», pensando que eso bastaría para solucionar el problema? Tal vez la persona ofendida se mostró confundida y eso te hizo pensar: *Bueno, ya dije que me equivoqué. ¿No es suficiente con eso?*

Es de suma importancia que admitamos el mal comportamiento, pero hay algo más. Debes expresar la tristeza que te produce haber herido al otro con tu mal comportamiento: «Me equivoqué y lamento que te haya herido». Se necesitan los dos elementos para que tu cónyuge ofendido sienta que hay sinceridad de tu parte. Al expresar tu tristeza, demuestras simpatía por la otra persona. «Lo lamento» ayuda a restaurar la relación al disminuir la resistencia que existe entre dos personas lastimadas y permite que la comunicación sea sincera y se deje de lado la autoprotección.

«No quiero volver a herirte de esta manera». Esta es una frase de arrepentimiento y es diferente a las dos primeras. «Me equivoqué» es una frase de confesión. «Lo siento» es una frase de contrición o tristeza. A continuación debería venir una frase de arrepentimiento que exprese tu deseo de cambiar y de no repetir las conductas hirientes. La confesión y la contrición sin arrepentimiento conducen al perdón incompleto. «No quiero volver a herirte» es una manera de decir que el daño que causaste (y el que puedes causar en el futuro) no es intencional y te aflige. El arrepentimiento abre de par en par la puerta para una sanidad profunda.

«¿Me perdonas?» En esta oración demuestras el máximo de humildad en el proceso de búsqueda del perdón. Cuando preguntas con sinceridad: «¿Me perdonas?», te pones a los pies de tu cónyuge y tomas la postura de un siervo. Esta pregunta lleva al proceso del perdón a un punto culminante. Es el perdón en su mejor momento.

Revisemos de nuevo estos cuatro pasos vitales:

1. Confesión: «Me equivoqué».
2. Tristeza: «Lo siento».
3. Arrepentimiento: «Nunca más quiero herirte de esta manera».
4. Petición: «¿Me perdonas?».

Si dejas fuera de tu pedido de perdón a cualquiera de estos cuatro elementos, te arriesgas a que el conflicto quede sin resolver. Muchas veces saltamos al pedido de perdón sin reconocer que nos equivocamos, sin expresar remordimiento ni pedir perdón. Esta clase de perdón es un perdón barato que deja a la persona ofendida con el dolor de la ofensa sufrida.

CONCEDER PERDÓN Si eres el cónyuge al que se le pidió perdón, debes responder de dos maneras: concederlo *con gracia* y otorgarlo de manera *específica*.

«Te perdono y cierro el circuito en cuanto a este problema». Perdonar con gracia quiere decir liberar la ofensa y dejar con alegría que tu cónyuge vuelva a instalarse en tu corazón. Esta es la manera en que Dios nos perdona cuando confesamos con dolor y arrepentimiento. El perdón de Dios es gratuito. Es inmerecido. No se puede ganar o negociar. Él nunca lo revocará. El perdón es un compromiso sin condiciones que responde a nuestra humilde confesión de pecados. Debes perdonar con gracia a tu cónyuge porque Dios te ha perdonado de la misma manera a ti.

«Te perdono por...» Perdonar en forma *específica* quiere decir que debemos mencionar la ofensa por la que tu cónyuge te pidió que lo perdones. Tú debes llenar el espacio en blanco: palabras de crítica, falta de sinceridad, mentira, derroche de dinero, dejar sus necesidades sin satisfacer, infidelidad, insensibilidad, olvido, menosprecio, etc. Al mencionar la ofensa, le aseguras a tu cónyuge que tu perdón es completo y abarca todos los aspectos. No deja que la ofensa quede flotando en el aire. En cambio, disipa toda pregunta de la mente de tu cónyuge: *¿Ha comprendido por qué le pido que me perdone? ¿De verdad me perdona por lo que hice?*

El perdón, la capacidad de olvidar heridas pasadas, quizá sea la habilidad más importante que logremos desarrollar en el matrimonio. Quizá mantener a tu cónyuge atrapado por ofensas del pasado te dé una gratificante sensación de poder, pero siempre sucede a expensas de la relación. En el momento puede dar una sensación agradable debido al alivio temporal que te proporciona el resentimiento y el dolor que todavía bulle dentro de ti. Sin embargo, la *única* manera de restaurar la armonía en la relación es quitar de forma permanente esos sentimientos negativos.

Ninguna relación se logra recuperar de una desilusión seria ni es capaz de crecer en intimidad si uno de los cónyuges o los dos no pueden librarse de la amargura. No puedes disfrutar de la confianza, la aceptación o la conexión mientras sigas resentido con tu cónyuge de manera secreta o abierta.

Una vez que el perdón tiene lugar, puedes ocuparte de algo más: la reconciliación. El consejero familiar David Stoop escribe: «El perdón es unilateral. Es algo que podemos hacer absolutamente por cuenta propia. La reconciliación requiere la participación de otra persona. No podemos "hacer que suceda", por más que lo intentemos con ardor»[2]. La reconciliación, la verdadera sanidad y reunión de dos personas que han estado en conflicto, solo se logra cuando los dos cónyuges lo desean y están dispuestos a esforzarse por ella: a enfrentar la ofensa, el dolor y el enojo, y a tomar la decisión de comunicarse.

La verdadera reconciliación no ocurre a menos que los cónyuges estén dispuestos a participar. Cuando dos personas vuelven a abrir las líneas de comunicación, quizá *parezca* que se reconcilian, pero hay algo que falta: el genuino perdón, y esa carencia será un vacío en el cimiento de la relación.

Entonces, ¿quiere decir que si uno de los dos se niega a completar la reconciliación el otro se queda atascado para siempre? No del todo. Puedes perdonar a tu cónyuge aunque este no complete el proceso. Aunque el perdón de una sola parte no es el ideal, es la única manera en que algunas personas logran cerrar el circuito con cónyuges que no están dispuestos a confesar su ofensa o que ya no están vivos. En estos casos, puedes otorgar un perdón que no te han pedido y puedes sentirte aliviado y libre del resentimiento.

Paso 5: Reconstruye tu confianza

¿Qué será necesario para que Ryan y Jackie sientan que al fin superaron sus conflictos y su dolor? Han ejercitado el amor que perdona al comunicar sus sentimientos, al enfrentar los problemas y al perdonarse el uno al otro. ¿No sería grandioso que desaparecieran todas las preocupaciones y los temores que acompañaban a esas heridas? ¿Para Ryan no sería liberador saber que Jackie ya no lo critica y para Jackie llegar a casa cada noche para encontrar a un esposo que está listo y dispuesto a hablar con ella? ¿No te parece que semejante cambio de corazón y de comportamiento impulsaría su matrimonio de nuevo hacia el sueño?

Esto es lo que sucede durante el último paso para cerrar el circuito: reconstruir la confianza. En algunos conflictos y heridas es probable que la confianza no necesite demasiada reparación, pero cuando las heridas son profundas y la confianza se ha erosionado, es esencial.

Si has lastimado a tu cónyuge de manera profunda o continua, tal vez esté dispuesto a perdonarte, pero eso no quiere decir que la relación esté del todo sanada y que puedas seguir adelante como si nada hubiera sucedido. Para que se produzca la verdadera restauración, debes estar dispuesto a esforzarte para reconstruir la confianza de tu cónyuge durante un período. Debes probarle durante un largo trayecto que tu confesión, tu contrición y arrepentimiento son genuinos.

La confianza no se reconstruye de la noche a la mañana. Si le fuiste infiel, es probable que necesites largos meses de inquebrantable devoción antes de que se restablezca un cimiento de confianza. Si tu cónyuge ha soportado años de crítica injusta de tu parte, tienes por delante un largo camino de afirmación y reconocimiento. La inviolabilidad y la paz de tu relación puede encontrarse en ruinas a tus pies, pero a través del poder del amor redentor de Cristo, tu matrimonio se puede transformar y pasar de los escombros a la restauración. Comienza con este proceso de sanidad ahora mismo. Comienza hoy a reconstruir la confianza. Sé fiel y paciente y experimentarás la restauración que buscas.

A lo largo de tu matrimonio te encontrarás con frecuencia en la bifurcación conocida en el camino, la elección de obviar la herida o decidir cerrar el circuito. Ningún matrimonio escapa por completo del modelo ofensa-herida-enojo; pero cada vez que escoges el proceso sanador de cerrar el circuito, experimentarás el poder sanador del amor que perdona. Además, habrás avanzado un paso hacia la protección de tu matrimonio contra el divorcio y hacia la recuperación del sueño que dejaste en el altar.

UNA NOTA ESPECIAL SOBRE LA TRAVESÍA

¿Eres consciente de que existen algunos circuitos abiertos en la relación con tu cónyuge? Los circuitos se pueden cerrar. ¿Qué se necesita? Debes estar dispuesto a humillarte y a liberar tu orgullo para acercarte a tu cónyuge. Debes participar en el proceso del perdón y la reconciliación que Dios ha creado para nosotros. ¡Se necesita valor! También se requiere práctica. El amor que perdona no viene con naturalidad, es algo que aprendemos mediante la experiencia.

Es por eso que hemos creado un libro aparte y un cuaderno de ejercicios acerca del amor que perdona. Lo llamamos *Healing the Hurt in Your Marriage: Beyond Conflict to Forgiveness.* Hay mucho más por entender y aplicar a fin de hacer que el perdón sea una parte integrante y constante en nuestro matrimonio. El libro y el cuaderno de ejercicios te ayudarán a hacer que pedir y otorgar el perdón sea un modelo establecido que traiga como resultado una intimidad más profunda en tu relación. Y en el proceso, protegerás a tu matrimonio contra el divorcio.

Tercera parte

EL AMOR QUE SIRVE

El amor que sirve descubre y satisface

necesidades, y ayuda a que los cónyuges

se sientan honrados y comprendidos

seis

EN HONOR A TU CÓNYUGE

$\mathcal{L}$a primera vez que Gary habló en una reunión de los Cumplidores de Promesas en un estadio, lo acompañé para apoyarlo y orar por él. Gary se encontraba de pie frente a un vasto mar de hombres, unos sesenta mil, y predicó con fuego y pasión sobre la importancia de tener matrimonios que agraden a Dios. Yo me senté detrás de la plataforma y miraba el monitor mientras oraba y resplandecía de orgullo.

Cuando el mensaje de Gary ya llegaba a su fin, me quedé pasmada al escuchar que mencionaba mi nombre. «Le pediré a mi esposa, Barbara, que venga junto a mí a la plataforma», dijo. «Ella no sabe que le iba a pedir que hiciera esto».

Mientras su sorprendente invitación me daba vueltas en la cabeza, alguien me llevó hacia la escalera de metal que conducía a la gran plataforma. Justo cuando pensé que las rodillas se me iban a aflojar debido al miedo, un hombre me alcanzó una silla. No me atrevía a mirar a la multitud porque pensaba que sin duda me desmayaría ante la sobrecogedora vista de sesenta mil hombres. Así que concentré mi atención en Gary, a la espera de recibir algún indicio de lo que iba a decir o hacer. Con un ligero pánico, le hice una pregunta silenciosa con los ojos: *¿Y ahora qué?* La mirada que me devolvió me comunicó todo lo que necesitaba saber por ahora: *Confía en mí.*

Gary se encontraba de pie delante de mí con la Biblia en la mano. Cuando comenzó a leer la Escritura, me di cuenta de que había cambiado y leía el Evangelio de Juan: «Pedro le dijo: No me lavarás los pies jamás. Jesús le respondió: Si no te lavare, no tendrás parte conmigo» (Juan 13:8, RV-60).

El miedo me envolvió. *¿Los pies? ¿De quién? ¡Ay, no, nadie me lavará los pies delante de sesenta mil hombres!*

Todo lo que podía hacer era confiar en Gary, el compañero de mi alma, mi mejor amigo. Así que observé y esperé. Tenía una botella de agua y su pañuelo en las manos. Se arrodilló frente a mí, me quitó los zapatos y comenzó a lavarme los pies. Las lágrimas le rodaban por las mejillas mientras demostraba lo profundo que era su amor por mí al servirme como Cristo sirvió con humildad a sus discípulos. A mí también me corrían las lágrimas. En esos momentos solemnes, tuve la sensación de que Gary y yo éramos las dos únicas personas en el estadio.

Cuando terminó, Gary se levantó frente a la atónita multitud de hombres. Con energía y compasión, los desafió a que pasaran al próximo nivel de amor por sus esposas. Los invitó a arrodillarse mientras oraba. Por todo el estadio los hombres cayeron de rodillas y se comprometieron de forma pública a regresar a sus hogares y amar a sus esposas con el corazón de un siervo.

¿Tienes una idea de cómo me siento al vivir con un hombre como Gary? Bueno, no me refiero al hombre que me llama y me hace ir frente a sesenta mil hombres sin aviso previo. Me refiero al hombre que se arrodilla sin sentir vergüenza para servirme frente a sesenta mil hombres. Al que es el mismo cuando está en público y cuando está en privado, dentro de las paredes de nuestra casa. Me refiero a un esposo que se esfuerza por descubrir mis necesidades y por satisfacerlas, que me colma de un amor que me hace sentir comprendida y honrada.

Valoro lo que Gary hizo aquel día en la plataforma porque concuerda con la manera en que vive conmigo todos los días. No me entiendas mal; Gary no es perfecto. No estoy ciega y veo sus errores y la tendencia que tiene a distraerse, pero durante el largo trayecto de más de veintisiete años juntos, Gary ha sido un modelo constante de amor servicial. Para él no existe necesidad tan pequeña que pase por alto, como traerme una taza de café por la mañana, poner a lavar una carga de ropa sucia o lavar los platos. Ora por mí y conmigo, y le conocen por enviar trescientos correos electrónicos a personas desconocidas para que oraran por mí. Cuando me operaron, Gary durmió en el hospital y soportó la misma comida blanda que yo tenía que comer. Su corazón está conectado por completo a mis necesidades.

La disposición de Gary para servirme, tal como lo demostró no solo en aquel momento extraordinario en el encuentro de Cumplidores de Promesas sino también en los momentos de cada día en nuestro matrimonio, me convence en lo más profundo de que venga lo que venga a nuestro camino, tenga yo las fallas que tenga, haga lo que haga para desilusionarlo, se preocupa por mí y está comprometido con mis necesidades.

Gary y yo lo llamamos *amor servicial*. ¿Te conectas con tu cónyuge a este nivel? El amor servicial honra a tu cónyuge a tal grado que con determinación procuras descubrir y satisfacer sus necesidades, incluso colocando esas necesidades antes que las propias. Cuando sirves a tu cónyuge de esta manera, lo ayudas a que se sienta honrado y comprendido. El amor servicial es el componente clave para proteger tu matrimonio contra el divorcio.

EL AMOR SERVICIAL: LA CLASE DE AMOR DE JESÚS

Cuando dijiste «Sí, acepto», gran parte de tu sueño matrimonial, tanto consciente como inconsciente, era quizá que tu nuevo compañero del alma satisficiera tus necesidades. Deseabas un cónyuge que entendiera tus necesidades humanas básicas: físicas, emocionales, relacionales y espirituales. Deseabas a alguien que fuera sensible a las necesidades de tu género como mujer u hombre y a las necesidades exclusivas de tu personalidad como individuo. Y es probable que esperaras que tu comprensivo cónyuge dedicara su vida a satisfacer esas necesidades. ¿Esas expectativas se han hecho realidad? ¿Experimentas el amor servicial, el que satisface las necesidades? Si la respuesta es «no» o «no con mucha frecuencia», tal vez te preguntes si en verdad es posible que los cónyuges se sirvan el uno al otro con una comprensión y una voluntad tan profundas. Hasta quizá te preguntes si de verdad existe esa clase de amor servicial.

Así es, existe. Es una expresión del amor bíblico que se ve con claridad en Jesús. Aquel día en el estadio, cuando Gary me lavó los pies, recreó una asombrosa escena bíblica que ilustra el amor servicial de Jesús hacia sus discípulos.

La Biblia nos dice que la noche antes de que lo crucificaran, Jesús pensó en una manera de demostrarles a sus discípulos que «los amó hasta el fin» (Juan 13:1). Durante la cena, Jesús «se levantó de la mesa, se quitó el manto y se ató una toalla a la cintura. Luego echó agua en un recipiente y comenzó a lavarles los pies a sus discípulos y a secárselos con la toalla que llevaba a la cintura» (Juan 13:4-5).

Ahora bien, debes entender las costumbres de los tiempos bíblicos para captar el significado de esta escena. Allí estaba una docena de hombres que se pasaron todo el día recorriendo los polvorientos caminos con sus sandalias de cuero. Una costumbre habitual de cortesía era que el anfitrión, o lo más probable su sirviente, les lavara los pies a los invitados. Por lo tanto, Jesús no actuó por puro sentimentalismo. No creaba un simple símbolo ni daba lugar a lo que sería una conmovedora historia bíblica. En realidad, llevaba a cabo un acto de servicio rutinario con sus discípulos. Piensa en lo que sucedió cuando Jesús se quitó el manto, tomó una toalla y les lavó los pies a sus seguidores:

Jesús satisfizo una necesidad genuina a través de un acto de servicio. Se hizo cargo de la tarea que casi siempre recaía sobre el sirviente de más baja categoría de la casa. El lavado de pies aliviaba y limpiaba los pies sucios y cansados de los invitados.

Al menos uno de los discípulos se sintió incómodo al encontrarse en el lado receptor del acto de servicio de Jesús. Pedro se alejó cuando Jesús se le acercó para lavarle los pies. ¿Por qué? Quizá se debía al orgullo o la autosuficiencia. Es probable que se sintiera incómodo ante la idea de que Jesús se hiciera cargo de una tarea sucia que Pedro no se hubiera atrevido a hacer. O a lo mejor temía que si aceptaba el ministerio servicial del Señor, tendría que hacer lo mismo por alguna otra persona.

Jesús demostró que hasta el mayor entre nosotros debe ser el servidor de todos. Jesús, el maestro que se encargó de la tarea del sirviente más bajo, pronto elevaría el amor servicial hasta el infinito al morir por los pecados de la humanidad.

No podemos atrevernos a pasar por alto las palabras de Jesús que nos hablan del valor y la importancia del amor servicial:

> Ustedes me llaman Maestro y Señor, y dicen bien, porque lo soy. Pues si yo, el Señor y el Maestro, les he lavado los pies, también ustedes deben lavarse los pies los unos a los otros. Les he puesto el ejemplo, para que hagan lo mismo que yo he hecho con ustedes. Ciertamente les aseguro que ningún siervo es más que su amo, y ningún mensajero es más que el que lo envió. ¿Entienden esto? Dichosos serán si lo ponen en práctica. (Juan 13:13-17)

Ninguno de nosotros es mayor que nuestro maestro, Jesús. Ninguno de nosotros está por encima del servicio. Nadie puede eludir su ejemplo. Además, ninguno de nosotros puede darse el lujo de perderse la bendición que Jesús les prometió a los que ministren a otros a través del amor servicial. Y las parejas que desean proteger sus matrimonios a prueba de divorcio deben practicar el amor servicial.

Gary y yo nos damos cuenta de que el amor servicial pertenece a una contracultura. No es propio de la naturaleza humana concentrarse en otro para tomar con decisión un lugar de honor más bajo, estar dispuesto a ensuciarse para que otro quede limpio. Esposas, tal vez piensen que el amor servicial las pone a merced de un Pedro Picapiedra que grita: «Vilma, ¿dónde está mi cena?». ¿A quién le gusta que le ladren y que la mangoneen? Esposos, quizá sientan temor que el amor servicial sea firmar el consentimiento para que los fastidien y los dominen.

Necesitamos tener bien en claro que el servicio no implica que estemos ligados a la esclavitud. Cuando Jesús se puso la toalla y sirvió a sus discípulos, nos demostró de manera concluyente que la clase de amor servicial de Dios fluye de la propia voluntad no de la coerción, de la fuerza no de la debilidad, de la alegría no de la culpa. Es positivamente liberador.

EL MITO DEL MATRIMONIO 50/50

Uno de los mayores problemas que tienen las parejas con las que Gary y yo conversamos es que los cónyuges miden la necesidad de servicio que tiene el otro de manera recíproca. Lo mejor que hacen algunos matrimonios es funcionar de acuerdo al plan popular de 50/50, la filosofía de satisfaré tus necesidades si tú satisfaces las mías. En este plan, el matrimonio se convierte en un asunto de transacciones y compromisos en los que los esposos llevan un registro para que ninguno de los dos obtenga más que el otro ni dé más que el otro. El objetivo es satisfacer al otro hasta la mitad.

Para ser justos, algunas parejas que viven de acuerdo a esta regla son generosos entre sí y felices hasta cierto punto, pero el amor repartido casi nunca trae como resultado que los cónyuges se sientan honrados y comprendidos. El problema, escribe Dennis Rainey en su libro *Staying Close*, es que «es imposible determinar si tu cónyuge te satisfizo justo a la mitad. Como ninguno de los dos logra determinar cuál es la "mitad", cada uno queda librado a inspeccionar la actuación del otro desde el hastío de su propia perspectiva»[1].

Ben y Carrie crecieron viendo cómo sus padres demandantes atropellaban a sus madres. Por lo tanto, cuando se casaron, prometieron que dividirían todas las tareas y responsabilidades de manera equitativa entre los dos. Las tareas domésticas se dividirían por la mitad. Insistían en que su relación de 50/50 sería ciento por ciento justa.

En lugar de crear un ambiente justo y estable, Ben y Carrie han creado un monstruo. Discuten por ver quién lavó los platos la última vez, quién se ocupó de lavar la ropa o de cocinar. El fin de semana que Carrie pasa con sus compañeras de habitación de la universidad tiene que ser exactamente igual, minuto a minuto y dólar por dólar, que el viaje de caza de Ben con sus amigos. Rastrean las obligaciones del cuidado de su hijo como si tuvieran un cronómetro en la cabeza. Cuando Ben regresa a casa del trabajo, Carrie sabe que llegó su turno libre. También llevan un estricto control del dinero que cada uno gana y los totales quedan bien diferenciados en cuentas bancarias separadas. A la gente como Ben y Carrie, un amigo nuestro los llama «gente contabilizada».

Como la meta más alta del matrimonio de Ben y Carrie es mantener las cosas de manera equilibrada, su matrimonio está más centrado en acaparar cada uno para sí que en dar al otro. Incluso en cosas tan simples como servir un refresco para disfrutar frente al televisor, esperan que el otro ceda y sirva primero. Al luchar por ser justos, Ben y Carrie cultivan una actitud de «yo primero». Y se pierden las bendiciones que Jesús prometió a los que siguen su ejemplo y se sirven los unos a los otros de manera desinteresada.

En un matrimonio de 50/50, el servicio y la sumisión del uno al otro por lo general se sustituyen por un fuerte énfasis en obtener lo que uno merece por derecho. En esta clase de relación hay alguien que está ausente, la persona que desea vivir justo en medio de un matrimonio, el que hace las reglas y actúa como mediador entre tus necesidades y las de tu cónyuge. Esa persona es Jesucristo, que no solo nos proporciona el ejemplo, sino también el poder para servir en amor a través de la Palabra de Dios y del Espíritu Santo.

EL GOZO DE UN MATRIMONIO DE 100/100

Seamos realistas: A todos nos encanta que satisfagan nuestras necesidades. Todos deseamos la comprensión y el honor que vienen como resultado cuando alguien se preocupa lo suficiente como para servirnos sin esperar nada a cambio. Por eso me sentí tan especial el día en que Gary me lavó los pies y por eso sigo sintiéndome así gracias a su continuo deseo de amarme con un amor servicial.

Los problemas vienen cuando nos concentramos en que nos sirvan, incluso en un acuerdo de 50/50, en lugar de servir. La actitud de «yo primero» nos puede hacer protestar, por ejemplo, porque nuestro cónyuge nunca pasa tiempo con nosotras, puesto que estamos ocupadas sin cesar con los niños, trabajando como voluntarias en la iglesia o distrayéndonos con nuestras amigas.

Existe una manera mejor. Es el matrimonio de 100/100, como lo ilustra la historia de Robert y Nancy. Robert dice: «Nancy y yo fuimos novios cuatro años hasta que terminamos la universidad, nos establecimos en nuestros primeros trabajos y nos casamos. Los dos éramos profesionales, inclinados a tener éxito en nuestras carreras. Lo teníamos todo, como dicen, pero nuestra relación nos mantenía inquietos».

Sin embargo, esta pareja no estaba dispuesta a conformarse con un matrimonio de segunda clase. Robert sigue diciendo: «Nos llevó algún tiempo entender cuál era el problema. Por más enérgica que Nancy fuera en su trabajo, me daba cuenta de que en nuestro matrimonio no me había expresado de manera frontal sus necesidades. Estaba tan deseosa de agradarme, que a la hora de tomar cualquier decisión, como escoger un restaurante, decidir dónde pasaríamos las vacaciones o incluso dónde íbamos a vivir, casi siempre respondía: "Lo que tú quieras, mi amor", o repetía como un loro lo que sabía que yo deseaba. Aun así, Nancy se sentía atropellada. Yo me sentía frustrado porque en verdad deseaba honrar sus deseos, pero ella no me permitía saber cuáles eran».

Nancy admite que cuando sus necesidades y deseos insatisfechos comenzaban a salir a la superficie, salían a borbotones en forma de ira. «Durante un par de años pisoteé todo lo que deseaba Robert», dice. «Todo debía hacerse a mi manera. Él era el que decía: "Lo que tú quieras, mi amor". No me gustaba el desequilibrio en esta manera de vivir en el matrimonio y a Robert, sin lugar a dudas, lo dejaba insatisfecho. Cuando nos detuvimos a mirar lo que sucedía en nuestro matrimonio, admitimos que no solo nos enfrentábamos al deseo de controlarnos el uno al otro, sino que también errábamos en cuanto al diseño de Dios para un esposo y una esposa. Un amigo nos alentó a que estudiáramos lo que la Biblia dice sobre los papeles del marido y de la mujer en el matrimonio. Con el tiempo, descubrimos que nos perdíamos lo que Dios tenía pensado para nosotros. Al estudiar las palabras del apóstol Pablo en Efesios 5, aprendimos que el amor del esposo hacia su esposa debe ser como el de Cristo hacia la iglesia, un amor sacrificial. Escucha lo que Pablo dice: "Esposos, amen a sus esposas, así como Cristo amó a la iglesia y se entregó por ella para hacerla santa. Él la purificó, lavándola con agua mediante la palabra" (Efesios 5:25-26).

»Cuando un esposo "se entrega a sí mismo por su esposa", decide servirla debido a su deseo de ser obediente al diseño que Dios tiene para él. No solo lo mueve agradarla a ella, sino agradar a Dios».

Cuando Robert comenzó a poner manos a la obra siguiendo esta verdad bíblica, se dio cuenta de que al amar a Nancy de manera sacrificial, ella le respondería con amor servicial. Al comenzar a poner esto en práctica, disminuyó el problema del control. Nancy comenzó a confiar en Robert como nunca hubiera imaginado en el pasado. Y a medida que confiaba en él, se daba cuenta de que en definitiva su confianza la ponía en la obra que Dios hacía tanto en su propia vida como también en la de su esposo.

Nancy y Robert ahora dicen: «Nuestra meta es superar al otro en el servicio. Nuestro matrimonio es un compromiso de ciento por ciento de servir a Dios y servirnos el uno al otro».

Bien en lo profundo de cada uno de nosotros existe el anhelo de comprender y ser comprendidos, de honrar y ser honrados. Cuando a un matrimonio le falta esta clase de amor que descubre y satisface las necesidades, los sentimientos de desilusión dan lugar a la frustración y al conflicto. Quizá hayas experimentado estos amargos enfrentamientos verbales en tu propio matrimonio, esos que estallan cuando tu cónyuge dice que no satisfaces sus necesidades. O tal vez en lugar de tener una pelea abierta es probable que cada uno se lance a una «guerrilla», socavándose entre sí en silencio o evitándose. La falta de amor servicial deja necesidades insatisfechas y te mantiene lejos del sueño que Dios planeó para ti.

El amor servicial es la alternativa. Ahora Gary explicará hasta qué punto puede mejorar un matrimonio, incluso un buen matrimonio.

LOS BENEFICIOS DEL AMOR SERVICIAL

Barb y yo tenemos un buen matrimonio. Por cierto, tenemos un matrimonio bueno de *verdad*. Hay veces en las que pensamos que tenemos el mejor matrimonio del planeta. Nos miramos a los ojos y decimos: «Lo que tenemos no puede ser mejor». Aun así, también existen otros momentos en los que sabemos que todavía no hemos llegado, pero equipados con el amor que sentimos el uno por el otro y las herramientas necesarias, seguimos esforzándonos para hacer que nuestro matrimonio sea lo mejor posible. Deseamos tener un matrimonio *grandioso,* y ese también es nuestro deseo para ti.

Ya hemos admitido que nuestro matrimonio no es perfecto. Cuando permití que mi corazón se fuera detrás del programa de mi doctorado, Barb sufrió una gran desilusión. Se sintió desalentada por mi falta de atención. Yo estaba demasiado ocupado como para descubrir sus necesidades y satisfacerlas con amor. Ella no se sentía honrada ni comprendida porque yo estaba distraído con mi carrera y mis estudios superiores. El resultado fue un distanciamiento y una discordia que jamás esperamos y que nunca más queremos volver a experimentar. Y, por supuesto, esa no fue la única vez que hicimos cosas que nos condujeron en la dirección indebida.

Los dos hemos descubierto que cuando nos olvidamos de que nuestro matrimonio es un matrimonio de tres, con Jesucristo en el lugar que le corresponde, actuamos de acuerdo a nuestro egoísmo natural. La santificación de Dios y su dirección para llevarnos hacia la madurez hace que a cada momento tengamos que enfrentar nuestra tendencia a «salirnos con la nuestra». Todavía tenemos que crecer mucho, pero sabemos que vamos por el buen camino.

¿Sientes que esto te resulta dolorosamente conocido? ¿La sensación de honra y comprensión mutua es poco frecuente en tu matrimonio o se encuentra del todo ausente? El amor servicial, el amor que da de manera desinteresada para satisfacer necesidades es la respuesta. Veamos el porqué.

El amor servicial permite que los dos se sientan honrados y comprendidos. Si deseas sentirte comprendido, si deseas sentirte satisfecho, si deseas sentirte honrado, construye un matrimonio que desborde de amor servicial. Si cada uno de ustedes se compromete ciento por ciento a comprender y satisfacer las necesidades del otro, los dos disfrutarán ciento por ciento de honor y comprensión como resultado de ese compromiso mutuo.

Para Barb y para mí, nuestras vidas individuales y nuestra fuente de satisfacción se originan en nuestra relación con Cristo. Él satisface nuestras necesidades más profundas y los dos disfrutamos de la desbordante bendición de Dios en nuestras vidas individuales. Yo me beneficio de la desbordante relación que Barb tiene a diario con Jesús y Barb me dice que disfruta del mismo beneficio de mi andar con Cristo. A través del otro, hemos alcanzado la totalidad que de otra manera no hubiéramos logrado tener. Y hemos logrado una satisfacción personal que no hemos encontrado en ninguna otra relación humana.

Cuando te conviertes en lo que tu cónyuge necesita, eres el instrumento de Dios para el amor servicial. Completas a tu cónyuge. A los ojos del mundo eso es dependencia mutua; a los ojos de Dios es una verdadera interdependencia, un matrimonio de tres: Jesús, el esposo y la esposa. Es el diseño de Dios. Si se sirven el uno al otro sin satisfacer las necesidades, ese servicio significa muy poco y los deja a los dos frustrados; pero cuando de forma genuina satisfacen sus necesidades el uno al otro como resultado de la abundancia del amor de Cristo en ustedes, se convierten en personas satisfechas.

Barb y yo no nos avergonzamos de admitir que tenemos un profundo deseo de forzar nuestras vidas y nuestra influencia al máximo para el reino de Dios; pero después de servir a Cristo, nuestra mayor ambición es ser el mejor esposo y la mejor esposa que sea posible. Eso implica hacer todo lo posible por descubrir y satisfacer las necesidades más profundas del otro, prodigándonos honor y comprensión. Y como tenemos la misma meta, nuestro sueño se está convirtiendo en realidad. Nuestro matrimonio no nos priva de nuestros sueños, sino que ha sido la razón de ellos.

El amor servicial permite poner en práctica los votos matrimoniales. Cuando se casaron, prometieron amarse y cuidarse el uno al otro, enfrentar codo a codo los tiempos buenos y los malos. Los votos matrimoniales se referían puramente a satisfacer el uno las necesidades del otro. Cuando se sirven el uno al otro en amor, satisfacen las necesidades del cónyuge y cumplen con los votos matrimoniales.

Cuando te concentras en descubrir y satisfacer las necesidades de tu cónyuge, haces la voluntad de Dios en el matrimonio, a la cual has sido llamado. Cuando el esposo marca el paso al tomar la iniciativa del amor servicial, por lo general descubre que su esposa cada vez responde con más seguridad a su corazón servicial. Y cuando el esposo y la esposa hacen esto de manera recíproca y sin reservas, la relación se fortalece el doble. El resultado es un matrimonio satisfactorio y duradero que con el tiempo se pone cada vez mejor.

Algunos de los versículos más poderosos del Nuevo Testamento nos llaman al amor servicial y sacrificial. Jesús dijo: «Nadie tiene amor más grande que el dar la vida por sus amigos» (Juan 15:13). Y el apóstol Pablo nos amonesta: «No finjas amar; ama de veras. Aborrece lo malo. Ponte de parte del bien. Ámense con cariño de hermanos y deléitense en el respeto mutuo» (Romanos 12:9-10, LBD).

Dios quiere que consideremos que las necesidades de nuestro cónyuge son tan importantes como las nuestras. Cuando satisfaces las necesidades de tu cónyuge de manera sacrificial, te transformas en «Dios revestido de piel», frase que usamos para describir el privilegio que tenemos de reflejar el amor de Cristo el uno hacia el otro.

El amor servicial ayuda a proteger tu matrimonio a prueba de divorcio. Si no satisfaces las necesidades más profundas de tu cónyuge, a la larga te puede costar tu matrimonio. ¿Cuántas veces has escuchado a una persona divorciada que se lamenta: «Él no satisfacía mis necesidades» o «Necesitaba más de ella»? Quizá la razón más importante para satisfacer las necesidades de tu cónyuge sea que si no lo haces, puedes perderlo ya que se irá detrás de alguien o de algo que satisfaga esas necesidades.

Jamás pensarías en pasar por alto las necesidades de agua o de alimento de tu esposo o esposa. Se moriría sin esas cosas esenciales. Sin embargo, sus necesidades emocionales, de relación y espirituales son tan vitales como las otras. Si quedan insatisfechas, tu matrimonio comenzará a morir. Es así de simple. Cuando ministramos con generosidad amor servicial a nuestro cónyuge, cuidamos nuestro matrimonio de la tentación y la decadencia.

Tim y Grace disfrutaban de la mayoría de las trampas del éxito material. Como pareja joven, sin hijos y con dos ingresos, dedicaban la mayor parte de su tiempo y atención a sus carreras en detrimento del matrimonio; pero a medida que Tim alcanzaba cada vez más éxito en su negocio, la persona a la que anhelaba impresionar, Grace, parecía envuelta por completo en su propio mundo. Ninguno de los dos cuidaba los límites de su relación y, al final, Tim se encontró abriéndole el corazón a una compañera de trabajo de su oficina. Kathy siempre estaba disponible; era amigable, estaba lista para ayudar, para elogiar sus logros y para escuchar de manera comprensiva sus necesidades. Meses después, en mi oficina de consejería, Tim le confesó a Grace que su corazón se estaba yendo detrás de otra mujer.

Cuando se le preguntó cómo había sucedido y por qué, Tim dijo: «Grace casi nunca estaba disponible. Se encontraba tan atrapada en sus propias cosas que me cansé de tratar de llamarle la atención. Kathy parecía interesada en lo que yo hacía. Me preguntaba cómo iba mi proyecto, me alentaba mucho, parecía valorar quién soy. Me alentaba cuando me encontraba en momentos de lucha».

Al principio, Grace se quedó allí sentada pasmada mientras el dolor se le dibujaba en el rostro. Después las preguntas llegaron con rapidez y furia. «Tim, ¿llegaron a una relación física? ¿Te besó? ¿La tocaste?»

«Grace, jamás tuvimos una relación física», le aseguró Tim. «Sencillamente hablábamos. ¿Recuerdas como lo hacíamos? Solo necesitaba que alguien me alentara. Lamento haberte lastimado de esta manera. Bajé la guardia y dejé que ella entrara. Sabía que no era bueno y te quiero a ti, no a Kathy, pero en verdad necesito que me apoyes, que me animes y que me digas que piensas que soy un buen tipo».

Tanto Tim como Grace le prestaron atención a este claro aviso y por fortuna sortearon bien las profundidades de la traición y el dolor.

Es probable que tu situación como esposo y esposa sea diferente a la de Tim y Grace, y esperamos que no hayas experimentado el mismo dolor que ellos. Sin embargo, tu cónyuge tiene necesidades y eres sabio si procuras descubrir esas necesidades y las satisfaces. Al hacerlo, ejercitarás el amor servicial y darás un paso importante hacia la protección de tu matrimonio a prueba de divorcio.

LA DECISIÓN DE HONRAR A TU CÓNYUGE

¿Cuánta importancia tiene el amor servicial en nuestras relaciones, incluyendo el matrimonio? La Biblia nos llama a tener el mismo amor servicial que Jesús mostró por los demás. Esto es lo que se nos enseña en Filipenses 2:1-7 (RV-60):

> Por tanto, si hay alguna consolación en Cristo, si algún consuelo de amor, si alguna comunión del Espíritu, si algún afecto entrañable, si alguna misericordia, completad mi gozo, sintiendo lo mismo, teniendo el mismo amor, unánimes, sintiendo una misma cosa.
>
> Nada hagáis por contienda o por vanagloria; antes bien con humildad, estimando cada uno a los demás como superiores a él mismo; no mirando cada uno por lo suyo propio, sino cada cual también por lo de los otros.
>
> Haya, pues, en vosotros este sentir que hubo también en Cristo Jesús, el cual, siendo en forma de Dios, no estimó el ser igual a Dios como cosa a que aferrarse, sino que se despojó a sí mismo, tomando forma de siervo, hecho semejante a los hombres.

Después de leer estas líneas, tal vez te parezca que nunca serás capaz de alcanzar el nivel de amor servicial que demostró Jesús. Si lo piensas, ¡no te equivocas! El amor servicial comienza con la fuerza de Jesús, en el aliento, el consuelo y la comunión de una relación personal con Él. Y si creces en estas cualidades, comienzas a imitar su corazón de siervo. ¿Deseas tener un matrimonio grandioso? ¿Deseas una relación que se caracterice por una comprensión íntima y un honor mutuo? Cuando satisfaces las necesidades de tu cónyuge, pones el cimiento para un matrimonio grandioso. En cambio, sin amor servicial, no experimentarás honor ni comprensión.

¿Cómo ocurre esto en tu relación? Todo comienza honrando a tu cónyuge. Barb abrirá esta sección.

IDEAS PARA HONRAR A TU CÓNYUGE

Uno de los regalos más valiosos que Gary me da es la honra. Si pudieras esconderte y escuchar nuestras conversaciones la mayoría de las mañanas, lo escucharías elogiarme por lo que soy y por lo que hago. Con generosidad expresa el aprecio que me tiene con una actitud de honra. Una vez que se concentra en el trabajo, ya no dice tantas cosas. El trabajo consigue cambiar todo el centro de atención de un hombre. Luego, horas más tarde, podemos estar sentados en una reunión de equipo y Gary comienza a hablar de su «maravillosa esposa» y de algo que dijo que fue de peso, sabio y relevante. Algunas veces, cuando hace esto, me toma tan desprevenida que me inclino hacia delante en la mesa de la sala de directorio y pienso: *Me gustaría conocer a esta mujer.* Gary me hace parecer mucho mejor de lo que soy y eso me hace sentir honrada.

Tu cónyuge es el mejor maestro para enseñarte a satisfacer sus necesidades. En el capítulo siguiente, hablaremos acerca de cómo una pareja puede comenzar a descubrir y comunicar esas necesidades. El objetivo de esta sección es ayudarte a levantar y a honrar a tu cónyuge. Sugerimos que selecciones dos o tres cosas para hacer o nuevos hábitos que quieras poner en acción en tu relación. No anuncies que lo harás. No pregones a los cuatro vientos que tienes la intención de honrar a tu cónyuge. Simplemente, en silencio, comienza a hacerlo.

Solo para esposos

A los hombres no les cuesta mucho quedar atrapados en el trabajo y en la provisión para la familia. Sin lugar a dudas, aprecian todo lo que sus esposas hacen, pero algunas veces se olvidan de comunicarles su aprecio de una manera que transmita honra. Por lo general, los hombres suponen que sus esposas ya saben lo que ellos sienten. Todo lo que en realidad desean las mujeres es ver la demostración de esos sentimientos. Muchas mujeres me hablan acerca de cuánto desearían que sus esposos les dieran un gusto. Por lo tanto, hombres, permítanme decirles lo que escucho. En la próxima sección Gary les dará a las mujeres una lista similar de sugerencias.

1. Pregúntale cómo puedes ayudarla o sumérgete de cabeza y ayúdala sin que te lo pida. Por ejemplo: «¿Dónde necesitas más mi ayuda?». En una palabra: ¡comienza!

2. Cuando no estés de acuerdo, reconoce de inmediato su posición. No es necesario que entiendas ni que estés de acuerdo. Solo reconoce que ella tiene derecho a tener sus propios pensamientos o sentimientos. Por ejemplo: «Respeto que tengas una postura firme con respecto a este asunto y siempre quiero escuchar lo que tengas que decirme. También necesito que escuches mi punto de vista».

3. Nunca la humilles. Si hace algo que te avergüenza frente a otros, no empeores la situación. Sean cuales sean los detalles e incluso si ella está equivocada, no lo hagas.

4. Cuéntales a otros lo importante que ella es para ti. Ten su foto en tu billetera y en tu escritorio. Háblales de ella a tus amigos o a tus compañeros de trabajo. Deja que sin querer escuche que alardeas acerca de ella; ¡esto obra maravillas en la relación!

5. Apóyala frente a los hijos. Aunque no estés de acuerdo con una decisión que tome, respáldala y más tarde discute las diferencias en privado. Diles a tus hijos cuánto amas a su madre y cuánto valoras todos sus regalos.

6. Nunca le recuerdes sus errores, en especial frente a otros. Aprende a perdonar y a plantearle tus preocupaciones en privado. Esto construye la confianza en el matrimonio.

7. ¡Recuerda las fechas especiales! Es obvio que su cumpleaños y su aniversario son clave, pero también debieras conmemorar fechas tales como el aniversario de la muerte de uno de los padres o de otro ser querido. Envíale una nota y consuélala en esos días.

8. Nunca la compares con otras mujeres. Esto incluye a tu madre, a novias anteriores, a las esposas de los amigos o compañeras de trabajo. Ni siquiera la compares con otras mujeres de manera positiva.

9. Coman juntos. No comiences a comer hasta que ella se haya sentado y no te levantes de la mesa hasta que ella haya terminado. ¡Y no la dejes sola para irte a comer frente al televisor!

10. Discute las decisiones con ella *antes* de tomarlas, hasta en cuestiones menores.

11. Fija metas familiares, así tu esposa no se siente como si tuviera que soportar toda la carga. Sé específico en cuanto a lo que cada miembro de la familia debe hacer para que se complete el trabajo.

12. Coméntale lo que lees. Cuéntale los puntos clave que sacas de un libro. Despierta una discusión positiva con respecto a hechos corrientes.

13. Hazle preguntas sobre su niñez. Esfuérzate por entender su herencia y por qué es como es. (¡Mantente al margen de las bromas que hablen de las suegras!)

14. Elogia su manera de cocinar. ¡Pídele cosas en especial!

Solo para esposas

Así como Barb puede hablar con autoridad sobre cómo le gusta a una esposa que su esposo la honre, pienso que puedo darles varios consejos valiosos a las mujeres. Sé que a ustedes no les cuesta quedar atrapadas en el ajetreo de la vida cotidiana, ya sea que trabajen fuera o dentro de la casa, poniéndose al día con las responsabilidades del hogar, cuidando a los niños, dedicando tiempo a la familia y a los amigos. Ves a tu esposo como tu compañero cuando se trata de hacer cosas, pero también es tu compañero en el matrimonio. Es importante que tengas frente a ti sus deseos y necesidades. ¿De qué manera lo honras y le comunicas que lo valoras de verdad?

Aquí tenemos algunos sencillos actos de amor servicial que harán que las cosas sean muy distintas.

1. Una de tus prioridades debe ser tener tiempo a solas con él. En este mundo ajetreado, hay otras cosas que se vuelven más importantes que el tiempo para los esposos. Aprende a decir que no para amar, honrar y cuidar a tu esposo por encima de todas las cosas.

2. Honra sus cosas favoritas. Haz una lista de sus cosas favoritas como su cena preferida, su postre, la actividad que le gusta realizar cuando salen, el programa de televisión favorito, etc., y asegúrate de que pueda disfrutar de esas cosas de vez en cuando.

3. Celebra su cumpleaños. Haz que su cumpleaños sea un gran acontecimiento aunque él te diga que no lo desea.

4. Di por favor y gracias.

5. Dile lo que necesitas. Él no puede leerte la mente, ¡al menos no siempre!

6. Quítale una carga. Pregúntale: «Si pudiera hacer algo de tu lista de obligaciones hoy, ¿qué preferirías que haga?».

7. Permítele ser él mismo. No supongas que tu esposo pensará, sentirá o se comportará como tú o como «el marido ideal». Cometerá errores. Dale esa libertad.

8. Apoya la masculinidad de tu esposo mostrándole interés en sus pasatiempos favoritos. Asiste a un evento deportivo o, de vez en cuando, mira un partido de fútbol por televisión. Si él participa en algún deporte, está presente para alentarlo.

9. Sé más curiosa que crítica con relación a tu esposo. ¿Qué cosas interesantes hace? No lo juzgues. Investiga y haz preguntas para saber por qué hace las cosas que hace.

10. Valora su arduo trabajo. Dale las gracias por trabajar con tanto empeño para ti y tu familia. Dile que ves y admiras su trabajo.

11. Elógialo delante de tus hijos. Dile cuánto se esfuerza en su trabajo y lo buen hombre que es. Dile cuánto lo amas y cuán importante es para ti.

12. Elogia sus esfuerzos por ser sensible. Si intenta de manera especial entenderte, escucharte o consolarte, exprésale cuánto significa esto para ti. Sé específica en cuanto a lo que te gusta en particular.

Las sugerencias que hemos ofrecido en este capítulo te ayudarán a demostrar el amor servicial de una manera general. Con todo, aun cuando tu cónyuge tenga muchos aspectos en común con otros de su mismo género, él es único. Tu cónyuge tiene una serie de necesidades específicas y los esfuerzos que hagas por descubrir esas necesidades y satisfacerlas con amor es una expresión aun mayor de amor servicial que las ideas que acabamos de presentar. En el siguiente capítulo te daremos las herramientas para que identifiques y comuniques tus necesidades más hondas a fin de que el entendimiento y la honra mutua crezcan de manera todavía más profunda.

siete

COMUNICA TUS NECESIDADES

$\mathcal{C}$uando a la esposa de Robertson McQuilkin le diagnosticaron mal de Alzheimer a los cuarenta años de casados, él era presidente del *Columbia Bible College and Seminary* (lo que ahora es la Universidad Internacional de Columbia) en Columbia, Carolina del Sur. Pronto renunció a su prestigiosa posición para cuidar a su esposa todo el tiempo. En aquel momento, su mundo que abarcaba un amplio liderazgo cristiano y un ministerio global se redujo a una vida en la que solo satisfacía las necesidades de Muriel, incluso la alimentaba, la higienizaba, la acicalaba y la llevaba al baño.

Un amigo le escribió al Dr. McQuilkin y le dijo que debía internar a Muriel en una institución. «Muriel ya no te reconoce», le dijo el hombre, «en realidad no conoce nada, así que es hora de que la pongas en una institución donde la cuiden y sigas adelante con tu vida».

Sin embargo, McQuilkin se quejó diciendo que Muriel lo necesitaba y él la necesitaba a ella. A su amigo le escribió: «¿Te das cuenta lo solitario que me sentiría sin ella?».

Cuando McQuilkin dejó su trabajo para cuidar a Muriel, puso en práctica una decisión que había tomado cuatro décadas atrás. En su libro *A Promise Kept*, el Dr. McQuilkin escribe: «De alguna manera, la decisión la tomé hace cuarenta y dos años cuando prometí cuidar a Muriel "en enfermedad y en salud [...] hasta que la muerte nos separe" [...] Amo a Muriel. Me deleito en ella, en su dependencia y confianza en mí como si fuera una niña [...] no *tengo* que cuidarla. ¡*Quiero* hacerlo! Es un honor muy alto cuidar a una persona tan maravillosa»[1]. McQuilkin considera que satisfacer las necesidades de Muriel no es más que una pequeña manera de devolverle todo lo que ella lo cuidó durante más de cuarenta años.

Veinte años después de que se le declarara la enfermedad a Muriel, Robertson McQuilkin sigue entrando en el mundo de ella para comprender y satisfacer sus necesidades más básicas. No se ve a sí mismo como una víctima secundaria del mal de Alzheimer, sino como el receptor del amor de Muriel. «En su mundo silencioso, Muriel está tan contenta y es tan adorable que algunas veces oro: "Por favor, Señor, ¿podrías permitirme cuidarla un tiempo más?". Si Jesús se la llevara al hogar, cuánto extrañaría su presencia suave y dulce. Ah sí, algunas veces me irrito, pero no con demasiada frecuencia. No tiene sentido y, además, me encanta cuidarla. Ella es mi tesoro»[2].

Una de las cosas más conmovedoras del testimonio de McQuilkin es la manera en que ha continuado creciendo para comprender las necesidades de Muriel a pesar de que no puede comunicarse con él. Hace años perdió la capacidad de hablar y no mucho después perdió la capacidad de comunicarse por completo cuando primero una mano y luego la otra quedaron inválidas. «Esa mano derecha fue la última manera que tuvo de comunicarse», escribe McQuilkin. «Se estiraba para tomarme de la mano, me palmeaba la espalda cuando la abrazaba, me empujaba cuando no le gustaba lo que le hacía. Extraño esa mano»[3]. En la actualidad, aunque no recibe ni una palabra ni un gesto de parte de Muriel, Robertson McQuilkin a diario discierne con entusiasmo cada necesidad de su esposa y la satisface.

El ministerio del amor servicial implica descubrir y satisfacer las necesidades. El *compromiso* de servir en amor es una cosa, *saber cómo descubrir y satisfacer esas necesidades* es otra cosa del todo diferente. Robertson McQuilkin es un brillante ejemplo del compromiso profundo de servir en amor y de la obstinada persistencia de satisfacer las necesidades de su esposa. Y continúa su ministerio hacia ella sin el beneficio de tener una clave vital para descubrir y satisfacer las necesidades en el matrimonio: la comunicación.

LA COMUNICACIÓN: CLAVE PARA DESCUBRIR Y SATISFACER LAS NECESIDADES

Barb y yo creemos que la comunicación es indispensable para el ministerio del amor servicial en el matrimonio. Seamos sinceros: ninguno de nosotros puede leer la mente. Si Barb no me comunica sus necesidades, las posibilidades que tengo de satisfacerlas son muy escasas. Y si yo no le comunico mis necesidades a ella, anda a ciegas tratando de servirme. En la relación matrimonial, descubrir y satisfacer las necesidades en una atmósfera de amor servicial presupone que el esposo y la esposa estén dispuestos a conversar. En el proceso de comunicación es donde esas necesidades se expresan y se descubren.

Cuando era pequeño, fui testigo del compromiso que tenía una pareja de entrar el uno en el mundo del otro para descubrir y satisfacer las necesidades mutuas a través del amor servicial. Esas personas eran mis padres. Todas las noches cuando nosotros los niños escuchábamos que papá entraba el auto en el garaje después del trabajo, gritábamos: «¡Llegó papá!». Salíamos corriendo para recibirlo en la puerta trasera y él nos saludaba revolviéndonos el cabello o abrazándonos. Entonces, durante los próximos sesenta minutos, los cuatro pequeños Rosberg desaparecían (la mayoría de las veces) mientras papá y mamá se sentaban y conversaban. ¡Sesenta minutos!

Barb y yo hemos incorporado esa tradición a nuestro hogar. A los pocos minutos de saludarnos al final del día, nos sentamos en dos sillas color malva y conversamos los dos solos. Hablamos sobre las hijas, revisamos el día de Barb y el mío, celebramos los logros de cada uno y lamentamos los fracasos del otro. ¡Hablamos acerca de todo! Algunas veces nuestras discusiones son profundas y serias; otras veces son charlas que giran alrededor de novedades y de asuntos que nos conectan.

Durante este tiempo, mientras escuchamos con atención al corazón del otro, nos damos cuenta de qué es lo que trae gozo o lágrimas. Y discernimos las necesidades. Lo que es más significativo es que nos levantamos de nuestra charla con una mejor idea de las luchas que enfrentamos en forma individual y como pareja. Sabemos mejor cómo satisfacer las necesidades del otro en medio de las pruebas. En nuestra conversación, descubrimos con exactitud dónde aplicar el amor servicial. Barb aprende cómo ayudarme y yo aprendo cómo ayudarla a ella.

Detestamos la idea de imaginar lo que sucedería si no tuviéramos este tiempo diario de conexión. En realidad, no tenemos necesidad de imaginarlo porque en nuestro ministerio nos encontramos con los nefastos resultados de esta carencia todo el tiempo. Casi todos los días, durante nuestro programa en vivo por radio, un esposo o una esposa sedientos de amor se lamentan por el dolor de un matrimonio al que le falta comunicación. Cuando las parejas no vuelcan sus vidas y sus corazones el uno en el otro de una manera constante, la atmósfera en el hogar se torna más fría que el invierno ártico. Sin la comunicación, no estamos sincronizados ni conectados y dejamos mucho lugar para el distanciamiento frío y el crecimiento del egoísmo.

La comunicación es el proceso en el que manifestamos en forma verbal y no verbal lo que hay en nuestro interior de modo que nuestro cónyuge logra entender y aceptar, aunque no necesariamente esté de acuerdo, lo que expresamos. Los estudios muestran que las parejas que se comunican con frecuencia tienen una relación más satisfactoria. Y las parejas que alcanzan niveles profundos de comunicación disfrutan de la mayor satisfacción de todas. Entonces, ¿qué es la «comunicación profunda»? Aquí tenemos cinco niveles de comunicación, en el que cada uno es más profundo y más enriquecedor que el anterior[4]:

1. Expresar la información general. La mayor parte del tiempo hablamos con frases hechas: «¿Cómo estás?», «Bien, ¿y tú?», «Qué lindo clima tenemos hoy», «¡Vaya equipo el nuestro!».

2. Contar hechos. Hablamos sobre la gente y los acontecimientos, pero de nada personal: «¿Qué hiciste hoy?», «Llevé a Susie al dentista y a Brett a la práctica de fútbol», «Almorcé con el gerente de ventas», «Hubo un choque terrible en la autopista».

3. Dar opiniones y creencias. Damos información personal, pero nada que sea muy arriesgado: «Brett se está convirtiendo en un jugador muy bueno de fútbol», «¡Pienso que el entrenador es un tonto!», «Quiero ese empleo en el departamento de ventas con todas mis ganas», «Estos accidentes no sucederían si bajaran los límites de velocidad».

4. Manifestar sentimientos y emociones. Comenzamos a abrir nuestro corazón: «Me preocupa que Susie necesite ortodoncia», «Si ascienden a Frank antes que a mí, renunciaré», «Me alegra mucho que no fueras tú el que salieras herido en el accidente. Me sentiría muy triste».

5. Hablar de necesidades, preocupaciones íntimas, esperanzas y temores. De manera vulnerable, abrimos lo más profundo de nuestro corazón: «Si pierdes el empleo, ¿qué haremos? Tenemos cuentas que pagar», «Si no puedo entrar a la sección de ventas estoy frito, ¡acabado!», «Te amo y te necesito. No sé qué haría sin ti».

¿Adivinas qué tipo de comunicación promueve el amor servicial? Por supuesto, las que están más abajo en la lista: las opiniones y creencias, los sentimientos y las emociones y en especial las necesidades, las preocupaciones íntimas, las esperanzas y los temores. Mientras más abrimos nuestros corazones el uno al otro, mejor preparados estaremos para discernir y satisfacer las necesidades más profundas de los demás.

PROFUNDIZA: LLEGA AL CORAZÓN DE TU CÓNYUGE

Cuando te instamos a que le comuniques tus necesidades a tu cónyuge, sabemos que te guiamos a ir más profundo, a descubrir las partes más hondas del alma; pero es la única manera de obtener la perspectiva de la que habla Proverbios 24:3: «Con sabiduría se construye la casa; con inteligencia se echan los cimientos». Si desean construir un hogar sólido, a prueba de divorcio, deben entenderse. Y para lograrlo, deben abrir el corazón el uno al otro.

Es difícil que un cónyuge de esta tierra diga que no tiene necesidad de crecer más en la comunicación profunda. Si Barb y yo entráramos en tu iglesia un domingo por la mañana y les pidiéramos a todas las personas casadas que levanten la mano si necesitan mejorar la comunicación, esperaríamos ver una habitación llena de manos que se agitan. Algunos tendrían las dos manos levantadas. Algunas esposas le levantarían la mano al esposo y viceversa. Todos pueden mejorar en el aspecto de la comunicación.

Comprender y satisfacer las necesidades de tu cónyuge a través de la comunicación es como explorar una cueva. No nos referimos a un pequeño agujero en la ladera de una montaña como aquel en el que quizá jugaste cuando eras un niño. Nos referimos a una verdadera cueva, una con grandes laberintos y cavernas subterráneas, una cueva en la que alguien podría pasarse toda la vida explorando.

Cuando eran recién casados y solo aprendían a conocerse, comenzaron codo a codo el camino por la cueva oscura e inexplorada de su relación. En la luz tenue lograban distinguir rasgos comunes a muchas cuevas: las estalactitas y estalagmitas del alma humana, las cosas que ya conocían en algunos de sus mejores amigos.

Mientras más se internan en la cueva, más se sorprenden y se maravillan de lo que encuentran: impetuosos ríos subterráneos, extrañas formaciones rocosas que brillan como palomitas de maíz con mantequilla, piedras preciosas y minerales que no imaginabas encontrar allí. Puedes escurrirte a través de una pequeña grieta en la roca para encontrar una caverna de una belleza tan imponente como cualquier catedral. A veces es probable que te tropieces con una pila de escombros que debes quitar del camino antes de seguir adelante. Sin embargo, en cada paso, en cada giro en el laberinto, en cada nuevo día de exploración cosechas sorpresas y desafíos demasiado buenos como para perdértelos.

De manera similar, mientras más se aventuran juntos dentro de su relación matrimonial, más valorarán su singularidad. Cuanto más explores el corazón de tu cónyuge a través del intercambio sincero y vulnerable, más plena se tornará la travesía matrimonial. Tus descubrimientos te dejarán pasmado, ya sea por temor o por entusiasmo. Las sorpresas aguardan a la vuelta de cada esquina. Descubrirás nuevas maravillas a diario, si te atreves a entrar y a seguir explorando.

VENCE LOS OBSTÁCULOS PARA LA COMUNICACIÓN PROFUNDA Y LA SATISFACCIÓN DE NECESIDADES

Barb y yo deseamos prepararte en la habilidad de explorar el corazón y comunicar tus necesidades. Es lamentable, pero no será fácil. Recuerda que comparamos esta travesía con los rigores y los peligros de la exploración de una caverna, no es dar vueltas en tiovivo. La comunicación no es algo que surge en forma automática en ninguno de nosotros. Hay muchos obstáculos que vencer, pero es una habilidad que toda pareja puede aprender. La comunicación es la piedra angular del amor que sirve.

El primer paso para comunicar las necesidades es librarse de esas barreras internas que nos impiden hablar sobre lo que necesitamos. Algunos de estos obstáculos están arraigados en nuestras actitudes en cuanto a servir y ser servidos, en nuestra renuencia a revelar la necesidad que tenemos y en heridas del pasado que nos bloquean y nos impiden expresarnos. ¿Alguno de los siguientes obstáculos te impiden a ti o a tu cónyuge abrir lo profundo de tu corazón y satisfacer las necesidades del otro?

«A mi cónyuge no le interesan mis necesidades». Hemos escuchado a un sinnúmero de esposos que dicen algo así: «Dedica todo su tiempo y atención a los hijos. No me entiendan mal, amo a mis hijos, ¿pero y qué de mí?». Esta no es la tonada del llorón egoísta que piensa «pobrecito de mí». Esposas, deben saber

que se trata del grito del corazón de un hombre que se siente descuidado y que necesita la atención de su esposa.

También hemos oído a esposas que se quejan: «Siento que soy la última en la lista de mi esposo. Todo lo que quiero es una noche sin los niños de vez en cuando, un momento para hablar de alguna otra cosa que no sean las cuentas a pagar».

Esposos, esta es una mujer que desea conectarse con ustedes. Nuestra experiencia ha mostrado que cuando cortejan a su esposa y se ocupan de sus necesidades, también se satisfarán sus necesidades propias.

«Después de lo que hizo mi cónyuge, no me interesa satisfacer sus necesidades». Lo que este cónyuge dice es lo siguiente: «Me heriste, así que no estoy seguro de querer abrirte mi corazón otra vez». Estos son problemas profundos que se deben resolver con el amor que perdona. ¿Alguna vez en el pasado pasaste por alto las necesidades de tu cónyuge? ¿Lo heriste de alguna otra manera? Comienza a llevar a cabo el proceso de cerrar el circuito de tus propias ofensas. Al hacerlo, encontrarás oportunidades para comunicar las maneras en que tu cónyuge te ha decepcionado.

«Si manifiesto mis necesidades, me sentiré como si mendigara». Conocemos esposas que se muestran renuentes a pedirles a sus maridos que salgan a caminar solo para conversar. Sabemos de esposos que se refrenan en sus necesidades sexuales por pensar que les piden demasiado a sus esposas. También sabemos que Dios ha puesto a tu cónyuge en tu vida para satisfacer tus necesidades legítimas, cualesquiera que sean. Si tu cónyuge te ha hecho sentir de alguna manera que tus necesidades no son importantes, debes poner esto en la lista de asuntos a tratar, pero comienza diciendo: «Me parece que...», en lugar de decir: «Tú nunca...».

«Si le digo mis necesidades, se burlará de mi debilidad». Lo que este cónyuge dice es: «Se supone que no debo tener necesidades». Esto es un mito social, una mentira. Sin embargo, muchos esposos no les dicen sus necesidades a sus esposas porque lo ven

como una señal de debilidad que los pone en igualdad de condiciones en cuanto a leer las instrucciones, detenerse para pedir indicaciones o admitir que necesitan ayuda de cualquier manera. Muchas mujeres no manifiestan sus necesidades porque, después de todo, ¿a quién le gusta que la conozcan por ser una esposa dependiente y necesitada? Las dos actitudes obvian la verdad que Dios nos ha creado con necesidades.

«Si le doy un dedo, se tomará la mano». Un esposo comentó: «Cuando usted habla sobre el amor que sirve, todo lo que puedo escuchar es el sonido que hace mi esposa mientras me succiona toda la energía». El objetivo del amor que sirve no es dar lugar al comportamiento controlador ni demandante en el cónyuge. Más bien luchas por ser Dios revestido de piel que sirves a tu cónyuge como Cristo nos ha servido. En nuestra experiencia, cuando un cónyuge comienza a aplicar de manera consciente el amor servicial inspirado por Dios, por lo general recibe la respuesta recíproca. No obstante, casi nunca comienza con la decisión consciente de «servirse» el uno al otro. Lo típico es que se produzca a través del dolor. Quizá se trate de una pérdida o del temor a una pérdida, pero lo más probable es que esté arraigado en la respuesta que se identifica con la dificultad o el dolor. Una y otra vez hemos descubierto que a medida que Dios obra a través del quebrantamiento en nuestras vidas, el amor servicial es cada vez más evidente. Además, de forma invariable comienza con el quebrantamiento del esposo. Cuando un esposo y padre llega al fondo de sí mismo y confía en Dios desde lo más hondo, establece el camino para toda la familia. Una esposa y madre, al igual que los hijos que viven en un hogar en el que el esposo y padre se ha rendido por completo a Cristo, sentirán la seguridad y la protección de un líder siervo.

«¿Para qué molestarme? Mi cónyuge no se dará cuenta si hago algo agradable». A tu cónyuge le resultará difícil obviar tus esfuerzos por descubrir y satisfacer sus necesidades genuinas. Aun más difícil le resultará resistirse a que le pregunten cuáles son sus necesidades. Si piensas que no le gusta demasiado que lo

sirvan, reafirma tu deseo de amarlo con amor de siervo. Muestra amabilidad de la manera en que le gusta a tu cónyuge, no como a ti te parece que se debe mostrar.

Alguno quizá diga: «En nuestro matrimonio existen todos estos obstáculos». Estos malentendidos, conflictos y heridas se deben enfrentar cerrando el circuito a través del amor que perdona. Barb y yo te animamos a que hagas de esto una prioridad. Al hacerlo, limpiarás el camino para la rica y apasionante experiencia de explorar el corazón de tu cónyuge de manera más profunda. A la mayoría de las parejas les falta el amor servicial sencillamente porque no prestan atención. O tal vez los dos cayeron en un modelo de egoísmo mezquino: «No satisfaré tu necesidad hasta que satisfagas la mía». Alguien debe tomar la iniciativa y comenzar a servir sin importar cuáles sean los obstáculos. Sería mejor aun que los dos se pusieran de acuerdo en servirse entre sí a pesar de los temores y las reservas.

El servicio es la manera más rápida de adquirir nuevas conductas. Te pedimos que dejes de lado las actitudes egoístas y sirvas a tu cónyuge imperfecto. Pídele a Dios que abra tu corazón para que puedas servirlo libremente con la actitud de Jesús.

CÓMO DESCUBRIR LAS NECESIDADES DEL OTRO

Para el servicio mutuo de manera significativa, deben tener una idea de lo que el otro necesita. Una de las suposiciones más infructíferas y dañinas en potencia que Barb y yo hemos escuchado se relaciona con las necesidades. Por ejemplo: «Si trato a mi cónyuge como me gustaría que me tratara a mí, satisfaré sus necesidades». Muy pocas veces esta afirmación es verdad. Cuando se trata de las necesidades, *no* siempre se aplica la regla de oro.

¿Por qué? Porque las necesidades de un hombre difieren casi siempre de las de la mujer. Tomemos la intimidad, por ejemplo. Es típico que la necesidad de intimidad de una mujer se satisfaga con conversaciones profundas e íntimas. Como estas conversaciones llenan la necesidad de la mujer, ella supone que también satisfacen las de su esposo. Sin embargo, la necesidad de un esposo de intimidad se satisface, por lo general, a través de la relación sexual. Sin embargo, su necesidad es casi siempre mayor que la de su esposa. Si piensa que al tener relaciones sexuales con ella varias veces a la semana satisface a plenitud las necesidades de ella sencillamente porque satisface las suyas, está equivocado. Una pareja que practica el amor servicial se asegurará de que las necesidades exclusivas de cada uno se satisfagan. Tu cónyuge es tu mejor entrenador y tu mejor recurso para ayudarte a satisfacer sus necesidades. Aquí es donde nos encontramos con la necesidad de comunicar lo que necesitas. Entonces, ¿qué debes comunicar? En este aspecto tal vez estemos en condiciones de capacitarlos a los dos mientras exploran las necesidades de amor del otro. Deseamos darles algo concreto de qué hablar.

Barb y yo hicimos un sondeo entre más de setecientas parejas (mil cuatrocientas personas) para descubrir las necesidades principales del hombre y de la mujer. A cada persona le dimos una lista de veinte necesidades básicas de amor. Luego les pedimos que las ubicaran en orden de importancia: (1) lo que más necesitaban de su cónyuge y (2) lo que pensaban que su cónyuge necesitaba de ellas.

Antes de leer nuestros hallazgos, tal vez quieras completar este ejercicio tú mismo. Ve al apéndice B y lee la lista de necesidades. Luego califica las cinco necesidades principales para ti.

El cuadro que se encuentra a continuación resume los resultados de nuestro extenso sondeo de opinión. Aquí vemos cómo priorizan los esposos y las esposas sus necesidades.

5 NECESIDADES PRINCIPALES DE AMOR DE LOS ESPOSOS	5 NECESIDADES PRINCIPALES DE AMOR DE LOS ESPOSAS
1. Amor y aceptación incondicionales	1. Amor y aceptación incondicionales
2. Intimidad sexual	2. Intimidad emocional y comunicación
3. Amistad	3. Intimidad espiritual
4. Ánimo y afirmación	4. Ánimo y afirmación
5. Intimidad espiritual	5. Amistad

Como cada una de estas es tan importante, les dedicamos un libro entero: *Las 5 necesidades de amor de hombres y mujeres*, a fin de discutir cómo son estas necesidades en los esposos y en las esposas y cómo se pueden satisfacer[5]. Aquí incluimos solo una mirada rápida a cada necesidad:

Las necesidades del esposo

Las cinco necesidades principales de los esposos incluían las siguientes:

1. Amor y aceptación incondicionales. Esto refleja el profundo deseo de ser aceptado y amado tal como es, pase lo que pase.

2. Intimidad sexual. Gran parte de la masculinidad de un hombre se encuentra arraigada en su sexualidad, una parte de su condición masculina que no puede borrar. Como descubren la mayoría de las parejas, los hombres deletrean *intimidad* así: S-E-X-U-A-L-I-D-A-D.

3. Amistad. Los esposos necesitan un lugar en el que puedan bajar la guardia y ser ellos mismos, un lugar en el que no tengan que actuar. Esta es la necesidad de amistad.

4. Ánimo y afirmación. Un esposo necesita escuchar sobre todo dos voces que lo alienten: la de su esposa y la de Dios. Mientras más ánimo y afirmación reciba de su esposa, más fácil le será discernir la voz de Dios.

5. Intimidad espiritual. Los esposos necesitan una conexión espiritual con Dios, con su esposa y con otros creyentes. Las esposas sabias ayudarán a sus esposos a descubrir los caminos hacia el crecimiento espiritual.

Las necesidades de una esposa

Las cinco necesidades principales de las esposas incluyen las siguientes:

1. Amor y aceptación incondicionales. En un mundo en el que las mujeres muchas veces se comparan con otras y se sienten disminuidas, las esposas necesitan un esposo que las acepte por completo.

2. *Intimidad emocional y comunicación*. Las esposas deletrean *intimidad* así: H-A-B-L-A-R. Para muchas mujeres, la conversación es la manera principal en que procesan los pensamientos, los sentimientos, las ideas y los problemas.

3. *Intimidad espiritual*. Las esposas no encuentran un consuelo y una seguridad mayor que en saber que su esposo camina cerca de Dios y apoya el crecimiento espiritual de la familia. Necesitan un esposo que ore por ellas y con ellas.

4. *Ánimo y afirmación*. Las esposas necesitan dosis diarias de ánimo. Valoran el consuelo y la comprensión en medio de sus problemas más que el consejo o la manera de resolverlos.

5. *Amistad*. Las esposas necesitan un lugar para bajar la guardia, en el cual no sientan que las valoran solo por lo que hacen, y en el cual puedan ser ellas mismas. Esta es la necesidad de amistad.

¿Cómo se comparan las cinco necesidades de amor más importantes de nuestra investigación con tu propia lista? ¿En qué se parecen y en qué no? ¿Te sorprende la clasificación de las necesidades en nuestra investigación? ¿Te sorprende la clasificación de las necesidades de tu cónyuge? ¿Tu lista lo sorprende a él o a ella?

Ahora tienes algo de qué hablar, algo que te ayudará a comenzar a transitar el camino para comprender y satisfacer las principales necesidades de tu cónyuge. «¿Hablar de necesidades?», quizá objetes. «Escuchen, Gary y Barb, no tenemos tiempo suficiente para conversar sobre las finanzas familiares, la educación de los niños y lo que tenemos hoy para cenar, así que mucho menos para conversar de nuestras principales necesidades de amor».

Te escuchamos, y si te sirve de consuelo, la mayoría de las parejas se encuentran en el mismo barco. Uno de los mayores enemigos que tiene el descubrimiento de necesidades es el tiempo: tiempo para reflexionar, tiempo para conversar, tiempo para orar juntos. Sin embargo, actúas con sabiduría si gastas tu recurso más precioso: tu tiempo, en tu posesión más preciosa: tu matrimonio. Puedes conocer al dedillo todas las habilidades de la comunicación, pero si no programas el tiempo para ejercitarlas, ¿para qué te sirven? A fin de ayudar a crear la atmósfera propicia para discutir y satisfacer las necesidades del otro, hemos escrito *40 Unforgettable Dates with Your Mate*, un libro que proporciona ideas para tener citas: veinte para los esposos y veinte para las esposas, que te ayudarán a satisfacer las cinco necesidades principales de tu cónyuge[6]. El libro también incluye decenas de reflexiones y preguntas para la discusión que te permitirán descubrir y comprender las necesidades del otro.

Tu matrimonio es un organismo viviente. Prospera con la atención. Por lo tanto, tómate algún tiempo durante los próximos días para discutir tus cinco necesidades principales de amor con tu cónyuge. Toma la iniciativa; no esperes a que tu cónyuge lo haga. Aquí tienes una sugerencia para que avances en esta conversación. Si es necesario, consulta la lista de veinte necesidades que se presenta en el apéndice B.

1. Haz una lista que consideras que son las cinco necesidades principales de tu cónyuge.
2. Al mismo tiempo haz una lista de las tuyas.
3. Siéntate con tu cónyuge y dile algo así: «Deseo enterarme de cuáles son tus necesidades a fin de satisfacerlas de forma más plena. He hecho una lista que a mi parecer son tus necesidades, y deseo discutir la lista contigo; pero lo que es aun más importante para mí es lo que para ti son tus principales necesidades. Me comprometo a honrarte satisfaciendo tus necesidades». Luego comienza a discutir las necesidades de tu cónyuge.
4. Si te pregunta cuáles son tus necesidades de amor, tendrás preparada tu lista.
5. Lee los dos libros que mencionamos antes de modo que te ayuden a crecer en la toma de conciencia de las necesidades de tu cónyuge y en cómo satisfacerlas[7].

Esto es solo el comienzo. Nuestra esperanza es que te sientas motivado a seguir el proceso de comunicación saludable y continua sobre tus necesidades, deseos y sueños. Barb y yo deseamos ayudarte en este sentido. Permítenos prepararte en algunas habilidades clave para la buena comunicación.

LA CONEXIÓN MEDIANTE LA BUENA COMUNICACIÓN

¿En qué piensas cuando decimos *comunicación?* Sin duda, piensas en conversar; pero el solo hecho de que la boca de alguien se mueva no quiere decir que exista comunicación. Comunicar es brindarte de forma verbal y no verbal de tal manera que tu cónyuge acepte y entienda. Si el mensaje se dice pero no se entiende, no tenemos comunicación clara.

Además de conversar, o lo que llamamos *expresarse*, existen otros dos elementos vitales para la comunicación: *escuchar* y *responder*. Cuando nos comunicamos, no solo tenemos la responsabilidad de descargar lo que se encuentra en nuestra mente, sino de asegurarnos que nuestro mensaje se entienda. Expresar, escuchar y responder son elementos que forman parte del proceso de comunicación. Deseamos explicar estos tres componentes y prepararte de modo que logres usarlos y así mejorar la comunicación como esposo y esposa.

Expresar

Como hija menor de una familia compuesta por cinco hermanos verbalmente agresivos, Marita tenía la sensación de que a nadie le importaba en realidad lo que ella pensaba. Al llegar a la adultez, había desarrollado el hábito de esperar a que le preguntaran antes de expresar su opinión. Para su esposo, Rich, era como jugar un frustrante juego de veinte preguntas. Marita casi nunca expresaba sus pensamientos ni sus sentimientos en forma voluntaria. Además, si Rich no hacía la pregunta adecuada, rara vez recibía la recompensa de la información que buscaba. Rich anhelaba explorar el corazón de su esposa, pero estaba cerrado y él no tenía la llave. Algunos de nosotros nos expresamos con naturalidad y facilidad, pero para otros la expresión es una habilidad que deben aprender. Si deseas comunicarte de forma clara con tu cónyuge, debes comenzar con una expresión deliberada. Cuando tienes algo que contarle a tu cónyuge, divide lo que deseas decir en tres categorías: lo que *piensas*, lo que *sientes* y lo que *necesitas*. Luego comienza a hablar. Da los detalles. No te desalientes si tu cónyuge te hace preguntas para aclarar. Y no esperes que la otra persona te lea la mente o llene los espacios en blanco.

Expresarse de manera sincera y en detalle no quiere decir que uno se exprese sin la debida atención. Como señala Proverbios 18:21, tus palabras pueden ser peligrosas: «En la lengua hay poder de vida y muerte». Ten cuidado con lo que dices.

Prueba estas tres reglas para expresarte de manera eficaz.

1. Ve de asunto en asunto. Todas las noticias, experiencias y problemas de todo un día quizá sean abrumadores. Si le sueltas todo al mismo tiempo a tu cónyuge, es probable que no consigas que reciba mucha información. Esta es una manera que tenemos de revisar al vuelo todos nuestros problemas sin llegar nunca al meollo.

Puedes ayudar a tu cónyuge para que no se aparte del camino con algunas frases útiles: «Cuéntame más sobre...» o «¿Qué me decías acerca de...?» o «Me parece que eso es un asunto aparte. Primero hablemos de lo otro y volvamos después a este». Si tu cónyuge necesita la seguridad de que ese asunto no va a quedar a un lado, anótalo para que lo vea.

2. No hablen los dos al mismo tiempo. Cuando te comunicas con tu cónyuge, mantenlo en el centro. Cuando se expresa, dale lugar para que lo haga por completo, sin interrupciones, sin respuestas. Si los dos luchan para que los escuchen al mismo tiempo, la comunicación está destinada a romperse.

3. Sé específico y ve al grano. Barb y yo nos comunicamos más o menos de la misma manera en que decoramos un árbol de Navidad. Nuestros estilos reflejan las diferencias básicas entre el hombre y la mujer. A mí me gusta comenzar desde arriba. Lo más importante, la estrella, es la que va primero, luego sigo desde allí hacia abajo. Cuando Barb decora el árbol, saca todos los adornos, los hace girar poco a poco con la mano y le cuenta la historia de los adornos a cualquiera que esté cerca para escucharla. Al final, todos los adornos están en el árbol.

De manera similar, cuando yo me expreso, comienzo desde arriba, el punto principal, y parto desde allí. A Barb este enfoque a veces le resulta un poco apresurado y hasta un tanto brusco. Prefiere dar vueltas alrededor del asunto y, al final, llega al punto principal. Para mí, eso es como llenar todos los espacios secundarios en blanco antes de prestarle atención a lo que quieres decir en verdad.

Esposas, es probable que tengan más éxito al expresarse si se adaptan a la necesidad de sus esposos de escuchar la parte más importante al principio. Y ustedes, esposos, harán que la comunicación sea más placentera para su esposa si incluyen muchos detalles en el punto principal.

Escuchar

Si son como la mayoría de las parejas, el paso mayor y simple que pueden dar para mejorar la comunicación en su matrimonio es mejorar la manera en que escuchan. Mi padre siempre decía que por algo tenemos dos oídos y una boca. Aunque no se convirtió a Cristo hasta que fue mayor, tenía un buen dominio de Santiago 1:19: «Mis queridos hermanos, tengan presente esto: Todos deben estar listos para escuchar, y ser lentos para hablar y para enojarse». Papá sabía que uno de los secretos de la comunicación grandiosa era escuchar con atención.

Cada vez que Natalie no lograba que Jerry le prestara atención durante sus conversaciones, se sentía tentada a usar la técnica que usaba su hija de tres años cuando papá no la escuchaba, a no ser porque Natalie sabía que era una manera infantil de expresarse. Cada vez que Tabitha se daba cuenta de que su papá no estaba concentrado del todo en ella, le tomaba la barbilla y le giraba la cabeza para poner su nariz frente a la suya.

Entonces, a medida que Natalie se esforzaba por comunicarle sus necesidades a Jerry, una de las primeras cosas que dijo fue: «Algunas veces tengo la sensación de que no me prestas atención cuando hablamos». Sin embargo, en lugar de citar la dura evidencia de los frecuentes lapsus de atención de su esposo, le hizo una confesión personal. «Sé que cuando estás entusiasmado por contarme algo, tengo el hábito de interrumpirte. Cuando estoy concentrada haciendo algo, no te animo precisamente a que hables».

Luego le preguntó a Jerry qué consideraba que se interponía en la comunicación entre ambos. Al principio vaciló, pero luego dijo con timidez: «Hablamos muchos menos desde que compré un televisor para el dormitorio». Natalie asintió mostrando que estaba de acuerdo.

Cuando Natalie y Jerry terminaron de hablar, habían cerrado el circuito de este problema y le habían dado nuevas fuerzas a sus hábitos de escuchar.

Si deseas que tu cónyuge te diga con franqueza lo que hay en su corazón, debes transmitirlo con la absoluta seguridad de que te está prestando toda la atención. No es fácil escuchar con atención. Tal vez el contacto visual te ponga nervioso. Puede ser difícil contenerse para no saltar con una solución, pero escuchar es la clave para entender las necesidades de tu cónyuge.

Responder

En algún punto de una discusión es apropiado ir más allá de la actitud de escuchar para intervenir en la conversación. No se trata de introducir tu propia agenda, sino de aclarar y comprender cabalmente lo que expresa tu cónyuge. Esta habilidad en la comunicación se llama *responder*. A esta altura podemos meternos en problemas si dejamos de considerar el mejor interés de nuestro cónyuge. Proverbios 18:13 dice: «Es necio y vergonzoso responder antes de escuchar».

Es típico que los hombres y las mujeres tengan diferentes maneras de responder. Los hombres tienden a tratar de arreglar la situación, a ponerse a la defensiva, a enojarse o retraerse. Aun cuando su esposa todavía está exponiendo el problema, el cerebro de un hombre comienza a trabajar en busca de una solución: algo que arreglar, algo torcido que enderezar, un error que corregir.

Las mujeres tienden a buscar seguridad, algo que las tranquilice, un oído comprensivo y que sus esposos las valoren como respuesta a lo que dicen. No siempre quieren una solución de buenas a primera. Primero necesitan empatía y comprensión. Una vez que una esposa se siente conectada en lo emocional con su esposo que la escucha paciente, es probable que esté lista para escuchar las sugerencias que él tenga que hacerle.

Una vez más Monique esperó con temor que Jim llegara del trabajo. Por tercera vez en el año había chocado su SUV último modelo. Sabía muy bien cuáles eran las consecuencias: una multa de tránsito (una vez más, era su culpa), otra deducción del seguro que tenía que pagar y una escalada en sus tasas que ya eran demasiado altas. Y esta vez la citación de tránsito vino con un regalo embarazoso: la exigencia de asistir a lo que el policía en la escena calificó de «escuela de conducir para bobos». La manera en que Jim narraba todos estos hechos hacía que Monique se sintiera cada vez más inepta.

Esposos, si fueran Jim, ¿cómo habrían respondido? Ya conocen las consecuencias prácticas que tiene dañar un vehículo. Es probable que en su momento hayan abollado uno o dos autos. Aun así, es probable que eso no sea justo lo que le quieren decir a Monique. Si son como muchos hombres, desean repetir los detalles y, con amor pero con firmeza, asegurarse de que no vuelva a suceder otra vez.

Sin embargo, en este momento Monique no necesita un sermón. Necesita una respuesta que le haga sentir que entiendes su reacción ante el accidente. Intenta lo siguiente: «¿Te encuentras bien?», «¿El otro conductor se lastimó?», «¿Te sentías bien cuan-do manejaste de vuelta a casa?», «¿El policía te hizo sentir como una tonta?» o «¿Te gritó el otro conductor?».

Cuando tu cónyuge haya desnudado su alma, una respuesta sabia tiene tres elementos. Solo recuerda la siguiente sigla: PRESUBA

Pregunta: «¿Qué más necesitas de mí en este momento?», «¿Cómo puedo ayudarte?».

Sugiere: Ofrécete a ayudar diciendo: «¿Te ayudaría si...?»

Baja: Baja a una postura interior de siervo. Asegúrale a tu cónyuge que harás todo lo que necesite.

Tal vez tu cónyuge ya sepa con exactitud lo que necesita en determinada situación, pero es mucho mejor preguntar de manera activa: «¿Qué puedo hacer para ayudarte?». Estas son las pala-bras comprensivas del amor que sirve.

Al hablarte de las habilidades de la comunicación, tal vez no te imagines expresándole tus necesidades más profundas a tu cónyuge. O quizá te preguntes si estás listo para escuchar lo que tu cónyuge necesita de ti. ¿Cómo puede una pareja hurgar tan hondo? ¿Qué hace posible la conversación a un nivel profundo? Barb tiene una comprensión muy aguda acerca de este asunto.

¿CÓMO HURGAMOS TAN HONDO?

Antes en este capítulo, basándose en nuestra investigación nacio-nal, Gary dijo que tanto los hombres como las mujeres identifi-caban el amor incondicional y la aceptación como la necesidad número uno que deseaban encontrar en su cónyuge. Aceptación incondicional solo significa amar y recibir a tu cónyuge pase lo que pase. Es un compromiso que dice: «Siempre estaré contigo. Siempre te amaré. Siempre te afirmaré y te apoyaré». Robertson McQuilkin es uno de nuestros héroes, un ejemplo brillante de alguien que muestra amor incondicional. Ahora bien, seamos realistas: No es muy halagüeño admitir nuestras necesidades delante de nuestro cónyuge. Más bien es un tanto humillante. Preferiría tener todo lo que necesito, no necesitar nada de Gary ni de nadie. Deseo ser una esposa con una capacidad infinita, la mujer de Proverbios 31 en su totalidad. Sin embargo, Dios en su sabiduría no me hizo de esa manera. En cambio, diseñó a Gary para que me amara y me aceptara de forma incondicional a pesar de mis necesidades, debilidades y fracasos evidentes (y también de los no tan evidentes). Y Dios me diseñó para aceptar a mi querido pero imperfecto esposo de la misma manera.

Esta es la belleza del amor incondicional y de la aceptación. Puedo ser sincera con Gary en cuanto a mis necesidades porque sé que no se abalanzará sobre mí, ni me menospreciará con condenación ni con una solución inmediata. Me amará, me afirmará y me apoyará porque estamos comprometidos el uno con el otro de manera incondicional.

La comunicación de las necesidades fluye con libertad en una atmósfera de total aceptación. Por lo tanto, es imperativo que los esposos y las esposas crezcan sin cesar a fin de satisfacer esta necesidad fundamental y prioritaria en cada uno. Debemos extenderle los brazos abiertos a nuestro cónyuge asegurándole: «Puedes contarme cualquier cosa. Puedes confiar en mí».

Les diré algo especial a las esposas. Tu esposo quizá sea como muchos hombres en nuestra cultura actual, una cultura que se preocupa más por la imagen que por lo auténtico. Los hombres son más reticentes a admitir sus debilidades y dolor. Recuerda que crecieron con el triste y erróneo mantra: «Los niños no lloran». Hasta la más mínima herida en el pasado de tu esposo puede haberlo alentado a cubrirse con una máscara. Tal como Fantasma en la popular producción *El fantasma de la ópera*, es probable que todavía use una parte de esa máscara para cubrir viejas heridas internas que nunca sanaron del todo. Es probable que trate de cubrir un temor común a muchos hombres: el temor a fallarte.

Una manera en que tu amor incondicional y aceptación pueden ministrar a tu esposo es ayudándolo a quitarse la máscara.

Esposas, Dios les ha regalado con generosidad la habilidad de ser amables y amorosas. Demuestren estas cualidades siendo transparentes con sus propias debilidades para mostrarles a sus esposos que ya no necesitan esconderse detrás de una imagen de fuerza o perfección. Si tu esposo actúa como si nada malo le sucediera jamás, se esconde detrás de una máscara de falsa hombría. Tu propia transparencia y aceptación lo ayudarán a confiar en ti con respecto a su dolor y sus necesidades también.

Esposos, les daré una palabra final a ustedes. La mayoría de los hombres son rápidos para ofrecer respuestas a los problemas de sus esposas. Es probable que te resulte fácil amarla de maneras prácticas: desobstruyendo un inodoro obstruido, cortando el césped o siendo siempre el que se ocupe de llenar el tanque del vehículo familiar. No obstante, el verdadero siervo no solo sirve en lo que le resulta fácil, sino en lo que se *necesita*. Si deseas tener un corazón de siervo, entrégate con humildad a tu esposa. Pregúntale qué necesita. Escúchala. Estudia a tu esposa con el intenso propósito de un siervo que ansía complacer.

Esposos y esposas, se están lanzando a la emocionante aventura de descubrir y satisfacer las necesidades de su cónyuge. Están dando otro paso clave en dirección al matrimonio a prueba de divorcio.

UNA NOTA ESPECIAL SOBRE LA TRAVESÍA

El ministerio de descubrir y satisfacer las necesidades de tu cónyuge genera la honra y la comprensión mutua en el matrimonio, pero hay mucho más acerca del elemento vital del amor que sirve de lo que podemos decir en estos dos capítulos. Te recomendamos que leas *Las 5 necesidades de amor de hombres y mujeres* y que usen la guía de estudio de *Las 5 necesidades de amor de hombres y mujeres* para expandir la comprensión y aplicación de este asunto. Estos recursos, si se exploran junto con un pequeño grupo de matrimonios, te equiparán aun más para que pongas en práctica el amor que sirve en tu relación.

Bárbara se unió a Gary al escribir un estudio titulado *Improving Communication in Your Marriage (Group Publishing)*, de la serie para parejas de *FamilyLife HomeBuilders*. Además de hablarles a las familias, Barbara les habla a las mujeres, enseñándoles y alentándolas al enfatizar el increíble valor de ellas.

Gary y Barbara viven a las afueras de Des Moines, Iowa y son padres de dos hijas: Missy, estudiante universitaria de comunicación; y Sarah, que vive a las afueras de Des Moines con su esposo, Scott, y su hijo, Mason.

Para obtener más información acerca de *America's Family Coaches*, comuníquese con:

America's Family Coaches
2540 106th Street, Suite 101
Des Moines, Iowa 50322
1-888-ROSBERG
www.afclive.com

Sintoniza *America's Family Coaches... LIVE!*

Escucha todos los días de la semana una sólida enseñanza sobre las dudas acerca del matrimonio, la familia y las relaciones. En este programa interactivo con llamadas telefónicas, Gary y Barbara Rosberg abordan problemas de la vida real al instruir a los que llaman acerca de lo que más importa en las relaciones de la vida. Sintoniza y siéntete alentado por los principales entrenadores de la familia estadounidense.

Para obtener una lista de las estaciones de radio que transmiten *America's Family Coaches... LIVE!*
llama al 1-888-ROSBERG
o visita nuestro sitio Web en
www.afclive.com.

Cuarta parte

EL AMOR QUE
PERSEVERA

El amor que persevera permanece fuerte en tiempos

difíciles y les ayuda a los esposos a sentirse unidos, a ser

los mejores amigos para siempre

ocho

EL AMOR QUE RESISTE
LOS TIEMPOS DIFÍCILES

Barb y yo nos hicimos amigos de Dan y Jeannie en la iglesia. Dan es un cristiano muy trabajador y bondadoso al que se le conoce en la ciudad por quitar con gozo la nieve de muchos vecinos. Junto con Jeannie también son voluntarios muy activos en diversos proyectos comunitarios de servicio. Y la pareja hace un trabajo formidable en la crianza de sus hijos.

Dan es constructor de puentes. Un día saltó de un puente a medio terminar a la plataforma que se encontraba pocos metros más abajo, un salto muy diestro que él y sus compañeros hacían decenas de veces al día. Sin embargo, esta vez la plataforma se rompió bajo sus pies y Dan cayó diez metros hasta la tierra. Aunque sobrevivió a la caída, el impacto le seccionó la médula espinal.

El accidente de Dan ocurrió pocos días antes del viernes santo y los lanzó al peor tiempo de prueba y necesidad en la historia de su matrimonio. Luego de la reunión del domingo de Pascua en nuestra iglesia, Barb y yo pasamos por el hospital para ver a esta querida pareja. Quedamos anonadados con lo que encontramos. No podían hablar de otra cosa más que de la gratitud que tenían hacia Dios por guardar la vida de Dan. Ni una queja, nada de culpar a Dios, solo gratitud. Nosotros fuimos a ministrarles y en cambio ellos nos ministraron a nosotros. Fue una de nuestras Pascuas más memorables.

Al poco tiempo, cuando no quedaba duda de que la parálisis que Dan tenía de la cintura hacia abajo era permanente, le pregunté a uno de sus hijos si podía hacer algo para ayudarlos. Con una sonrisa y sin el más mínimo rastro de resentimiento, amargura ni autocompasión, Matt dijo: «No te preocupes por eso, Gary. Papá me protege».

Desde entonces, el compañerismo amoroso entre Dan y Jeannie que comenzó a construirse en los años posteriores al accidente de Dan se ha vuelto cada vez más fuerte mientras hacen los ajustes necesarios para la vida de Dan como parapléjico. Él y Jeannie se han enamorado más profundamente. Es un amor que se lo han transmitido a sus hijos. En la boda de su hija, Dan la escoltó con orgullo a lo largo del pasillo de la iglesia en su silla de ruedas, y cuando la feliz pareja dijo «Sí, acepto», Dan hizo girar su silla de ruedas para celebrar.

EL PODER DE LA PERSEVERANCIA

¿Cuál sería tu respuesta si tu mundo se desmoronara como el de Dan y Jeannie? ¿Una tragedia similar hubiera llevado a tu matrimonio al punto límite?

Dan y Jeannie descubrieron un amor que prosperó en los tiempos buenos y continúa floreciendo en los peores tiempos. Y ellos no son la única pareja milagrosa que conocemos. Barb y yo contemplamos con asombro a muchos matrimonios que prosperaron y se hicieron más fuertes en medio de las pruebas más difíciles de la vida. Estamos asombrados ante la fidelidad de parejas que conocemos que han permanecido conectadas a pesar de una vasta gama de problemas tales como:

- ❖ enfermedades crónicas
- ❖ ruina financiera
- ❖ un hijo que se ha ido de la casa
- ❖ imposibilidades físicas
- ❖ pérdida de trabajo y mucho tiempo de desempleo
- ❖ la muerte de un hijo
- ❖ uno de los cónyuges que duda de Dios
- ❖ conflictos con la familia extendida
- ❖ adicciones sexuales
- ❖ depresión
- ❖ infertilidad

❖ fusión de familias
❖ otro sinnúmero de tragedias

A pesar de que las circunstancias adversas, las elecciones desafortunadas y hasta el diablo mismo hubieran podido separar a estas parejas, permanecieron juntos y siguieron el plan de Dios para sus matrimonios. Es triste, pero también conocemos a muchísimas otras parejas cuyos matrimonios se han separado de forma violenta bajo las mismas presiones.

Como la mayoría de las parejas, tú enfrentas presiones provenientes de muchas circunstancias inconvenientes, trágicas o malignas de la vida. Algunas veces diversas presiones se amontonan sobre tu cabeza al mismo tiempo. En otras la tragedia asesta su golpe con la fuerza de una bola de demolición y luego pasa de largo. En ocasiones la misma presión molesta ronda como una nube oscura durante meses y hasta años. No se trata de saber *si* tu matrimonio enfrentará presiones; es solo una cuestión de saber *cuándo* se presentarán.

Ninguna pareja es inmune a la clase de presiones que tienen el potencial de ser una amenaza para el matrimonio. Después de los ataques terroristas del 11 de septiembre de 2001, Laura Bush describió el suceso como «la mayor crisis» de su matrimonio. Laura y su esposo, el presidente George Bush, se encontraban en diferentes partes del país cuando los aviones se estrellaron contra el Pentágono y las torres del Centro Mundial de Comercio. Como la mayoría de nosotros, ninguno de los dos sabía lo que sucedería en las horas siguientes, pero sabían que sus vidas estaban en peligro. Laura cuenta acerca de aquel día: «Cuando aterrizamos en Washington, regresé a la Casa Blanca [...] Lo único que hicimos fue abrazarnos». Más tarde, el presidente le contó a sus amigos que «temió poder perderla aquel día»[1].

¿Qué mantuvo unido al matrimonio del primer mandatario durante las semanas y meses que siguieron a la crisis? Dos cosas: su amistad y su fe. Los Bush tienen una relación muy estrecha.

«Ella es su confidente y él es el de ella», comenta un amigo cercano. Todos los días encuentran tiempo para estar juntos. Sus amigos concuerdan en que «George y Laura son mejores amigos»[2]. Un consejero del presidente dijo de la pareja: «Desde el comienzo mismo ha sido un matrimonio muy fuerte y eso se debe sobre todo a que ambos tienen el mismo propósito en común en la vida, que es servir a los demás [...] Tienen un amor inconmovible el uno por el otro que se encuentra arraigado en una fe profundo y perdurable»[3]. Los Bush están de acuerdo. Laura reflexiona: «La fe que tenemos es muy importante para nuestro matrimonio [...] Se ha vuelto mucho más fuerte y profunda»[4].

¿Cómo estás seguro de que tu matrimonio, al igual que el de los Bush y el de Dan y Jeannie, capeará la tormenta? ¿Cuál será el elemento que impida que tu relación se desmorone bajo el peso del dolor, de los problemas y de la tragedia?

Si deseas proteger tu matrimonio contra el divorcio que puede resultar de las tormentas y luchas de la vida, si deseas tener un lazo más estrecho y una relación más rica, necesitas lo que Barb y yo llamamos *amor que persevera*. Es la clase de amor que triunfa sobre las pruebas y se fortalece cuando eres más vulnerable. El amor que persevera no resiste apenas colgado de las uñas a través de las calamidades, sino que resiste y prospera. Es la clase de amor que Pablo describe en 1 Corintios 13:7: «Todo lo disculpa, todo lo cree, todo lo espera, todo lo soporta». El amor que persevera une a los esposos y los convierte en amigos para toda la vida.

¿A qué se parece esta clase de amor? Deseamos contarte lo que hemos observado en parejas como la de Dan y Jeannie, parejas cuyos matrimonios se fortalecieron mediante el amor perseverante. En este capítulo presentaremos seis cualidades del amor que persevera, y en el capítulo siguiente te prepararemos de maneras específicas en las que puedes cultivar el amor que persevera en tu relación.

EL AMOR QUE PERSEVERA
REQUIERE UN COMPROMISO TOTAL

Paul y Nina eran los niños mimados del grupo juvenil de su iglesia. Las familias de ambos eran influyentes en la iglesia, así que el compromiso de la pareja fue todo un acontecimiento. Paul y Nina se casaron al terminar la universidad y regresaron a su ciudad natal y a la vieja iglesia para comenzar juntos su nueva vida.

¿Quién hubiera imaginado que el primer ataque principal contra el matrimonio de Paul y Nina vendría del mismo cuerpo de Cristo? Cuando se descubrió un escándalo por malversación de fondos que involucraba al pastor principal, Paul y Nina se encontraron divididos en direcciones opuestas. La familia de Paul apoyó a los que en la iglesia deseaban restablecer al pastor Evans, pero la familia de Nina apoyó a los que no aceptaban otra cosa que no fuera despedirlo y demandarlo. Cada familia ejerció presión sobre la joven pareja para que siguieran sus respectivos puntos de vista.

Al final, la familia de Nina se fue con decenas de otras personas para formar una nueva iglesia. La familia de Paul se quedó. Las familias paternas no se hablaban entre sí. Los matrimonios de los padres daban por sentado que estar en desacuerdo con la postura de la familia era sinónimo de desobediencia a Cristo. Además, muchos de los amigos de la niñez de Paul y de Nina se encontraban envueltos en la división y en la presión que se ejercía sobre la joven pareja.

Todos los ojos estaban puestos en estos jóvenes. ¿De qué manera responderían a la presión? Como es natural, Paul y Nina sentían algo que los arrastraba a aliarse con sus respectivas familias, y en lo personal no estaban de acuerdo en la forma en que se debía resolver el escándalo. Esta lealtad amenazaba con separarlos. Los dos se preguntaban si su matrimonio fue un error.

Sin embargo, su amor perduró. Estuvieron de acuerdo en que el compromiso que tenían el uno con el otro sobrepasaba el compromiso importante pero subordinado que tenían con sus padres, familiares, amigos y con la iglesia. Paul y Nina siguieron conversando a través de la tensa situación y de su desacuerdo. En lugar de separarse, se refugiaron el uno en el otro. Afirmaron que su relación era más fuerte que la presión familiar. Con sabiduría decidieron abandonar el callejón sin salida y se unieron a una iglesia a la que no asistía ninguna de las dos familias.

A partir de lo que Barb y yo hemos sido testigos y hemos experimentado, el punto de partida del amor que persevera es compromiso total del uno para con el otro. Es la posición difícil que dice: «Nuestro matrimonio es mayor que cualquier problema. No importa quién ni qué se oponga a nosotros, permaneceremos juntos. Ninguno de nosotros pasará jamás por una prueba a solas».

El amor que persevera no dice: «Me quedo contigo porque debo hacerlo, porque lo prometí» sino, «Resistiré contigo en esta situación porque eres lo que más me importa en el mundo».

¿Se han comprometido ciento por ciento a soportar juntos cualquier cosa que les arroje la vida en su contra? ¿De qué manera demuestran ese compromiso frente a los problemas y las presiones de la vida?

EL AMOR QUE PERSEVERA REQUIERE ACEPTACIÓN INCONDICIONAL

Justo después que Travis y Mary celebraron su quinto aniversario, Mary visitó al médico por un sangrado incesante en la nariz. El médico quitó un pequeño crecimiento benigno del interior de la nariz y no le hizo ningún tratamiento posterior.

Una mañana, un año después, luego del examen físico de rutina de Mary, el médico la llamó por teléfono. Quería que fuera de inmediato, esa misma tarde, para hacerle una biopsia. Llamó aterrorizada a Travis al trabajo y le soltó la noticia. La respuesta de él fue inmediata: «Llegaré a casa en menos de una hora y te llevaré al médico. No quiero que vayas sola. Estaré allí contigo, suceda lo que suceda».

La mañana después de la biopsia, Mary se sometió a una cirugía para quitar un crecimiento canceroso de la cavidad nasal.

A pesar de un doloroso tratamiento de radiación, el cáncer regresó al año siguiente. Después de cuatro años y de seis cirugías, el tenaz optimismo de Mary se desvanecía. Cada cirugía quitaba más tejido y más hueso hasta que el lado derecho de su cara quedó seriamente desfigurado. Hasta le quitaron el ojo. Aunque los procedimientos le dieron siete años más de vida, Mary se veía grotesca.

Para ocultar la desfiguración de Mary, un equipo de artistas y médicos crearon una máscara que parecía de verdad para que la usara. Aunque esta máscara engañaba a los que la veían en público, no podía usarla siempre. Además de los que trabajaban en el hospital, Travis fue la única persona que vio a Mary sin la prótesis en su lugar. Y hasta el día de su muerte, Travis le dijo a Mary que era la mujer más hermosa del mundo. Cumplió su promesa de estar junto a ella pasara lo que pasara. El amor de ambos resistió y se fortaleció frente a los estragos del cáncer terminal.

La aceptación incondicional del amor que persevera dice: «No importa lo bien o mal que te veas, no importa cuánto dinero ganes o pierdas, no importa lo listo o tonto que seas, seguiré amándote». Así están compuestos nuestros votos: en tiempos buenos o en tiempos malos, en riqueza o pobreza, en salud o enfermedad. El amor que persevera decide seguir amando aunque la vida nos arroje un mundo de razones para dejar de hacerlo.

EL AMOR QUE PERSEVERA REQUIERE UNA PROFUNDA CONFIANZA

Ross y Judi respondieron con entusiasmo a la misión de su iglesia de apoyar un orfanato en el sudeste de Asia. Dieron con generosidad para ayudar a proporcionar refugio y educación a varios cientos de niños que antes vivían en la calle. A pesar de eso, la pareja sintió el deseo de hacer más. En el lapso de dieciocho meses, Ross y Judi adoptaron tres hermanitos del orfanato, dos niñas y un varón. Los niños no se parecían en nada a sus nuevos padres y hablaban un idioma que la pareja no entendía.

Sin embargo, Ross y Judi recibieron a los niños como si fueran propios.

Los tres niños lucharon por adaptarse a su nuevo entorno, pero al llegar a la escuela secundaria era evidente que los problemas de Megan eran los más serios. Por más que Ross y Judi hicieran todo lo que estaba a su alcance, Megan continuaba llamando la atención, desobedeciendo y rebelándose. Era casi incontrolable. Entonces una noche, esta hija que estaba en octavo grado escapó de la casa.

La repentina desaparición de Megan abrió las compuertas a una catarata de preguntas tácitas y de acusaciones que habían merodeado en las mentes de Ross y Judi. Estaban desesperadamente preocupados por su hija, pero estaban furiosos el uno con el otro: «¿Por qué quisimos a estos niños?», «¿Tomamos una buena decisión?», «¿Quién es esta persona con la que estoy casada que no puede arreglar esta situación?», «¿Por qué no fuiste una madre mejor para Megan?», «¿Por qué no fuiste un padre mejor?». El conflicto rugió a lo largo de aquella primera noche.

Al llegar las cuatro de la mañana, Ross y Judi habían sacado a luz las dudas más oscuras sobre sí mismos, su paternidad y su matrimonio. Entonces, mientras se miraban a los ojos a través de las lágrimas, se dieron cuenta de que no tenían nadie mejor en quien confiar que el uno en el otro y en Dios. Juntos tenían una historia demasiado buena como para volverse uno contra el otro ahora. Habían llegado hasta aquí; podían seguir el resto del camino si continuaban confiando el uno en el otro.

Con el tiempo, Megan regresó al hogar y con la ayuda de una consejería bíblica a largo plazo estuvo en condiciones de tratar el profundo dolor y las heridas de su vida. No fue la única que cavó hondo. Ross y Judi aprendieron que esta desgarradora experiencia los llevó a lugares que no sabían que existían. Sin embargo, el dolor los condujo a una confianza más profunda en Dios y en el uno para con el otro que enriqueció sus vidas.

El amor que persevera es el producto de una profunda confianza entre el esposo y la esposa. La confianza dice: «Dependeré de ti para que cuides y protejas mi corazón y mi vida, para que luches siempre a mi lado». Es posible que tengas que confiar en mucha gente para salir a flote en una crisis, pero más que cualquiera en la tierra, los esposos y las esposas deben confiar los unos en los otros.

El rey Salomón escribió: «Si caen, el uno levanta al otro. ¡Ay del que cae y no tiene quien lo levante!» (Eclesiastés 4:10). Otra traducción del mismo versículo describe la crisis de manera aun más fuerte: «Si el hombre solitario cae, grave es su problema» (LBD). El sabio rey continúa diciendo: «Uno solo puede ser vencido, pero dos pueden resistir. ¡La cuerda de tres hilos no se rompe fácilmente!» (Eclesiastés 4:12). Aunque estos versículos no se refieren de forma específica a la relación matrimonial, revelan que una relación basada en la confianza, en especial la de «tres hilos», como la del esposo, la esposa y Dios, es difícil de vencer. Permitan que las presiones los unan en una confianza mutua y construyan una amistad en lugar de separarlos.

Las pruebas requieren una profundidad en la confianza que no crece de la noche a la mañana. Es por eso que la confianza del amor que persevera se enriquece con el tiempo, a medida que cada uno le prueba al otro que es confiable. Tal vez sea verdad que la confianza comienza a construirse durante el noviazgo y que tu compromiso de confiar se encuentra inherente en los votos matrimoniales, pero la confianza *completa* se establece con el tiempo y bajo la presión de la vida diaria.

EL AMOR QUE PERSEVERA REQUIERE RESISTENCIA

Cuando era niño, a Jake lo ridiculizaban sus compañeros a cada momento por ser pequeño, débil y hogareño. Como defensa, desarrolló una inteligencia mordaz y sarcástica. Nunca pensó que le resultaría atractivo a una mujer, así que se asombró años más tarde cuando él y Lori se enamoraron y se casaron luego de salir juntos unos pocos meses.

La mayor parte del tiempo, Jake mantenía bajo control su lengua filosa cuando estaba con Lori, pero algunas veces, cuando ella planteaba un problema, soltaba una andanada de palabras cortantes. Después de cinco años y de cuatro hijos, tanto Jake como Lori se preguntaban si la decisión de casarse fue un error.

Sin que Lori dijera una palabra, algunos de los amigos de Jake de la iglesia lo sentaron y lo enfrentaron con el lenguaje filoso que usaba con Lori. No conocían toda la historia, pero habían visto lo suficiente como para intervenir. Jake se resistió a sus esfuerzos. Entonces estos hombres llamaron al pastor que, a su vez, llamó a la junta de ancianos de la iglesia. Jake se sintió de nuevo como un niño pequeño, rodeado de un ejército de compañeros que se burlaban de él y lo humillaban. La ira lo ensordeció con respecto a lo que le decían estos amigos y líderes cristianos. En tres semanas, Jake se sintió tan distanciado que prometió no volver a pisar la iglesia jamás.

Lori todavía sigue molesta por lo que llama «las tácticas de los escuadrones especiales» que usaron los hombres de la iglesia, pero sabe que sus esfuerzos tenían una buena intención y que no eran la causa de los problemas de Jake. Hasta reconoce que en algunos aspectos su matrimonio es mejor ahora. El enfrentamiento con los amigos no cambió a Jake, pero sí la cambió a ella. Cuando Lori vio cómo Jake reaccionó de manera exagerada frente a la amenaza que percibió en estos hombres, entendió al fin lo que Jake soportó en su niñez.

Durante los últimos tres años ha tratado a Jake con una compasión que él nunca experimentó en ninguna otra parte. Lori sigue amando al esposo que se enfrenta al dolor en su corazón y que comienza a resolver su relación con Dios. En momentos de ternura, se franquea a ella en niveles que jamás pensó que sería posible. Ella se ha convertido en un modelo de resistencia tranquila. Persevera junto a Jake, aunque todavía pierde los estribos con ella. Está decidida a hacer todo lo que esté a su alcance para traerlo de vuelta a Dios y a la iglesia, y sabe que lo único que lo traerá de vuelta al redil es el amor firme e inquebrantable.

Cada tipo de prueba: las cargas emocionales, las dificultades financieras, los asuntos espirituales, el dolor físico, el estrés en la relación, presenta una nueva oportunidad para que los esposos perseveren. El compromiso te ayuda a permanecer conectado con el otro a través de las pruebas; la perseverancia es la determinación de superar los problemas, de ayudarse entre sí a llegar a la otra orilla. Lori es la que hace la mayor parte en cuanto a perseverar en su matrimonio en este momento; pero piensa en la intimidad y la amistad que se puede desarrollar en tu relación cuando los *dos* están comprometidos a perseverar a través de cada prueba.

EL AMOR QUE PERSEVERA REQUIERE UNA FE PERDURABLE

Barb y yo conocemos a unas pocas parejas que han atravesado pruebas feroces sin contar con la fuerza que viene de Dios. ¡Qué difícil es! Sin embargo, también conocemos a muchas parejas que han descubierto que al confiar en Dios, al contar con su fuerza y al caminar por sus caminos tuvieron más que suficiente para caminar por entre las llamas.

El mayor temor de Karen fue que la negación de su esposo de cuidarse la dejaría a ella sin marido y a sus hijos sin un padre. Tenía buenas razones para temer. Tanto el padre como el abuelo de Brian habían muerto de un ataque al corazón antes de llegar a los sesenta. A los cuarenta y ocho años, el colesterol de Brian estaba peligrosamente elevado y sus almuerzos de trabajo estaban cargados de comidas con altos contenidos de grasa.

Brian sabía que las advertencias de Karen (algunas veces las llamaba rezongos) estaban motivadas por el amor que le tenía y por la preocupación que sentía por él. Aun así, no estaba dispuesto a cambiar. Luego de pasar por alto durante semanas los dolores en el pecho y los ruegos de Karen para que viera a un doctor, Brian sufrió un ataque masivo al corazón una mañana mientras subía las escaleras del trabajo. No murió, pero tuvo que hacer frente a una larga recuperación. Y su salud nunca volvió a ser la misma.

En un instante, la vida de Karen cambió. Trabajaba día y noche cuidando a Brian, haciendo de mamá para sus hijos y tratando de traer orden y estabilidad a un hogar en crisis. Como Brian no estaba en condiciones de volver a su trabajo de alto vuelo, el estilo de vida de su familia cambió de manera extraordinaria. Karen se vio obligada a aceptar un trabajo fuera de la casa.

Sabía que se enfrentaba a una elección. Se podía resentir con Brian por su obstinación y su comportamiento descuidado o podía perdonarlo y cubrirlo con un amor que no merecía. Sabía que en tanto retuviera el amor perdonador hacia Brian, su propia ira y resentimiento la mantendrían presa. Entonces tomó el compromiso de seguir el plan de Dios y de permitir que el amor de Cristo fluyera a través de ella.

Cuando Brian se vio envuelto en el amor sacrificado, parecido al de Cristo, que Karen le prodigaba, se dio cuenta de la profundidad del dolor que le había causado a su esposa y a sus hijos. Confesó su obstinación y les pidió perdón. Renovó su compromiso con Cristo. Las cosas que una vez le parecieron tan importantes: la membresía en el club de campo, las vacaciones exóticas, la gran cartera de acciones, se vieron reemplazadas por placeres tan simples como dar una caminata alrededor de la cuadra. Brian y Karen descubrieron el gozo de pasar juntos tiempo en oración. Y comenzaron a disfrutar de un nivel de comprensión y conexión íntima que nunca experimentaron durante los «buenos tiempos».

Para que el amor matrimonial resista de verdad las presiones de la vida debe estar cimentado en una fe sincera y perdurable en el Dios que diseñó el matrimonio. Al igual que Brian, cualquiera de nosotros puede perseguir con obstinación un estilo de vida que nuestra cultura considera importante y puede vivir separado de Dios. A menudo una prueba seria nos mueve a permitir que Dios haga las cosas con nosotros a su manera y a ver lo que de verdad importa en la vida. Muchas veces no apreciamos en realidad el importante papel que juega la fe en nuestro matrimonio hasta que una crisis nos fuerza a arrojarnos en los brazos de Dios.

La fe es una faceta tan vital de la relación matrimonial y una fuente tan grande de fuerza para proteger al matrimonio contra el divorcio que dedicaremos todo el capítulo 13 a hablar de cómo puedes desarrollar una mayor intimidad espiritual con tu cónyuge.

EL AMOR QUE PERSEVERA REQUIERE UNA PREPARACIÓN DILIGENTE

Cualquiera que viva cerca de una zona de huracanes sabe que el momento de actuar es mucho antes de que arrecie la tormenta. Una vez que el viento ulula, que las olas hierven y la lluvia te pega a los costados, es tiempo de dirigirse al sótano a prueba de tormentas y agacharse. Es demasiado tarde para cubrir las ventanas con paneles de madera, para comprar agua potable y baterías, y añadir la cobertura en caso de inundaciones en el seguro de la casa.

La preparación extensa para un huracán tiene mucho sentido, pero muchas personas pueden estar adormecidas en la inactividad porque las tormentas devastadoras no se presentan todos los días. En realidad, hasta quizá pasen años entre estas serias amenazas. Sin embargo, el momento de prepararse para un huracán es durante la calma entre una tormenta y otra.

En cuanto al matrimonio, todos vivimos en una zona de huracanes y como las presiones, las crisis y las tragedias de la vida casi nunca se desatan con una advertencia previa; es durante los períodos de calma de la vida que debemos prepararnos para ellas. El amor que persevera está fundado en la devoción y la amistad que construyen un esposo y una esposa antes de que se desate la tormenta.

Janis espió a través de las cortinas de la sala y observó mientras Pete llegaba con su auto después del último día de su trabajo. Sonrió. Pete entró a la casa con algunos ficheros y un par de globos. Había dicho que la fiesta de su jubilación no sería «gran cosa», algo mesurado como deseaba. La verdadera fiesta de su jubilación, una sorpresa para Pete, tendría lugar más tarde aquella noche. Janis había invitado al jefe de Pete, a una docena de los socios más cercanos de su esposo y a sus esposas.

Pete había jugueteado con la idea de jubilarse desde hacía seis años. Hasta se tomó unas vacaciones de tres meses para ver si le gustaba desprenderse de su trabajo para hacer cualquier otra cosa que deseara. Durante ese tiempo, se sintió como si a cada momento estuviera debajo de los pies en los dominios de Janis, y era evidente que los dos estaban irritados con el nuevo arreglo. No esperaban que la experiencia de la jubilación se convirtiera en una crisis, pero así fue.

Al mes, Pete estaba de vuelta en el trabajo. «Chocábamos sin cesar el uno contra el otro», les contó a los muchachos. Sin embargo, mientras Pete y Janis estaban felices de volver a unos pocos años más de vida «normal», los dos se dieron cuenta de que no estaban listos para verse la cara durante veinticuatro horas al día. La amistad de la que disfrutaron cuando eran jóvenes se había desvanecido. Si querían sobrevivir al verdadero retiro de Pete, tenían que trabajar bastante en su relación.

Tal vez tú y tu cónyuge no se enfrenten a la «crisis» de la jubilación, pero una cosa es segura: Si en este momento no se encuentran en una prueba difícil, hay una en el horizonte: una quiebra financiera, una lesión o enfermedad en la familia, un conflicto con los hijos, un desacuerdo entre tú y tu cónyuge, etc. No somos fatalistas, sino realistas. La temporada de huracanes en las relaciones familiares siempre anda rondando. No puedes saber cuándo ni cuán pronto te azotará la próxima.

Si tú y tu cónyuge se encuentran en uno de esos períodos de calma entre tormenta y tormenta, ¡regocíjense! Y mientras se regocijan, aprovechen la oportunidad a fin de prepararse para el tiempo tormentoso que tienen por delante. Este es el momento de apuntalar el matrimonio. Tengan juntos un estudio bíblico. Tengan una segunda (o tercera, o cuarta) luna de miel. Lean algunos buenos libros sobre el enriquecimiento del matrimonio y coméntenlos. Asistan a alguna conferencia cristiana para matrimonios (recomendamos el seminario «*A Weekend to Remember*», patrocinado por *FamilyLife*). Busquen un consejero cristiano que se base en la Biblia y pídanle que les dé ideas para profundizar su amistad. Mientras más inviertan en su matrimonio *entre* las tormentas, mejor preparados estarán para *soportarlas* juntos, e incluso para salir de ellas más fortalecidos.

Luego del fallido intento de Pete de jubilarse, él y Janis admitieron la desilusión al ver que la jubilación no les caía bien, pero se decidieron a hacer algo en cuanto al distanciamiento que se había filtrado en su matrimonio. Buscaron parejas de jubilados y que se vieran más felices que nunca, y se tomaron los pocos años que les quedaban para redescubrirse el uno al otro y para entrar en las esferas de interés del otro.

Cuando Pete al fin se quedó para siempre en su hogar, les llevaban ventaja a muchas parejas en edad de jubilación. Lo único que lamentaban era haber perdido durante tanto tiempo el placer de la amistad mutua.

Después de toda la planificación que hicieron Pete y Janis, la jubilación de Pete no resultó tal como esperaban. Seis meses después que Pete se jubilara, su nuera se suicidó y dejó a su hijo con tres niños pequeños para criar solo. Mientras Pete y Janis lloraban y oraban por la tragedia, se dieron cuenta de que se encontraban en una posición única para ayudar a su hijo y a sus nietos. Tomaron cartas en el asunto y se ocuparon de los dos más pequeños durante el día hasta que tuvieron edad para ir a la escuela. Y durante muchos años más, Pete o Janis, o los dos, se encontraban en la casa de sus nietos para recibirlos cuando llegaban de la escuela.

Pete y Janis estaban listos cuando los azotó la tormenta. Como fortalecieron su amistad, se encontraban preparados para ayudar a su hijo y a sus nietos a sobrevivir a la devastación del suicidio. No tenían idea de cómo beneficiarían a su hijo y a su familia los lazos que estrecharon durante los años previos. No obstante, por primera vez en la vida enfrentaron una prueba *juntos* de verdad.

¿Alimentas hoy tu relación a fin de enfrentar cualquier cosa que traiga el mañana? ¿Construyes una relación que esté lista para las pruebas que no puedes prever? En el siguiente capítulo veremos cómo estas seis cualidades del amor que persevera: el compromiso, la aceptación, la confianza, la resistencia, la fe y la preparación, son capaces de guiarte cuando se desate la próxima tormenta.

 *nueve*

SOBREVIVAN LAS TORMENTAS

$\mathcal{S}$i tu matrimonio se parece en algo al nuestro, debes vivir en un mundo parecido a una olla de presión. El estrés diario supera lo que puedes soportar. Además de las demandas profesionales, tienes un cónyuge al cual amar, hijos que atender y tal vez padres ancianos a los que debes cuidar en sus años dorados. Cada una de estas relaciones es un privilegio, pero a la vez cada una de ellas exige la prioridad en tu vida compleja y atareada.

Como toda pareja casada, Gary y yo hemos tenido nuestra cuota de altibajos: el gozo de traer nuevas vidas al mundo, la oscura incertidumbre de las enfermedades y cirugías, la satisfacción de ministrar a los demás, el dolor de que el otro nos pase por alto. Aun así, a través de todas las circunstancias nos hemos comprometido a enfrentar juntos estos altibajos como compañeros de un equipo y mejores amigos en el torbellino de la vida. Con la ayuda de Dios hemos encontrado el camino a través de peligrosos pasadizos de la vida y hemos soportado muchas pruebas. Y en todos los casos salimos con una mayor determinación, con una mayor devoción y un amor más profundo del uno hacia el otro porque juntos caminamos por esa travesía poco segura.

Entonces arreció el verdadero temporal, una tormenta matrimonial con el potencial de hundirnos. Sacudió nuestro mundo con el impacto de un huracán de categoría cinco. Si alguna vez nuestra relación tuvo necesidad del amor que persevera, fue en esta ocasión.

EL ATAQUE SORPRESA DEL DOLOR

Sucedió en 1997, un año después de la muerte del padre de Gary. Él estaba muy apegado a su padre, así que luchó con una terrible sensación de dolor y pérdida. El proceso de un duelo lleva tiempo, pero Gary no tenía tiempo para tal cosa. A los pocos días del funeral, estaba de regreso en el trabajo dando charlas, aconsejando y escribiendo. Al encontrarse atrapado entre las responsabilidades, las presiones y demandas del ministerio, Gary no se permitió procesar a fondo su dolor. Y comenzó a pagar el precio.

Mientras trataba de seguir adelante con la vida, pronto se puso en evidencia que estaba deprimido. No se trataba de una tristeza pasajera, sino de una depresión clínica prolongada. No se podía concentrar. Algunas noches no podía dormir. Otras veces dormía entre catorce y dieciséis horas seguidas. Perdió el apetito y bajó once kilos. La mayor parte del tiempo se sentía triste, desvalido y sin esperanza. La vida ya no era divertida para él.

Gary y yo somos un equipo comprometido tanto en el matrimonio como en el ministerio. Vivimos juntos *y* trabajamos juntos. Por lo tanto, yo no era una observadora en esta prueba; participaba todo el tiempo del dolor y de la depresión de Gary. Aunque no sufría una depresión clínica, su dolor era mi dolor. Los dos nos sentíamos sobrecargados de trabajo y agotados emocionalmente.

Algunas veces Gary y yo íbamos a trabajar como de costumbre, pero algunas mañanas se despertaba tan decaído que lo único que quería era quedarse en casa. Durante esos días, yo cancelaba todo en mi calendario para sentarme y abrazarlo mientras procesaba su dolor. Ninguno de los dos comprendía por completo lo que sucedía. En las horas más oscuras, vivir de día en día parecía demasiado. ¡No podíamos hacer otra cosa más que vivir de cinco minutos a cinco minutos!

Ahora bien, soy una mujer a la que le gusta tener cierto orden en la vida diaria, pero la depresión debilitadora de Gary tiró por la ventana nuestro programa familiar por completo. Me sentía atemorizada e indefensa. Como necesitaba tener las cosas bajo cierto control, aumenté mis responsabilidades públicas en

nuestro ministerio para compensar la ausencia de Gary, pero
cuando me encontraba a solas, lloraba por su angustia y conmo-
ción interna. Se retraía cada vez más y algunas veces regresaba a
casa del trabajo y se iba derecho a la cama sin cenar. Yo no mane-
jaba bien la situación.

Nuestra familia había sido muy unida, había estado llena de
amor, de calidez y de risa. Sin embargo, Gary ya no era el mismo
y su depresión era una nube oscura en nuestra vida diaria.
Seguíamos teniendo algunos momentos alegres, pero la mayoría
de los días eran difíciles. En ocasiones Gary era cortante con
nuestras hijas o las obviaba por completo. Traté de asegurarles a
Sarah y a Missy que su padre se pondría bien, pero temía que eso
no sucediera. En mis momentos más oscuros, me parecía que
me hundía en el infierno privado de Gary junto con él.

Si dos años antes de la depresión de Gary me hubieras preguntado si podía sobrevenirnos una tormenta como esta, hubiera
respondido: «¡De ninguna manera!». Gary había sido un faro de
fortaleza para mí a lo largo de los años, pero ese potente rayo de
luz se apagaba. No sabía si esta tormenta terminaría alguna vez.

Por más difícil que fuera esta prueba para mí, Gary era el
más afectado. Ahora él te contará más acerca de esta historia.

Debo admitir que el año 1997 fue el más largo, el más difícil y el
más doloroso de mi vida. Algunos días me aislaba de los demás y
me encerraba en mí mismo. Me deslizaba por la puerta trasera
de la oficina y conducía por la autopista en busca de un lugar en
el cual estar a solas para llorar. Me parecía que no podía proveer
para mi familia. Pensaba que Dios no podía usarme y que jamás
sacaría la cabeza de este hoyo profundo.

En estos momentos, casi siempre caminaba durante horas,
con la esperanza de que el ejercicio me trajera alivio. Me ayudaba un poco, pero los profundos sentimientos de fracaso e inseguridad eran casi más de lo que podía soportar.

Un día me planté en el banco de un parque con la Biblia y
una botella de agua. Clamé a Dios: «No me iré de aquí hasta que

te reveles a mí y me reveles las promesas que están en tu Palabra». Leí y leí. Pasaron las horas. Al llegar la quinta hora, me topé con Éxodo 14:13-14: «No tengan miedo —les respondió Moisés—. Mantengan sus posiciones, que hoy mismo serán testigos de la salvación que el SEÑOR realizará a favor de ustedes. A esos egipcios que hoy ven, ¡jamás volverán a verlos! Ustedes quédense quietos, que el SEÑOR presentará batalla por ustedes».

Aquel fue el comienzo del regreso para mí. Dios me habló. Mi liberación era su responsabilidad. Iría en mi lugar a la guerra contra la depresión que me dejó inválido. Sentía que la carga comenzaba a levantarse.

Regresé a mi hogar en busca de Barb, mi mejor amiga, y le conté lo que acababa de sucederme. «Sé que hay esperanza, Barb», le dije. «Voy a salir de esto».

Cuando hablamos ese día, Barb me recordó algunas verdades básicas que forman parte de los cimientos de nuestro matrimonio. «Gary, no espero que salgas solo de todo esto. Espero caminar a tu lado a lo largo de todo el proceso. También quiero que recuerdes que Dios peleará en tu lugar, tal como te lo reveló en ese banco. Debes confiar en Él y quedarte quieto. Deja que él te lleve en el espíritu y déjame llevarte como la compañera de tu alma».

Me recordó que podía confiar en ella. «Estoy pegada a ti como si tuviéramos pegamento y no hay nada que me pueda separar. Somos uno. Los votos matrimoniales que intercambiamos tienen vigencia. Lo que te prometí es verdad. *En tiempos buenos y en tiempos malos* incluye también a los peores tiempos, somos un equipo».

Cuánto alabo a Dios porque sus promesas son verdad. *De verdad* luchó por mí. Por su gracia y su fuerza, me recuperé de la depresión. Hasta recuperé los once kilos perdidos. También alabo a Dios porque las promesas de Barb eran verdaderas. Se pegó a mí como si fuera pegamento. No hubiera podido salir sin su amor perseverante.

LA CONSTRUCCIÓN DE UN AMOR QUE DURA

Tal vez venga sobre tu vida una tormenta tan fuerte como la que nos tocó a nosotros. O quizá te encuentres en medio de algo aun peor. No importa lo que hayas tenido que enfrentar en el pasado, puedes estar seguro de que habrá pruebas en el futuro. Barb y yo deseamos prepararlos de tal manera que no solo sobrevivan juntos a esas pruebas, sino que también crezcan aun más fuertes en el proceso.

Lo que necesitamos es un amor que proporcione fuerza para soportar los dolores de la vida. Creemos que el amor que persevera es la respuesta. Este amor permanece fuerte cuando las tormentas se arremolinan sobre tu matrimonio. El amor que persevera los une aun más y fortalece su amistad. ¿Cómo pueden estar seguros de que tú y tu cónyuge tienen lo que hace falta para sobreponerse a estas tormentas? Aquí tenemos cinco claves vitales para construir una fortaleza de amor que dure en tu matrimonio. Barb comenzará con las dos primeras claves.

Conéctate y permanece conectado

La capacidad que tienen para resistir juntos en los tiempos difíciles es directamente proporcional a la profundidad del compañerismo que tienen en los tiempos buenos. Dos corazones deben unirse para juntos crecer fuertes. Si desean permanecer pegados juntos en las dificultades, tienen que aplicarle ahora el cemento a su cónyuge.

Gary y yo comenzamos nuestro día conectándonos incluso antes de salir de la cama. Él es el madrugador de la casa así que, por lo general, es el que se levanta primero. Yo estoy medio dormida cuando lo escucho susurrar: «Te amo, Barb... te necesito». Sin embargo, lo que no puedo resistir es cada vez que me dice: «¡Nena, nena, nena!». Cada vez que lo escucho, me hace reír y me trae gozo al alma.

Antes de separarse cada día, díganse de todo corazón: «Te amo». Permanezcan conectados llamándose por teléfono durante el día.

Encuentren maneras de estar disponibles el uno para el otro incluso cuando viajan o cuando andan con los hijos a cuestas. El tiempo que nos tomamos para conectarnos y para permanecer conectados construye la seguridad y la intimidad en una relación. Es parte de lo que hace que un matrimonio sea grandioso, a prueba de divorcio. Y es algo esencial cuando nos golpean las pruebas.

Jon se encontraba en medio de un prolongado período de estrés en su compañía. Retiraban de forma paulatina la sección en que él estaba y aunque todavía tenía un trabajo, le asignaron la tarea de apagar las luces en su área. Esto implicaba entregar docenas de telegramas de despido y soportar meses de reuniones desagradables y contenciosas en el lugar de trabajo y fuera de él. Jon casi nunca se encontraba en el mismo sitio durante más de unas pocas horas.

Heather expresó su preocupación por el bienestar emocional de su esposo diciendo que le molestaba que casi no fuera posible llegar a él durante el día. Para mantenerse mejor conectados, Jon llevaba su teléfono celular a todas partes de modo que él y Heather pudieran estar en contacto con solo apretar un botón. Tanto Jon como Heather descubrieron que el hecho de saber que lo único que tenían que hacer para conectarse era apretar un botón, les aliviaba los nervios que tenían de punta.

Cuando algunos colegas se enteraron, hicieron bromas diciendo que la esposa de Jon lo tenía a raya, pero en lugar de desconectar el teléfono Jon hizo una pregunta directa: «¿Por qué no sienten la necesidad de estar conectados durante este tiempo estresante?».

En estos días, la gente puede decirte que hasta un nivel de dependencia saludable y ordenado por Dios con tu cónyuge es una forma de dependencia enfermiza. Sin embargo, en nuestro mundo desconectado debes hacer todo lo posible para fortalecer los lazos emocionales y espirituales con tu cónyuge. Ya sea que estén atravesando tiempos fáciles o difíciles, tu cónyuge apreciará desde lo más profundo tus esfuerzos por permanecer en contacto. Haz lo que sea necesario para sentirte conectado y presente con tu cónyuge incluso cuando estén separados.

Haz de tu relación un lugar seguro

Jay y Kari saben lo que es sufrir los vientos de monstruosas tormentas, en el sentido literal. Viven en el país de los tornados. Cuando Jay se encontraba en el instituto, el techo de la casa de sus padres voló. El hijo de la mejor amiga de Kari murió en un tornado y juntos han sentido el aguijón de los miles de dólares de daños por tormentas en su propia casa y en sus bienes. Por lo tanto, cuando suenan las sirenas que anuncian las tormentas en su comunidad, Jay, Kari y sus dos hijos pequeños corren en busca de refugio. Aun así, la huida en busca de seguridad no tiene nada de caótica. Jay y Kari tienen todo preparado en detalle y con antelación. Una caja que se encuentra guardada en el rincón más seguro del sótano contiene luces de emergencia y una radio para transmitir durante las tormentas, pero también contiene galletas, caramelos, cajas con jugos, algunos libros de cuentos y una provisión de mantas y almohadas. Durante el día, las escapadas al sótano son una fiesta improvisada y por la noche les toma menos de un minuto llevar a los niños dormidos al sótano y arroparlos en camas improvisadas. Ya sea que la tormenta arrecie de día o de noche, han creado un lugar seguro.

¿Es tu relación un lugar seguro al que los dos pueden correr para refugiarse de los problemas y terrores de la vida? Tu cónyuge necesita saber ahora que tus brazos amorosos siempre serán un refugio en medio de una prueba o una tragedia. Sentirán esa seguridad solo si practican la empatía y el consuelo ahora.

La madre de Chuck se enojó cuando sus hijos le sugirieron que era hora de vender la casa de la familia para mudarse a un complejo de apartamentos para ancianos. Protestó y todos sus hijos (todos en los cincuenta) se quedaron en la retaguardia. Cuando un ataque de apoplejía obligó a la señora Olson a ir directo a un hogar de ancianos un año después, esta mujer vomitaba amargura.

Chuck era devoto de su madre y tomó la iniciativa de revisar sus cosas, preparar la casa para la venta y supervisar sus finanzas. Sin embargo, se sentía profundamente herido por los constantes comentarios poco amables de su madre. Ella decía que era un hijo terrible por sacarla de su propia casa. En realidad, el ataque de apoplejía fue lo que la obligaba a salir de su casa, no Chuck ni sus otros hijos.

Melinda, la esposa de Chuck, no podía hacer otra cosa que mirar desde afuera mientras su esposo se ocupaba de todos los detalles del cuidado de su madre anciana. Melinda siguió protegiendo el frente en el hogar y llevaba a sus tres hijos a la escuela, a sus lecciones y a otros compromisos. Entonces con sabiduría apartó tiempo para permitir que Chuck expresara su dolor y frustración y para asegurarle que no maltrataba a su madre. Melinda le dio a Chuck, el hijo devoto que nunca se quejaba de su madre, un lugar en el cual sentirse seguro.

Algunas personas se sienten demasiado amenazadas como para confiar en alguien; les parece que a nadie le importa de verdad lo que piensan o sienten. Muchos ven esta clase de lazo en un matrimonio como una esclavitud potencial. Algunos están tan preocupados por perder la libertad personal que nunca alcanzan la honda satisfacción que proviene de una relación estrecha de verdad.

En realidad, tu matrimonio puede ser una fortaleza de protección en la que cada uno de ustedes esté a salvo para mostrar sus heridas. La sensación de seguridad se produce cuando tu cónyuge se encuentra presente emocionalmente, contigo por completo, y tú estás presente para él. Tu relación se convierte en un lugar seguro cuando bajas las defensas y le dices a tu cónyuge de manera total lo que hay en tu interior, con la seguridad de que eres aceptado y amado por lo que eres, que no necesitas fingir ser otra cosa. Si ambos logran proporcionarse este refugio seguro, están bien preparados para cualquier prueba.

Otra clave para sobrevivir las tormentas de la vida a través del amor que persevera es la comunicación. Gary te dará algunos conceptos importantes con respecto a esta habilidad vital.

Sigue comunicándote

Barb y yo sabemos por experiencia que es difícil comunicarse en tiempos duros. Hasta las pruebas más pequeñas pueden poner una cuña entre los esposos. Y si los conflictos menores logran dividirlos, piensen cuánto más los separarían los golpes devastadores de la vida. Aquí tenemos tres razones por los que las pruebas son una amenaza para la comunicación.

Las pruebas nos aíslan dentro de nuestros propios pensamientos. Las pruebas tienen un modo de obligarnos a la introspección hasta en la gente más comunicativa. Rosa, por ejemplo, siempre ha exteriorizado todos sus pensamientos y sentimientos. Su esposo, Andy, dijo que nunca había tenido que preguntarse qué pasaba por la cabeza de Rosa porque lo que pasaba por allí siempre salía al mismo tiempo de su boca. Sin embargo, cuando Rosa perdió a dos hermanas por un cáncer de mama, se retrajo.

Entonces el cáncer se convirtió en un asunto personal. Cuando el médico de Rosa le recomendó que se sometiera a una mastectomía total preventiva, sabía que se enfrentaba a una decisión que solo ella podía tomar. Su mundo se le cerró encima como el largo invierno de Iowa, adonde el sol puede ocultarse durante meses. Aunque la decisión era en definitiva de Rosa, la información vital para tomarla provino de su esposo. Le dijo que deseaba tenerla junto a él para siempre y que la amaría y la atesoraría fuera cual fuera su apariencia física. Andy hizo algunas preguntas clave para ayudarla a que comenzara a comunicarse otra vez. Enseguida analizaremos esas preguntas.

Las pruebas invitan a la negación o a la creencia de que eres capaz de enfrentarlo todo por tu cuenta. Negación es el término que usa la sicología para definir nuestra tendencia a no admitir que existe un problema. Es el rechazo a enfrentarnos a los hechos. Cuando afirmamos que somos capaces de enfrentar solos un problema, podemos mostrar una señal de independencia saludable, pero también puede tratarse de un intento insalubre de evitar que nos vean mal o de pedir ayuda. Quizá nos prepare para tararear la vieja melodía de Simon y Garfunkel «soy una roca, soy una isla». Tanto la negación como la independencia obstinada empujan a tu cónyuge a la periferia diciéndole: «No necesito hablar de esto».

Cuando dejas al descubierto el dolor profundo, también dejarás al descubierto, por lo general, cuestiones privadas y de seguridad emocional. En realidad, el temor a no tener un lugar seguro para sortear nuestros problemas es lo que nos impulsa a guardar esas heridas bajo una envoltura durante tanto tiempo. Es por eso que es tan importante que desarrollemos patrones seguros de amistad antes de que nos golpeen las pruebas.

Las pruebas nos dejan con la sensación de que nadie entiende. Cuando Michael y Karley se enteraron que su hijo de catorce años, Evan, tenía una extraña enfermedad mortal, sintieron que nadie en el mundo sabía lo que les pasaba. Lucharon con este sentimiento de soledad durante las semanas siguientes hasta que el médico los puso en contacto con un grupo de apoyo de padres cuyos hijos tenían la misma enfermedad y que se conectaban por teléfono y por correo electrónico.

Michael y Karley recibieron ayuda y consuelo de personas que sabían con exactitud lo que pasaban porque atravesaron la misma situación o porque todavía seguían en medio de ella. Esta pareja experimentó lo que Pablo describe en 2 Corintios 1:3-4: «Alabado sea el Dios y Padre de nuestro Señor Jesucristo, Padre misericordioso y Dios de toda consolación, quien nos consuela en todas nuestras tribulaciones para que con el mismo consuelo que de Dios hemos recibido, también nosotros podamos consolar a todos los que sufren»

No te creas esa sutil mentira de que «nadie me entiende». Tu cónyuge entiende la lucha por la que atraviesas, aunque no sea del todo. Invierte los papeles por un momento. Si tu cónyuge atravesara una crisis y pensara que nadie entiende su dolor, detestarías que te dejaran fuera. Te sentirías herido si no acogieran tu ayuda y consuelo. ¿Por qué? Porque como alguien que también se ha enfrentado al dolor en la vida, tienes para ofrecer un consuelo genuino incluso en una prueba fuera de lo común.

Si alguna vez te sientes tentado a dejar a tu cónyuge fuera de tu agonía, resiste ese impulso. Atrévete a franquearte.

Cuando te enfrentas a momentos de prueba y dolor, hay tres preguntas clave que pueden ayudarlos a los dos a mantener abierta la comunicación.

1. «*¿Cuál es el problema?*» A primera vista, la respuesta es evidente: es la prueba en sí: el cáncer, la bancarrota, un hijo rebelde, el desempleo, etc. No obstante, he aquí nuestra idea. Primero, el problema no es personal. Estamos del otro lado. El problema está fuera de nosotros y batallamos juntos en su contra. Segundo, el problema es algo que podemos nombrar y enfrentar juntos.

Aquí tenemos lo que hizo Andy para que Rosa al fin volviera a hablar. Cuando le pidió que definiera el meollo de su lucha, ella dijo: «No te gustará mi apariencia después de la cirugía de mama. No me amarás igual». Entonces Andy manifestó enseguida que no estaba de acuerdo y le aseguró a su esposa que su amor por ella nunca cambiaría. Para él, el único problema era su salud y su supervivencia. La aclaración de Andy trasladó el centro de atención al asunto principal: librarse del cáncer. Segura del amor y la aceptación de Andy, Rosa se sintió en libertad de decidirse por la cirugía.

2. «*¿Qué necesitamos el uno del otro?*» Una vez definido el problema, pregúntate qué clase de ayuda necesitas para resolverlo. Identifica esferas en que tengas la fortaleza y los medios para apoyar al otro. ¿Necesitas al otro para tomar una decisión? ¿Necesitas un poco de espacio? ¿Qué me dices del consuelo y el ánimo?

Tal vez necesites que tu cónyuge se devane los sesos contigo o que busque la verdad de Dios contigo en su Palabra y a través de la oración.

3. «¿Qué clase de ayuda externa necesitas?» Por lo general, la solución de una prueba o una crisis va más allá de tu habilidad y tus recursos. En el caso de las pruebas que atentan contra el matrimonio, esto es en realidad lo que sucede *siempre.* Dios desea poner a otras personas en tu vida para levantarte. Tu deber a esta altura quizá sea algo tan concreto como hacer una lista de las personas que necesitas y de lo que pueden hacer por ti.

Por supuesto, el mayor recurso para satisfacer tus necesidades es Dios. Él es la suprema respuesta para cada una de tus necesidades. Dios también te dio a tu cónyuge para que te consuele y apoye. Los cristianos tienen los recursos de la iglesia de Dios, el cuerpo de Cristo. Y Dios te rodea de otras personas: familiares, amigos, vecinos, médicos, consejeros, a fin de que te ayuden cuando estás en problemas. Aunque no tengas la capacidad de satisfacer las necesidades de tu cónyuge, tienes una riqueza de recursos a tu disposición. Saca ventaja de ellos.

Therese siempre había llevado una vida ordenada. Tenía todo bajo control, desde el seguimiento preciso de su peso, el cuidado de sus emociones, hasta la atención de su casa y su familia con prolija precisión. Ron siempre temía perturbar el desarrollo de su orden, aunque le parecía que lo trataban como a uno de los niños.

Una noche, después que Therese celebrara una fiesta de cumpleaños para su hija de doce años, Megan, a la que asistieron una docena de niñas, Ron observó a su esposa, que casi siempre tenía todo bajo control, mientras se hacía un ovillo en el sofá y comenzaba a llorar. A los pocos minutos, lloraba como nunca antes la había visto llorar. Ron no tenía idea de qué sucedía, pero sabía lo suficiente como para sentarse a su lado y envolverla en sus brazos.

Luego de una hora de sollozos descontrolados, Therese recobró la compostura y dijo: «Ron, no sé cómo decirte esto. Cuando era pequeña, un adolescente de nuestro vecindario abusó sexualmente de mí. No sé por qué me sale esto hoy. Supongo que se debe a que el abuso comenzó cuando tenía la edad de Megan. Al ver a todas esas niñas inocentes...». Otra oleada de lágrimas ahogó sus palabras. Lloró hasta quedarse dormida en brazos de Ron.

Por la mañana, Ron llamó por teléfono a su trabajo y les dijo que no podría ir. Llevó a Therese a dar una caminata por su parque favorito. Mientras estaban sentados juntos en un banco del parque que miraba al lago, Therese le contó un poco más de su historia con palabras cuidadosamente medidas. «Ron, no te puedo decir lo que me hizo. No quiero que te descompongas. Me siento sucia. Me siento culpable por lo que me hizo. No sabía cómo detenerlo. Miro a nuestras propias hijas crecer y ya no puedo guardar esto dentro de mí».

Ron no tenía idea de cómo aconsejar a su esposa para que superara su dolor, pero sabía que se trataba de una crisis que podían enfrentar juntos. Sabía cómo sostener a su esposa dolorida. Y sabía cómo encontrar ayuda.

Le pidió una referencia a su pastor y persuadió a Therese para que vieran a un consejero cristiano que había trabajado con decenas de mujeres que luchaban contra el abuso sexual en su pasado. Durante semanas, Ron se sentó fielmente en la sala de espera mientras su esposa se encontraba con el terapeuta. Un día, Therese lo invitó a una sesión. Estaba lista para que Ron entrara en el proceso de sanidad, un proceso que tal vez nunca hubiera comenzado sin la ayuda y el aliento de Ron.

Esposos y esposas, ustedes se enfrentarán a pruebas que son demasiado grandes para manejar solos, a problemas que no pueden atacar con su propia fuerza y sabiduría. Como cónyuge, tu tarea es simple: Ayuda de la mejor manera posible, pero también comprométete a encontrar ayuda más allá de la que puedas ofrecer.

Una cuarta clave para construir un amor que dure está relacionada con ver la perspectiva que Dios tiene de nuestras pruebas. Barb hablará de esta importante clave.

Descansa en la verdad que Dios tiene un propósito en las pruebas

Si fuera por Gary y por mí, escogeríamos navegar por la vida con la menor cantidad de problemas posible. Sin embargo, Dios no ve las cosas como nosotros. Ha permitido las pruebas en nuestra vida para enseñarnos acerca del amor que persevera, para ayudarnos a Gary y a mí a que nos unamos como los mejores amigos para toda la vida. No podemos decir que las pruebas fueron divertidas, pero sí valoramos lo que Dios construye en nosotros durante el proceso.

La prueba de la depresión de Gary fue terrible para los dos, pero la experiencia de esa prueba nos ha proporcionado un cimiento para sobrevivir otras tormentas que Dios quizá permita que enfrentemos. Hemos experimentado la verdad de Romanos 5:3-4: «También [nos regocijamos] en nuestros sufrimientos, porque sabemos que el sufrimiento produce perseverancia; la perseverancia, entereza de carácter; la entereza de carácter, esperanza».

Si tu confianza solo está puesta en tu propia habilidad como pareja para atravesar los momentos más difíciles de la vida, estás preparado de manera lamentable; pero cuando reconoces que Dios es soberano sobre toda nuestra vida, que nada te puede tocar excepto lo que Él permite, que su propósito en las pruebas es edificar tu resistencia y tu carácter, estás listo para sobrevivir cualquier tormenta. Estas son verdades en las que puedes descansar ahora y para siempre.

Una mañana temprano, durante la crisis de Gary, lloré sin parar durante mi tiempo de oración. Me inundaban los recuerdos de nuestro hogar feliz y lleno de amor. Con desesperación, traté de volver atrás en el tiempo a la manera en que siempre fueron las cosas. «Ay Dios, ¡quiero recuperar mi hogar!», sollocé.

En mi agonía privada, rogué: «¡Por favor, Dios, fortalece a mi esposo!».

En aquel momento, el insondable amor de Dios me abrazó. Sentí que era mi compañero cercano en medio de la batalla. Transferí mis necesidades a aquel que prometió llevar todas mis cargas. Mateo 11:28-29 nos recuerda con mucha claridad: «Vengan a mí todos ustedes que están cansados y agobiados, y yo les daré descanso. Carguen con mi yugo y aprendan de mí, pues yo soy apacible y humilde de corazón, y encontrarán descanso para su alma».

Cuando Dios comenzó a sanar a Gary de la depresión, sentí una pasión mayor y un amor más profundo hacia Dios. Comencé a disfrutar de una comunión más estrecha con Jesús, una intimidad que hubiera podido perder si el huracán de la depresión de Gary no me hubiera llevado a una completa dependencia de Dios.

Desde entonces, mi perspectiva con respecto a las pruebas ha cambiado. Ya no le temo tanto enfrentarlas porque sé que en realidad producen algo bueno en mi vida. La gente sin cesar nos pregunta a Gary y a mí de dónde sacamos el gozo. Si no nos conoces muy bien, quizá pienses que no tenemos ninguna carga. Bueno, ahora lo sabes. Al igual que tú, tenemos cargas, pruebas y tormentas, pero también tenemos mucho gozo. La razón es que, al igual que tú, tenemos un Padre celestial que nos proporciona refugio durante las tormentas, un refugio tan seguro y tan fuerte que ningún poder en la tierra es capaz de conquistarlo.

Por lo general, los matrimonios grandiosos se forjan a través de pruebas difíciles. Sea lo que sea que estés enfrentando en tu matrimonio en este momento, permite que las palabras de Santiago 1:2-4 te sirvan tanto de instrucción como de consuelo: «Hermanos míos, considérense muy dichosos cuando tengan que enfrentarse con diversas pruebas, pues ya saben que la prueba de su fe produce constancia. Y la constancia debe llevar a feliz término la obra, para que sean perfectos e íntegros, sin que les falte nada».

Tal vez alguien diga: «¿Cómo? ¿Debemos considerar la enfermedad de nuestro hijo, el desempleo de mi cónyuge y las termitas en el sótano como una oportunidad para gozarnos? ¿Lo dices en broma?». No, no lo decimos en broma. No siempre es fácil, pero Dios desea que nos gocemos en nuestras pruebas, no porque sean un motivo de gozo, sino porque Él usa esas experiencias para fortalecer nuestra fe y para hacernos más maduros.

Gary tiene una clave más para edificar un amor que resista.

Decídanse a enfrentar juntos el problema... sea como sea

Tyrone era un exitoso oficial del ministerio de relaciones exteriores. Serena era artista. Eran diferentes en muchos sentidos, pero tenían en común un profundo amor hacia Dios y una inteligencia aguda. En un instante se convirtieron en mejores amigos. Cuando se casaron un brillante día de verano, Serena no tenía idea de que antes de que pasara un año estaría de vuelta en la misma iglesia para el funeral de Tyrone.

Al poco tiempo de la boda, algunas dificultades repentinas en la visión llevaron a Tyrone primero a un optometrista y luego a un oftalmólogo. Pruebas posteriores revelaron que tenía un tumor invasivo e inoperable en el cerebro.

Cuando comenzó el tratamiento con radiación y quimioterapia, Tyrone se lamentó por haber «arrastrado a Serena a esto», como dijo.

Serena le aseguró que nadie la había arrastrado a nada. Estaba con él porque lo amaba y permanecería a su lado por la misma razón, pasara lo que pasara.

Un día, cuando la situación se veía lúgubre, Serena tomó la mano de Tyrone durante otra ronda de tratamientos con radiaciones y cócteles de quimioterapia. De repente, le sonrió y él la miró como si se hubiera vuelto loca. «Te amo», le dijo. «Linda fiesta has armado. No me la perdería por nada del mundo».

Pronto se vio que Tyrone no se iba a mejorar. En silencio reconocieron que nunca lograrían realizar muchos de sus sueños en una vida juntos; pero también se dieron cuenta de que se tenían el uno al otro durante el tiempo que Dios les permitiera y eso era lo que deseaban de verdad.

Una tarde brillante de invierno, poco antes de que comenzara a perder las facultades mentales, Tyrone le preguntó a Serena si hubiera deseado casarse con otra persona. «De ninguna manera», susurró ella. «Prometí estar contigo y así lo haré... "hasta que la muerte nos separe"». Incluso después que Tyrone entrara en coma, Serena cumplió su promesa. Junto a su cama hizo lo único que podía hacer: permanecer a su lado hasta que terminara esa prueba.

Barb y yo hemos descubierto que el amor que sentimos el uno por el otro es glorioso en los tiempos buenos: en las vacaciones en la playa, durante las experiencias con las niñas que han creado recuerdos inolvidables, en los momentos de profunda intimidad juntos con Jesucristo. Es fácil amar en los buenos tiempos, pero cuando nuestro matrimonio se encuentra bajo una intensa prueba, todavía tenemos en nuestras manos lo que importa de verdad. Saboreamos un amor que no renuncia. Conocemos una amistad que se fortalece a medida que la vida se vuelve más dura. Encontramos aceptación en nuestra necesidad. Tenemos una mano que asir en nuestro dolor. En pocas palabras, nos lleven a donde nos lleven las pruebas, nos tenemos el uno al otro.

En tus momentos de crisis y durante el estrés insoportable, puedes preguntarte en lo secreto si tu cónyuge se acercará más a ti y si permanecerá a tu lado, pase lo que pase, o si se alejará y te dejará solo batallando en la tormenta. También puedes preguntarte si tienes la fuerza para resistir junto a tu cónyuge o si sentirás la tentación de apartarte. Este es el momento para decidir y ponerse de acuerdo: Juntos le haremos frente a cualquier cosa que venga a nuestro camino y permaneceremos juntos en él sin importar a dónde nos lleve.

Cuando te comprometes en este nivel de amor perseverante, decides estar firme en medio del sufrimiento, caminar a través del dolor y a seguir unidos a través de los tiempos difíciles, hasta que la muerte los separe. Le ofreces a tu cónyuge la seguridad de que nunca estará solo cuando vengan las pruebas. El amor que persevera te proporciona el privilegio de caminar a través de cada tormenta con tu mejor amigo.

Una realidad que nos hace pensar es que algunas pruebas, como la de Tyrone y Serena, terminan en la muerte de uno de los cónyuges. Incluso entonces hay gozo y triunfo. El cónyuge que entra en la gloria gana la presencia de Jesucristo y la conclusión de toda prueba y dolor. El que queda atrás tiene una de las posesiones más preciosas de la vida: los recuerdos de un amor que duró hasta el fin.

UNA NOTA ESPECIAL SOBRE LA TRAVESÍA

El amor que persevera es algo que necesitamos para que nuestra relación matrimonial se mantenga íntima y arraigada sin importar lo que suceda en la vida. Hay pasos que puedes dar ahora a fin de asegurarte de que tu amor resista. Existen maneras de tener la certeza de que tu relación se encuentra en un lugar seguro, que las líneas de la comunicación están abiertas y que miras las tormentas de la vida desde la perspectiva de Dios.

Es por eso que planeamos escribir un libro sobre el amor que persevera. Está en camino. Este libro ayudará a un pequeño grupo de parejas a cultivar la seguridad y la confianza de que, sea cual sea la prueba que tengan que enfrentar, sobrevivirán y saldrán de ella más fortalecidos y más enamorados que nunca antes.

Quinta parte

EL AMOR QUE PROTEGE

El amor que protege nos guarda de las amenazas

y ayuda a los cónyuges a

sentirse seguros y a salvos

diez

EL CASTILLO DE TU CORAZÓN

«Si juntaran a cinco millones de mujeres», comenzaba la carta que Michelle nos escribió a Barb y a mí, «yo hubiera sido la última en levantar sospechas de tener una aventura amorosa. Era una mujer pura. Mis ojos nunca miraban a otro hombre».

La triste historia de Michelle es una de vulnerabilidad y descuido. Léela tú mismo:

> *Ayudaba a conducir un estudio bíblico para mujeres que tenían luchas en sus matrimonios. Veía a estas mujeres atravesar el dolor en sus matrimonios e incluso llegar a la separación. Sin embargo, yo era diferente. Era fiel y confiable.*
>
> *Cuando por fin compramos una computadora, descubrí que la Internet contenía muchos lugares interesantes. Podía buscar lugares para pasar las vacaciones, podía leer los periódicos. Todas estas cosas eran buenas, no tenían nada de malo. Nunca me di cuenta de que me encontraba tan solo a un clic de la destrucción.*
>
> *Un día me registré en una sala de conversación. Escogí una limpia, nada de salas pornográficas. Sencillamente deseaba entrar y ver qué sucedía. Casi de inmediato, un hombre comenzó a hablar conmigo. Me prestaba atención y tenía una respuesta inteligente para cada palabra que yo escribía.*
>
> *Seguí encontrándome con este hombre en la sala de conversación, aunque sabía que estaba mal. La relación parecía inocente. Solo hablábamos sobre la familia y la vida. Pronto avanzamos y nos llamábamos por teléfono.*

Me encantaba comunicarme con él. Se preocupaba mucho por mí.

Después de algún tiempo, decidimos conocernos. Estábamos enamorados o eso era lo que creíamos. Luego de decirle a mi esposo que me reuniría con algunas amigas, me fui con este hombre para pasar lo que pensaba que sería una escapada de fin de semana romántico. No fue lo que esperaba en absoluto, y de repente todo se derrumbó a pedazos. Había traicionado a mi esposo y a mi familia.

Mi negligente relación por la Internet casi destruye mi matrimonio. Me volví adicta y al final esto me llevó a una aventura. He lamentado el día en que, con un clic del ratón, entré en una espiral descendente de pecado y engaño. No construí una cerca de protección alrededor de mi matrimonio. No cuidé mi corazón.

EL ESTADO DEL CORAZÓN

Fíjate en la última línea que escribió Michelle. Admitió que cayó en una aventura amorosa con un extraño que estaba en línea porque no cuidó su corazón. Con esta conmovedora declaración puso al descubierto tanto su condición como lo que la causó. Cada vez que un matrimonio se autodestruye, el corazón es el meollo de la cuestión.

Dicho de manera sencilla, tu corazón es la esencia de lo que eres. Es todo. Es la fuente de toda vida. En nuestra cultura, hemos descuidado esta verdad a la par que declaramos que la mente es el centro de nuestro ser. Cualquier erudito hebreo de los tiempos bíblicos hubiera rebatido: «De ninguna manera. La vida fluye del corazón. Todo lo que hacemos y todo lo que somos, hasta nuestro destino, emana de esa profunda fuente interior». Usada en un sentido literal y concreto, la palabra hebrea para corazón se refiere al órgano interno que bombea sangre desde nuestro pecho. Sin embargo, en el uso metafórico, el *corazón* se convierte en el término bíblico más rico para referirse a toda nuestra naturaleza interna e intangible que comprende las emociones, la conciencia, el pensamiento y la voluntad.

El corazón es el lugar en el que tu vida se encuentra con tu mundo. Es la puerta de acceso a tus emociones y relaciones. Es donde experimentas un gozo profundo y donde experimentas un dolor profundo. Y a donde guía tu corazón, le siguen naturalmente tus ojos, boca y pies.

En Proverbios 4:23, el sabio rey Salomón ofrece un cuadro vívido de la importancia que tiene tu corazón en el estado de todo tu ser. Dice que «de él mana la vida». ¿De qué lugar se dice que mana algo? De la fuente de una vertiente, de un arroyo o río. En un sentido más amplio, la palabra «manar» se refiere al suministro al parecer interminable de algo. Cuando Salomón dice que del corazón mana la vida, quiere decir que nuestro mismo ser fluye sin cesar de su fuente central e interna.

Piensa por un momento en un pozo artesiano. Si es buena la fuente del pozo, de donde mana el agua, obtendrás agua buena, potable y dadora de vida. No obstante, si en la fuente hay algo malo, si está contaminada por veneno o parásitos, el agua mala que fluye de esa fuente tiene el poder de matar.

No es de sorprenderse que Salomón nos amoneste en la primera parte de Proverbios 4:23: «Por sobre todas las cosas cuida tu corazón». Cuando uno lee «por sobre todas las cosas» en la Escritura, sabe que el mensaje debe ser importante. Es *muy* importante que protejamos nuestro corazón. Si no logramos mantener nuestros corazones libres de contaminación: de pensamientos, deseos y elecciones carnales, toda nuestra vida se afectará de manera negativa. Se supone que tu corazón sea una fuente de vida. Si no lo protegemos, se convertirá en una fuente de destrucción y muerte, como descubrió Michelle.

La instrucción de «cuidar el corazón» quiere decir que pongamos a propósito un escudo protector alrededor del centro de nuestra vida. La palabra *proteger* sugiere que ejerzamos un gran cuidado o que apostemos un guardia. Cuando proteges tu corazón, lo haces en todo lo que en verdad es valioso en la vida. Y el amor que identifica a los verdaderos peligros de la vida para un matrimonio y se opone a ellos es un *amor que protege*. Cuando se pone en su lugar al amor que protege y se mantiene vigilante en nuestra relación, este amor protegerá nuestros corazones de las amenazas internas y de las externas. Cuando el amor que protege se encuentra en acción, tú y tu cónyuge disfrutarán de una elevada sensación de seguridad en la relación. Y sin el amor que protege, tu matrimonio nunca será a prueba de divorcio.

A SALVO DENTRO DE LOS MUROS DEL CASTILLO

Érase una vez, que la defensa de la familia del peligro y la muerte requería algo concreto y visible. Si deseabas tener lo máximo en protección para la familia, construías un castillo. Quizá todavía tengas la noción romántica de un castillo como de una «torre de amor», en la que la hermosa princesa conocía al príncipe deslumbrante. Pero en realidad, los castillos eran fortalezas diseñadas para mantener a los chicos malos afuera y a los chicos buenos a salvo.

Los castillos aparecieron por primera vez en el noroeste de Europa en el siglo nueve. Muchos de ellos estaban tan bien construidos que todavía existen, más de mil años después. Una autoridad en la materia cataloga los restos de al menos mil quinientos castillos solo en Inglaterra.

¿Alguna vez te preguntaste quién vivía en los castillos? Además del señor y su familia, los habitantes del castillo incluían a los caballeros, a los escuderos, a los hombres de armas, a un portero que cuidaba la puerta exterior y a un vigía. También había personal doméstico y administrativo, un mayordomo que administraba la propiedad y un sinnúmero de sirvientes. Por supuesto, mientras mayor fuera el territorio del señor, mayor era el personal. Aun así, en todos los casos había algo en común: El castillo se construía para protegerlos a todos ellos.

Si estudias acerca de los castillos, descubrirás una historia de
guerras. Estas fortalezas familiares se construían de manera típica
en tierras altas, ubicadas para tener a la vista las tierras del señor
y una carretera principal. La ciencia militar medieval se reducía
básicamente al ataque y defensa de los castillos. Estos se construían para defender a los habitantes de los ladrones y saqueadores.
Cuanto más fuerte era el castillo, más conspiraban los atacantes
para traspasar sus defensas.

Existían dos maneras de atacar un castillo. En un *ataque
frontal*, los atacantes marchaban hacia arriba a simple vista y
comenzaban a golpear con catapultas, arietes, flechas encendidas y hordas de invasores que trepaban por escaleras. El enfoque
frontal era el intento de irrumpir en el castillo mediante la fuerza bruta.

Un segundo enfoque se podría llamar el *ataque sorpresa*.
Unos pocos atacantes trataban de deslizarse dentro del castillo
sin que los detectaran, por la noche trepaban la pared, a través
de un pasadizo subterráneo o por otros medios. Una vez dentro,
los infiltrados podían desarmar a los guardias y abrir de par en
par las puertas del castillo para que entrara el ejército oculto
afuera. Así el castillo caía desde adentro.

Existe un paralelo claro entre los castillos de la antigüedad y
la defensa de nuestros matrimonios y familias. Seamos sinceros:
En este país, los matrimonios son objeto de ataque. Nuestra cultura impía ataca al matrimonio y a la familia por todos los flan-
cos. Existe el ataque frontal de los medios: las películas, los programas de televisión, las letras de las canciones y los sitios de
Internet que se burlan de la pureza sexual, la abstinencia, la fidelidad matrimonial y los valores de la familia. Y existe el ataque
sorpresa, los sutiles intentos de Satanás de torcer nuestras mentes y corazones para desviarlos del plan de Dios para el matrimonio y la familia.

Debemos estar bien preparados para resistir esta arremetida
y proteger a nuestros seres más queridos. Si vamos a pelear la

batalla, debemos entender la naturaleza del asalto y las armas de defensa que están a nuestra disposición.

Quizá digas: «En realidad, no soy tan vulnerable al ataque. Después de todo, soy maestro de la escuela dominical y miembro del coro de nuestra iglesia. No alquilo vídeos prohibidos para menores, ni visito sitios pornográficos en la Red. Debes estar hablando de maridos que pasan mucho tiempo fuera de su hogar en viajes de negocios o de esposas que siempre se lamentan de insatisfacción en sus matrimonios».

Sostener una actitud tan superficial es como si dejáramos la puerta del castillo abierta de par en par por la noche. No subestimes al enemigo de tu alma. Todos corremos riesgo, todos somos vulnerables al ataque. Pregúntale a Michelle. Debemos prestarle atención al consejo de Salomón de construir un castillo seguro alrededor de nuestros corazones. Si perdemos el corazón, perdemos todo.

EL DESTINO DE LOS CORAZONES DESPROTEGIDOS

Michelle no es la única cristiana cuyo corazón desprotegido se contaminó y cuyo matrimonio sufrió las consecuencias. Los corazones transigentes vienen en todos los tamaños y formas:

❖ Siguiendo el sueño de toda su vida, Sheila le dice a Ray que deja su trabajo diurno para unirse a una banda de música. Gasta demasiado en equipos de sonido y endeuda seriamente a la pareja. Luego deja a Ray por el muchacho que administra la banda. Primero la fantasía de la fama y después otro hombre se robaron el corazón de Sheila.

❖ Jim busca las tareas difíciles, las horas extra y los viajes largos en el trabajo como manera de dejar su huella en el mundo. Al sentirse abandonada por su esposo, Ángela contraataca amueblando la casa muy por encima de sus posibilidades económicas y celebrando fiestas en las que derrocha su dinero. ¿Su último hallazgo? Una alfombrilla para la puerta de atrás «que se puede ensuciar cuando los niños traen barro en los zapatos». ¿Cuánto costó? Nada más que trescientos dólares. Los corazones de Jim y de Ángela se han contaminado por la tendencia a verse bien.

❖ David recuerda que cuando era niño encontró montones de revistas pornográficas en el taller de su padre. En su adultez, siente que Kathy no satisface sus necesidades sexuales. Entonces, al igual que su padre, David se inclina a la pornografía. Se dice que mirar pornografía dura en la Internet es mejor que serle infiel a su mujer. La tentación sexual ha envenenado el corazón de David.

❖ La primera vez que April tuvo una cita con Joe, le encantó cómo la subía a la parte de atrás de su motocicleta para dar paseos que aterrorizaban a sus padres. Ahora que está casada, a April la irrita a cada momento el estilo rudo de Joe. Se burla de todo lo que hace, de su comportamiento de «motociclista», de su ropa y del camión destartalado que conduce para ir a un trabajo sin porvenir. El corazón de April está poseído por una actitud crítica.

❖ Jerry reclama con frecuencia que no tiene tiempo para su esposa ni sus hijos. Sin embargo, todos los años cuando llega el otoño, desaparece por lo menos cuatro semanas durante la estación de caza. ¿Adónde está? Agachado entre los árboles con su arco en posición para ensartar a un ciervo. El corazón de Jerry está controlado por un pasatiempo.

❖ Jill no le permite a sus hijos jugar con ninguno de sus vecinos por temor a que digan o hagan algo que corrompa su moral. Cuando su esposo mira televisión, abre una revista o lee el periódico, le repite una y otra vez su desa-probación. Le hace la vida miserable a todos los que la rodean. El corazón de Jill ha capitulado ante el temor.

La Biblia nos recuerda que «nada hay tan engañoso como el corazón. No tiene remedio. ¿Quién puede comprenderlo?» (Jeremías 17:9). Todos tenemos la inclinación a minimizar la vulnerabilidad, la debilidad y la pecaminosidad de nuestros corazones. ¡Barb y yo no pretendemos estar exentos de esta tendencia! Hasta el momento en que nos enfrentamos al dibujo de la familia que hizo nuestra hija (véase capítulo 1), no nos habíamos dado cuenta de que nuestro matrimonio estaba sitiado. Nos habíamos convencido de que era seguro del todo, pero no lo era. El enemigo estaba en la ofensiva. En muchos sentidos, nuestros corazones quedaron desprotegidos.

Es por eso que se nos insta sin cesar a guardar nuestros corazones... y te instamos a que hagas lo mismo.

¿ESTÁS PREPARADO PARA LA BATALLA?

El amor que protege será para tu matrimonio como eran los antiguos castillos para sus habitantes. Te ayudará a rechazar ataques dirigidos a tu matrimonio desde adentro y desde afuera. El amor que protege te mantendrá concentrado en lo que debes: en tu primer amor. Sin el amor que protege, corres el riesgo de desconectarte de tu cónyuge y de conectarte con otras personas, cosas o actividades que te alejarán de tu cónyuge, llevándote incluso hacia el divorcio emocional o legal.

Cuando proteges tu corazón, cuidas todo lo que es más importante en tu vida. Proteges al amor con el que siempre soñaste. ¿Qué más quieres que un cónyuge que ame a Dios, que te ame a ti más que a nada en esta tierra y que esté comprometido contigo de manera incondicional, cuyo corazón sea puro y verdadero? ¿No es este el sueño para tu matrimonio? ¿No harías cualquier cosa por protegerlo? Por supuesto que sí. Por eso necesitas la fortaleza del amor protector alrededor de tu corazón y de tu relación.

El programa de Satanás es separarlos a ti y a tu cónyuge. En este mismo momento, se encuentra trabajando de manera sutil a fin de lograr este objetivo. Aunque el hecho de no guardar tu corazón quizá no te lleve a una verdadera aventura extramatrimonial, siempre lleva a tener problemas. Si pretendes frustrar el programa del enemigo, necesitas un plan para nutrir al amor que protege. Si deseas un matrimonio a prueba de divorcio, debes hacerte cargo de tu corazón y debes ayudar a proteger el de tu cónyuge.

Es importante saber que lo que amenaza al corazón del hombre es un poco diferente a lo que amenaza al corazón de una mujer. Y Satanás sabe dónde somos más vulnerables, así que debemos fortalecer nuestras defensas en esas esferas. En este capítulo identificaremos estas esferas específicas de debilidades potenciales y en el siguiente hablaremos de cómo contrarrestar estas amenazas dirigidas a los hombres y las mujeres.

HOMBRES BAJO ATAQUE

Veamos primero los puntos en los que los hombres son más vulnerables al ataque, comenzando por las amenazas externas, el ataque frontal de Satanás a través de nuestra cultura. Luego veremos las esferas en que las mujeres son más vulnerables.

Presiones profesionales. Dios nos creó a todos para que tengamos un trabajo significativo. La mayoría de los hombres, y muchas mujeres, trabajan fuera del hogar; pero cuando un hombre permite que la fórmula del mundo para el éxito atrape su corazón, ¡juega con dinamita! ¿Cuántos hombres conoces que han perdido a su esposa y a sus hijos debido a que su trabajo era más importante para ellos? La presión que ejercen los supervisores o los compañeros para que el hombre haga del trabajo su vida puede ser una amenaza seria para su relación matrimonial.

Distracciones mundanas. En los momentos más inspirados de un hombre, es probable que establezca metas piadosas para crecer en Cristo, para enriquecer a la familia y para tener éxito en su trabajo (por lo general, en ese orden de prioridades). Sin embargo, el yugo diario y las interrupciones constantes algunas veces desdibujan u ocultan esas metas. Las distracciones quizá vengan en forma de placer (recreación, entretenimiento, etc.), poder o posición (influencia en el trabajo, en la iglesia, en la comunidad, etc.), o el sueldo. Todos estos elementos están bien en su lugar, pero si distraen a un hombre de sus valores primarios de la fe y la familia, su corazón ha quedado peligrosamente desprotegido.

Presiones en las relaciones. Algunos días al hombre le parece que todo el mundo quiere quedarse con un pedazo suyo, y la mayoría de las veces desea satisfacer a todos de una manera amorosa, servicial y «cristiana». El jefe quiere que trabaje hasta un poco más tarde o que vaya a reuniones vespertinas. Los vecinos quieren que los ayude a techar la casa o a cambiar los muebles de lugar. El superintendente de la escuela dominical tiene una necesidad desesperante de más maestros. El comité de misiones necesita un presidente y los muchachos siguen fastidiándolo para que pase más sábados con ellos en el lago. Si el esposo permite que estas presiones en las relaciones dominen su vida, si trata de complacer a todos los que necesitan algo de él, su matrimonio y su familia sufrirán.

Tentación sexual. Aquí tenemos una causa evidente y un peligro mortal. Barb y yo no podemos llegar a contar los matrimonios que conocemos que han quedado destruidos por el pecado sexual. De cada diez muchachos en tu equipo de sóftbol o en tu clase de escuela dominical, cuatro o cinco han caído de alguna manera: en una aventura emocional, una aventura física, en la adicción a la pornografía y algunos en el pecado sexual. Estas flechas encendidas vuelan desde todas las direcciones hacia los hombres en nuestra cultura. Un esposo no puede bajar la guardia ni por un instante.

Además de las amenazas que nos lanzan desde afuera, también podemos caer presas de amenazas internas.

Búsqueda de la trascendencia. ¿Qué hombre no desea dejar su marca en el mundo? Si está bien orientado, un esposo trabaja para usar los dones que Dios le ha dado para convertirse en parte del gran plan de Dios para el mundo. Su mayor trascendencia es darle gloria a Dios. No obstante, algunos hombres quizá se aferren con tanta intensidad a lo de «soy lo que hago», que pierdan el sentido del equilibrio. Con uñas y dientes se abren paso a fin de ascender en la escalera corporativa y se desarrollan en sus carreras sacrificando a la familia. El éxito puede apoderarse del corazón de un hombre cuando se convierte en su propósito primario en la vida.

Pasividad. Cuando Barb y yo damos conferencias por todo el país, el lamento número uno que escuchamos de las esposas tiene que ver con la pasividad de sus esposos. La pasividad tiene lugar cuando los hombres retroceden y hacen poco o nada por nutrir su relación. Un hombre pasivo tiene la siguiente actitud: «Bueno, trabajo duro para ganar el pan de la familia. Mi esposa debiera ocuparse de las responsabilidades en el hogar, incluso de la salud de nuestro matrimonio». La pasividad se ve cuando un hombre deja de correr con fuerza detrás de lo mejor de Dios para su familia.

Control. Seamos sinceros: A la mayoría de los hombres nos gusta estar al mando. Aun así, Dios nunca tuvo la intención de que el marido controlara a su familia. Más bien tiene el llamado a amar y servir a su familia como Cristo ama y sirve a la iglesia. El deseo de tener el control procura por todos los medios que las cosas se hagan tal como él dice, y puede proceder del temor, de la inseguridad, de la agresión o de la baja autoestima. Cualquiera sea la fuente, un esposo y un padre controlador puede ser veneno para la relación familiar.

Competencia. A la mayoría de los hombres les encanta competir. La competencia equilibrada se llama deporte. La desequilibrada se llama guerra. Si las prioridades del hombre no están firmes en su lugar, el impulso a la competencia puede deshacer lo que más le importa: su familia.

El corazón de una mujer es tan vulnerable a los ataques como el del hombre. Sin embargo, estos ataques son casi siempre diferentes. Nadie conoce mejor que una mujer algunas de las maneras en que Satanás tiende a atrapar el corazón de una mujer, así que Barb nos guiará por esta sección.

MUJERES BAJO ATAQUE

Ann conoció a Rusty en el trabajo. Los dos eran cristianos. Los dos estaban casados. Se sintió atraída por el gran corazón de este hombre y en su mente estaba segura de que esta cualidad se debía a su fe cristiana. Ann se fijó en cómo Rusty se preocupaba de verdad por la gente que trabajaba con él. Parecía ser un cristiano muy completo. Un día Rusty encontró a Ann llorando. La rodeó con su brazo, la consoló y oró por ella. No tenía idea de que su marido no cumplía bien con su tarea de satisfacer sus necesidades emocionales. En ese momento, Rusty tocó el corazón vulnerable de Ann.

Después de ese incidente, Ann se sintió conectada en lo espiritual y lo emocional con Rusty. Comenzó a pensar mucho en él. Se vestía para impresionarlo y lo buscaba en el trabajo. Hasta que Ann comenzó a acercarse a él, Rusty pensaba que otra mujer no podía tentarlo. Después de todo, él y Ann no eran más que amigos y lo único que hacía era ministrarle.

¿Te das cuenta de cómo sin quererlo Ann y Rusty desarrollaron un lazo emocional? Fue un lazo que destruyó sus dos matrimonios. Aun como cristianos, no estuvieron exentos de participar en una relación que les envenenó el corazón.

Veamos algunos de los peligros de los que deben protegerse las mujeres. Aquí tienes algunas de las tentaciones externas más evidentes:

Relaciones con otros hombres. Como descubrió Ann, las esposas deben protegerse cuando se relacionan con otros hombres que no sean sus esposos. Aunque una mujer puede sentirse atraída por los atributos físicos de un hombre, es mucho más probable que quede encandilada por una conexión emocional. Las esposas no deben permitirse la dependencia emocional de otros hombres o viceversa.

Preocupación por los hijos. Cuando una mujer pone cada momento a los hijos antes que al marido, el matrimonio se desequilibra. Es verdad, no puede obviar las narices sucias ni la tarea que tiene que estar hecha mañana por la mañana, pero una esposa debe hacer cualquier cosa para suplir las necesidades de sus hijos de una manera en que no pase por alto las necesidades del esposo.

No se satisfacen las necesidades personales. Por lo general, las mujeres se pasan la vida satisfaciendo las necesidades de todos los que las rodean y no se ocupan de volver a llenar sus propios tanques. Eso las deja vulnerables a muchas amenazas que pueden desconectarlas de sus esposos, incluyendo la amargura y la ira. Si no se tratan, estas amenazas llevan a las mujeres a quedar vulnerables a la atención de otros hombres. Cuídate. Descansa lo que necesites. Dedica tiempo para estar con amigas que te animen y te den fuerza. Refréscate a diario dedicando un tiempo a la oración y a la Palabra de Dios.

Esposas, tal vez no se vean arrastradas a una aventura emocional o física, pero sus corazones quizá se sientan atraídos por algo muy inocente en apariencias, como algunas de estas amenazas internas:

Preocupación. Es normal preocuparse por las personas que queremos, pero la preocupación devoradora te aleja de la confianza en Dios. La preocupación es falta de confianza en los recursos de Dios y es un intento de vivir con tus propios recursos.

Actitud crítica. La mayoría de las mujeres tienen un ideal en cuanto a su matrimonio y su vida familiar. Cuando una esposa siente que su esposo no apoya esas necesidades y deseos, puede desarrollar una actitud crítica, en especial hacia él y sus hijos. El espíritu crítico es un verdadero asesino del amor.

Comparación. Algunas mujeres tienden a compararse con otras en todo, desde la inteligencia de sus hijos hasta el lugar y los metros cuadrados de sus casas. Este hábito insalubre puede llevar a la insatisfacción consigo mismas y con sus relaciones (en especial con la persona a la que pueden hacer responsable de sus carencias: sus esposos).

Control. Muchas mujeres tienden por naturaleza a hacerse cargo de las cosas, a coordinar sus familias y a hacer que las cosas se lleven a cabo. Sin embargo, el plan de Dios para el matrimonio implica que el liderazgo familiar esté en manos del esposo. Las mujeres que ejercen un control excesivo pueden causarles una gran incomodidad a sus esposos. Es el camino seguro para empujarlos aun más lejos de lo que puede estar.

TESOROS QUE VALE LA PENA PROTEGER

Gary y yo deseamos amonestarte de manera enfática a que busques sin cesar el amor que guarda tu relación. Debemos ser vigilantes en proteger el amor de nuestras vidas. Cualquiera de las amenazas externas o internas que mencionamos puede contaminar un corazón desprotegido y envenenar tu matrimonio. En este sentido, por más positivo que sea tu legado como pareja, el enemigo continuará golpeando a tu puerta, intentando robarte el sueño y anular tu ejemplo frente a los demás. Él sabe que *en un solo momento de desprotección* puedes perder tu testimonio, tu plataforma para aconsejar y tu influencia positiva como modelo de un matrimonio amoroso. ¡Qué pensamiento tan aterrador! Es como derramar una botella de tinta negra sobre las páginas escritas cuidadosamente de una hermosa historia de la vida.

Tal vez te resulte difícil creer que tu corazón llegue a deslizarse alguna vez de la devoción a tu cónyuge o que se envenene con otros amores. La ruina en la relación les sucede a otras personas, no a ti. No te adormezcas con un falso sentido de seguridad. Eres sabio como para prestarle atención a la advertencia de 1 Corintios 10:12: «Si alguien piensa que está firme, tenga cuidado de no caer». O como nos enseña con claridad Proverbios 16:18: «Al orgullo le sigue la destrucción; a la altanería, el fracaso». El éxito en el desarrollo del amor que protege depende de reconocer que tu corazón y tu matrimonio son vulnerables a los ataques devastadores.

Es probable que ya hayas experimentado el dolor que viene como resultado de los severos ataques a tu corazón. Hasta quizá hayas probado la humillación de una derrota mayor en tu matrimonio. ¿Todavía hay esperanza para los corazones saqueados que no se protegieron?

Deseamos asegurarte que siempre hay esperanza. Anímate con la buena noticia de cómo terminó la aventura de Michelle en la Internet. Al final, se tuvo que enfrentar a su comportamiento y confesó su pecado. Aunque no tenía intenciones de herir a nadie, hirió a muchas personas. Hasta sus hijos supieron lo que hizo. Sin embargo, a pesar de todas las mentiras y heridas, Dios les dio a este esposo y a esta esposa el valor y la fuerza para reconstruir su matrimonio. «Estamos recuperando nuestro hogar y le decimos a Satanás que se vaya», escribe Michelle. «Tenemos mucho trabajo que hacer, pero sé que valdrá la pena». Michelle y su esposo han descubierto el gran valor del amor que protege.

En el próximo capítulo, aprenderás cómo puedes poner en acción el amor que protege. Te hablaremos de la manera de proteger tu corazón y el corazón de tu cónyuge. El resultado será una mayor sensación de seguridad en tu relación que la que jamás has conocido.

CONSTRUYE MUROS
DE PROTECCIÓN

Hace seis años, Conner fue a parar a la posición de vicepresidente segundo en una compañía *Fortune 100*. Con una docena de años de experiencia en la industria, una licenciatura en gestión empresarial y una impecable ética de trabajo, Conner sabía que tenía las herramientas para hacer este trabajo y para hacerlo bien.

Luego de dar unos pasos en la escalera corporativa, su ímpetu se estancó. Pasó dos años sin que lo ascendieran y a mediado de la década de sus treinta, Conner temía haber llegado al máximo en la compañía. Hacia cualquier lado que deseaba esforzarse por expandir sus responsabilidades, se encontraba con alguna resistencia. Su lema personal y cínico se convirtió en «Yo trabajo para idiotas». Sabía que su actitud de juicio no era caritativa ni cristiana, pero le parecía que expresaba la realidad de su situación.

Cuando lo pasaron por alto a la hora de asignar el puesto de presidente de la división, Conner se puso algo más que nervioso. Frustrado ante su incapacidad de avanzar, fue a visitar a un consejero laboral que lo anotó en un seminario de grupo para encontrarle sentido al trabajo. El primer ejercicio fue pensar en una lista de unos cien puntos como la honestidad, el equilibrio, la generosidad y la seguridad con el objetivo de determinar más o menos una media docena de cualidades que eran más importantes para él en la vida. Conner enseguida limitó su lista a cinco: crecimiento personal, logros, competencia, desafío y avance.

Durante varios instantes, Conner se quedó sentado meditando en las cinco palabras elegidas. Entonces, de repente, salió disparado de la habitación. Uno de los profesores del seminario lo encontró sentado solo en las escaleras, mirando al suelo con la camisa manchada por las lágrimas. Conner explicó lo sucedido. Cuando examinó sus prioridades, se dio cuenta de que había excluido las relaciones familiares de la lista. Esta dura conclusión le traspasó el corazón como un cuchillo. Hubiera sido lo mismo si hubiese empujado a su esposa, Sasha, y a sus dos hijitos hasta la entrada de su corazón, les hubiera cerrado la puerta en la cara y le hubiera puesto un cerrojo.

Cuando Conner regresó a la sala del seminario, rehizo la lista para reflejar los valores que *quería* tener, en los cuales su familia se encontraba antes que sus metas laborales. Con la fresca seguridad de lo que en verdad le importaba, escribió que su nueva misión en la vida era poner a su familia en primer lugar y cuidarse de cualquier cosa que le quitara a su familia el lugar que le correspondía en sus prioridades.

«Aquel fue un momento clave en mi vida y en nuestro matrimonio», dice Conner. «Mientras estaba sentado en esa escalera pensé en todo lo que perdería si no hacía algo diferente con mi vida. Sabía que Sasha se alejaba de mí porque la había dejado atrás en mi carrera de negocios. Aquel día decidí dejar de trepar con uñas y dientes para llegar a la cima y a contentarme con mi posición. He llegado a dominar el trabajo que tengo, lo cual es una verdadera ventaja en este momento de mi vida. Puedo hacer mi trabajo y todavía me queda energía para Sasha y los niños. He comenzado a sanar las heridas que causé. Un ascenso en este momento los volvería a poner en lo último de la lista, y ya no quiero volver a herirlos otra vez. Creo que por fin me estoy dando cuenta de que la trascendencia es más importante que el éxito. Puedo ganar en el mundo de los negocios, pero *debo* ganar en mi hogar».

PROTEGE TU CORAZÓN

A Barb y a mí nos alienta la decisión de Conner de plantarse contra los enemigos de su corazón y su familia. Hemos sido testigos de muchas parejas que han tomado la misma decisión de construir un castillo protector alrededor de su relación. Si ellos pueden hacerlo, tú también puedes. En realidad, *deben* comprometerse con el amor que protege si desean tener un matrimonio a prueba de divorcio y vivir juntos el sueño de su vida.

Proteger tu corazón no es tarea de una sola persona. No serviría mandar a un esposo a salir corriendo del castillo para defender las hordas saqueadoras sin ayuda de nadie. No es tarea de una esposa quedarse atrás en el castillo y preocuparse por su esposo. La relación entre ustedes es una asociación desde todos los ángulos, incluyendo la defensa de su matrimonio.

Primero veremos de qué manera logran, como esposo y esposa, apostar guardias en sus corazones. Más tarde analizaremos cómo es posible ayudar a proteger el corazón del otro. Su matrimonio y su legado dependen de ganar esta batalla crucial.

Comprométete con la tarea

La Biblia tiene algunas palabras fuertes sobre la tarea de proteger nuestros corazones. Además de la amonestación de Proverbios 4:23: «cuida tu corazón» la Biblia nos dice con cuánta seriedad Dios desea que cumplamos nuestro trabajo. Repetidas veces, Jesús preparó a sus discípulos para que estuvieran en guardia en contra de la hipocresía (véase Mateo 16:6-12), contra la codicia (véase Lucas 12:15), contra la persecución de otros (véase Mateo 10:17), contra las falsas enseñanzas (véase Marcos 13:22) y, por sobre todo, contra la negligencia espiritual y la falta de preparación para el regreso del Señor (véase Marcos 13:32-37).

Hay más advertencias que se hacen eco a lo largo de las Escrituras[1]. «Por lo tanto, si alguien piensa que está firme, *tenga cuidado* de no caer» (1 Corintios 10:12). «Procuren hacer lo bueno delante de todos» (Romanos 12:17). «Así que *tengan cuidado* de su manera de vivir» (Efesios 5:15). «*Cuidémonos*, por tanto, no sea que, aunque la promesa de entrar en su reposo sigue vigente, alguno de ustedes parezca quedarse atrás» (Hebreos 4:1). «*Tengan, pues,*

cuidado de hacer lo que el SEÑOR su Dios les ha mandado»
(Deuteronomio 5:32). «¡*Reflexionen* sobre su proceder!» (Hageo 1:5).

Barb y yo les decimos lo mismo: ¡Tengan cuidado!

No bajes la guardia. Las amenazas contra tu matrimonio
son reales. Los peligros son aun más funestos para los que no se
dan cuenta de que están amenazados.

Si piensas que vacilas frente al compromiso de proteger tu
corazón, tómate un momento para catalogar todo lo que puedes
perder si no proteges lo más profundo de él. Como Conner, descubrirás que no hay nada que sea más valioso que el inestimable
tesoro del amor de tu familia.

Pídele al Señor que proteja tu corazón

Roger y Sharon no son millonarios y no tienen trabajos en una
compañía *Fortune 100*, pero se sienten muy bien protegidos en
la vida. Tienen una cuenta bancaria decente, han pagado un
seguro de vida, tienen un servicio contratado de calefacción
central y una garantía extendida sobre sus vehículos.

Estas son cosas buenas, pero solo existe una fuente del todo
confiable de protección de un matrimonio: Dios mismo. David
lo dijo bien en el Salmo 61:1-4, cuando clamó al Señor:

> *Oh Dios, escucha mi clamor*
> *y atiende a mi oración.*
> *Desde los confines de la tierra te invoco,*
> *pues mi corazón desfallece;*
> *llévame a una roca donde esté yo a salvo.*
> *Porque tú eres mi refugio,*
> *mi baluarte contra el enemigo.*
> *Anhelo habitar en tu casa para siempre*
> *y refugiarme debajo de tus alas.*

Cuando te das cuenta de que las amenazas internas y externas de tu corazón son reales, puedes orar igual que David. Tal

vez nunca hayas «orado las Escrituras» con tu cónyuge, pero puedes usar el Salmo 61 como guión.

Dile a Dios: «Te invoco, pues mi corazón desfallece. Tú eres mi refugio, mi baluarte contra el enemigo».

Ruégale: «Escucha mi clamor. Atiende mi oración. Llévame a una roca donde esté yo a salvo. Permíteme habitar en tu casa para siempre. Refúgiame debajo de tus alas».

Jesús nos invitó a confiar en Dios como guarda de nuestros corazones cuando les enseñó a sus discípulos a orar: «Y no nos dejes caer en tentación, sino líbranos del maligno» (Mateo 6:13).

El tiempo diario que pasamos en oración y en la lectura de la Palabra de Dios es vital para mantener nuestra conexión con Cristo. Y cuando protegemos primero nuestra relación con Él, podemos evitar caer en las trampas. La obediencia diaria a Cristo es la mejor defensa que tenemos en contra del enemigo de nuestros corazones y de nuestros matrimonios.

Establece la sinceridad con Dios

Sin duda, no me gusta ir al cardiólogo. No me gusta que me pongan electrodos en el pecho y que me hagan pedalear en una bicicleta fija hasta que se me incendian los pulmones y se me revuelve el estómago. Y esa es solo una parte del porqué no me gusta ir al cardiólogo. A mi ego no le gusta la posibilidad de que pueda andar algo mal en mi corazón. Aunque, en realidad, enterarme de lo que no anda bien en mí, y lo antes posible, es el camino más directo para ponerme bien. Por lo tanto, de vez en cuando es bueno un examen del corazón.

Aun más importante es un examen espiritual, un *verdadero* control del corazón. Debemos ser claros y sinceros con Dios en cuanto a lo que sucede en la fuente de nuestras vidas. A muy pocos, sean hombres o mujeres, les gusta que las debilidades queden expuestas, pero cuando permitimos que Dios nos sondee, nos ayuda a detectar cualquier campo del corazón que quizá esté débil y necesitado de reparación espiritual.

Sin embargo, Dios, el Gran Médico, desea vernos más de una vez al año. Puede mantener nuestros corazones fuertes si nos ve cada día. El Salmo 139:23-24 nos muestra cómo podemos ir a Dios y permitirle que nos examine el corazón. Es otro pasaje de la Escritura que tú y tu cónyuge pueden orar juntos para proteger sus corazones:

> *Examíname, oh Dios, y sondea mi corazón;*
> *   ponme a prueba y sondea mis pensamientos.*
> *Fíjate si voy por mal camino,*
> *   y guíame por el camino eterno.*

Al exponer tu corazón a Dios cada día, Él te mostrará lo que necesitas para mantener la fuente de vida saludable y próspera. Él te ayudará a proteger tu corazón.

El temor más profundo al que nos enfrentamos cuando vamos a cualquier médico es que pueda descubrir un problema incurable. Sin embargo, no existe un problema interno del corazón que no se pueda sanar por completo.

A través de la muerte de Cristo, Dios ha provisto un medio para limpiarnos de nuestros pecados. Aquí tenemos su receta para librarnos del pecado de una vez y para siempre: «Si afirmamos que no tenemos pecado, nos engañamos a nosotros mismos y no tenemos la verdad. Si confesamos nuestros pecados, Dios, que es fiel y justo, nos los perdonará y nos limpiará de toda maldad» (1 Juan 1:8-9).

¿Tienes una relación franca con Dios que le permita examinar tu corazón y señalarte dónde necesita protegerlo? Cuando permites que Dios examine tu vida a diario para ver si has cometido faltas, las confiesas y te apartas de esa falta en cuanto Dios te llama la atención, estableces un hábito que ofrece poderosa protección para tu corazón.

Mantengan las cuentas al día el uno con el otro

En los capítulos sobre el amor que perdona, Barb y yo dijimos que es crucial cerrar el circuito y resolver todas las heridas y el enojo que nos causamos el uno al otro en el matrimonio. Cuando nos aferramos a la herida y retenemos el perdón, nos convertimos en personas amargadas y los corazones de las personas amargadas son demasiado vulnerables a los ataques.

Hace varios años hablé en una conferencia con una pareja formada por Jim y Renee Keller. Mientras conversábamos, Jim dijo algo sobre el perdón que me dejó pasmado. Describió el modelo de la comunicación que él y Renee habían usado desde el primer día de su matrimonio. Pensamos que es una manera excelente de proteger los corazones al estar al día con las ofensas.

Antes de casarse, explicó Jim, se dio cuenta de que tanto él como Renee eran un poquito testarudos. Por lo tanto, supo que necesitaban un plan para tratar los conflictos inevitables que enfrentarían. Así fue que le prometió a Renee que cada vez que tuvieran un conflicto, él iniciaría la solución del problema y el proceso del perdón, aunque la falta no fuera suya.

Yo me quedé sentado en la última fila del auditorio esperando que rematara su discurso, pero eso fue todo. Jim se había comprometido a iniciar la solución de los conflictos y el perdón, incluso cuando Renee fuera la ofensora. Quedé boquiabierto.

Aquella tarde, un poco después, llamé a Renee aparte y le dije: «Muy bien, Renee, esto queda entre tú y yo. Hace por lo menos doce años que estás casada. ¿Cuántas veces Jim ha violado esa promesa?»

«Jamás, Gary», contestó con una sonrisa y un destello en los ojos. «Él siempre es el que inicia el perdón».

De nuevo quedé boquiabierto. Renee admitió que algunas veces Jim tiene toda la razón y que ella está equivocada por completo. Sin embargo, él es el que da el primer paso hacia el perdón y la reconciliación.

Jim está decidido a apagar cualquier brasa de resentimiento antes de que estalle en fuego. Es un pacificador. Además, refleja un liderazgo masculino con una increíble característica de siervo. Mantener las cuentas al día con Renee es más importante para él que su orgullo o su ego. Solo piensa en qué manera semejante un enfoque mantendría limpio el aire en tu matrimonio, en especial si tú y tu cónyuge adoptaran la actitud de Jim.

Mantén las cuentas claras

Tengo una relación estrecha con cinco hombres que me hacen las preguntas difíciles. Me he reunido con el mismo grupo pequeño de hombres (Jerry, Mike y Tim) desde 1979. Estos tres muchachos junto con mi compañero Steve Farrar y mi yerno (Scott), tienen carta blanca para preguntarme todo lo que quieran acerca de mi vida. Estos compañeros pueden acribillarme a preguntas en cuanto a la protección de mi corazón en todas las esferas de la vida, incluyendo el matrimonio. Las preguntas pueden ser muy crudas: «¿Qué ha dominado tus pensamientos esta semana?», «¿Te has puesto en una posición comprometedora con otra mujer durante esta semana pasada?», «¿Has meditado en la Palabra?», «¿Con qué problemas lidian tú y tu esposa esta semana?», «¿Participas en la vida de tus hijos?», «¿Hablas en serio o hablas por hablar?».

No me reúno con mi pequeño grupo ni me conecto con Steve o con Scott para sacar a relucir los trapos sucios de Barb. Me concentro en mis faltas y en los puntos que me generan luchas, no en los de ella. Estos muchachos son consejeros confiables. Me alientan a buscar lo mejor que Dios tiene para mí. Además de rendirnos cuentas unos a otros, disfrutamos de una profunda amistad y de una saludable intimidad masculina. Nos alentamos a crecer en Jesús y cada uno agudiza las habilidades del otro para servir.

¿Por qué lo hago? Porque estoy convencido de la verdad de Proverbios 27:17: «El hierro se afila con el hierro, y el hombre en el trato con el hombre». ¡Nos necesitamos el uno al otro! Piénsenlo, hombres. Cuando éramos niños, teníamos compañeros de juego. Construíamos fuertes y casas en los árboles, jugábamos al fútbol o, si eres un poquito más joven que yo, a los videojuegos. Es verdad, algunas veces discutíamos y peleábamos, pero aquellos tipos eran nuestros compañeros y estaban en nuestras vidas día tras día.

Pero entonces, en la adolescencia, algo sucedió. Descubrimos a las muchachas. Dejamos de andar con varones. Comenzamos la universidad o empezamos a trabajar y conocimos nuevos amigos. Para cuando nos establecimos y nos casamos, muchos de nosotros habíamos perdido a nuestros mejores amigos. La falta de amistades masculinas deja un hueco en el corazón de un hombre. Todos necesitamos a otro hombre que nos ayude a proteger nuestros corazones.

Las mujeres también tienen la urgente necesidad de rendir cuentas. Barb les contará la perspectiva femenina de esta práctica.

Cuando Gary habla de los grupos de hombres que se reúnen para rendirse cuentas, todo lo que me viene a la mente es la reunión del gabinete del presidente. Varios funcionarios ofrecen informes de progreso referente al estado de la nación. Los hombres reducen todo a una cuestión de negocios y así tratan con los problemas y los acontecimientos. Sin embargo, las mujeres necesitamos rendir cuentas tanto como los hombres, en primer lugar a nuestros esposos y luego a un pequeño grupo de amigas cristianas. Aun así, nuestras sesiones en las que rendimos cuentas son bastante diferentes.

Mis reuniones para rendir cuentas involucran a personas que van desde mis hijas hasta mujeres de la iglesia y otras amigas que son cristianas sólidas. Los momentos en que nos expresamos con franqueza, estudiamos la Biblia y oramos, me animan. Algunas veces mis hermanas en Cristo desafían mis actitudes y comportamiento, pero la mayor parte de las veces necesitamos apoyo.

Mujeres, sean sinceras. ¿Cuántas de sus amigas las apoyan en el matrimonio exhortándolas sin cesar a la fidelidad y la amistad en cuerpo, alma y espíritu con sus esposos? ¿Y cuántas de sus amigas se reúnen para celebrar sesiones de queja y nada más?

Necesitas mujeres que estén cerca de ti y que se arriesguen a decirte algo que tal vez sea difícil de escuchar, para señalarte un error y así poder crecer de forma más profunda en Cristo y que te ayuden a proteger tu corazón. De modo que necesitas un grupo que no se pase los primeros cincuenta y nueve minutos hablando de «peticiones de oración» (lo que algunas veces es otra manera de llamar al chisme) antes de dedicar el último minuto a la oración. Busca mujeres que tengan tu misma devoción y amor hacia Dios.

Además de proteger tu corazón, puedes hacer varias cosas positivas para proteger el corazón de tu cónyuge. En primer lugar, te daré algunas maneras prácticas en que las esposas pueden ayudar a sus esposos a proteger sus corazones, luego, Gary hará lo mismo con los hombres.

SIETE CLAVES PARA PROTEGER EL CORAZÓN DE TU ESPOSO

El corazón de un hombre es algo precioso y privado. El hombre es menos propenso que la mujer a desnudar su alma o a comunicar cada pensamiento. Por lo general, su corazón está cerrado con llave y protegido, un gran tesoro guardado dentro de una bóveda segura. Esta riqueza interior representa la esencia de todo el ser de un hombre, el centro de toda su actividad, su identidad como hombre.

Como esposa, tienes la llave para abrir el corazón de tu esposo. Eres la única persona que conoce sus necesidades más profundas, los silenciosos anhelos de su alma, su búsqueda de trascendencia y su lucha por alcanzarla, los puntos fuertes que Dios le ha dado y hasta sus puntos débiles, esas flaquezas que puede esconder de otros, pero no de ti.

No te equivoques: Tienes una influencia importante en su vida. Creo que gran parte del éxito personal de un hombre y de sus buenas elecciones pueden tener su origen en la mujer que le susurra al oído afirmación y aliento por la noche.

Una mujer caminaba por la calle con su esposo que era el alcalde de una pequeña ciudad. Al pasar por un sitio en construcción, se detuvo para saludar a un trabajador que resultó ser uno de sus antiguos novios del instituto. Al seguir caminando, su esposo comentó: «¿No estás feliz de haberte casado con un alcalde y no con un obrero de la construcción?». Su esposa le respondió: «Si me hubiera casado con él, él sería el alcalde».

Así es, mujeres, en sus manos está el poder de ayudar o de herir a sus esposos. El pastor que celebró nuestra ceremonia de bodas dijo que una mala mujer es capaz de destruir a su hombre y que una buena mujer puede hacer de él alguien mejor. Aquí tenemos algunas maneras en que podemos demostrar el amor que protege y hacer de nuestros esposos mejores hombres.

1. Hónralo a él y a su mundo. La mayoría de los hombres admitiría que muy en lo profundo de su ser es un niño con sus sueños. Esposas, cierren los ojos por un momento e imaginen a sus esposos como un niño de diez años, lleno de energía, con una mente clara y con los ojos brillantes que patea su pelota enamorado por completo de la vida. En aquel momento, su futuro era sin duda promisorio. Tenía grandes planes y sueños, tal vez deseaba ser una estrella de fútbol, un aventurero o el presidente de los Estados Unidos.

Ahora piensa en lo que es tu esposo hoy. ¿Ha dejado de soñar? Si es así, ¿cuándo sucedió y por qué?

Los hombres necesitan que sus esposas sueñen con ellos, que vean con antelación las posibilidades y caminen con arrojo hacia el cambio. Por lo general, la mujer está tan preocupada por la seguridad del trabajo que su esposo tiene en el momento, que no puede tener en cuenta las grandes cosas que le esperan en una compañía diferente o en un campo de acción distinto. El hombre anhela la libertad de ser totalmente quien es, con la seguridad de que su esposa permanecerá a su lado a lo largo de todo el camino.

2. Evita el sabotaje. Estoy segura de que nunca tienes la intención de dañar a tu esposo, pero sin darte cuenta puedes sabotearlo. Esto es posible cuando se utiliza mal el poder.

¿Tienes una idea de cuánto influyes en la vida de tu esposo? Tu voz es la que susurra en su oído por la noche. Tus creencias, tus comportamientos y decisiones tienen un impacto tan grande en él como la mayoría de las otras fuerzas. Te escucha y confía en tu consejo. Esta influencia increíble lleva consigo una gran responsabilidad. Asegúrate de no manejar mal el poder que tienes sobre su vida, no sea que termines lastimándolo.

Tal vez pienses: «¿Cómo puedo herirlo?». A muchas de nosotras nos gusta estar al mando y algunas veces nos gusta demasiado. Me encanta ser eficiente. Organizo muy bien nuestra casa, los horarios de la familia, el tiempo que pasamos con nuestro nieto, las citas y mi trabajo diario. Se necesita un esfuerzo y un control coordinados para mantener el orden y cumplir con las tareas, pero genero un problema cuando comienzo a pensar que mi control se extiende a los demás, en especial a Gary.

Algunas veces he sido culpable por cuestionar a mi esposo o dudar de él, y en el proceso he socavado el liderazgo y la personalidad que Dios le ha dado. Para evitar el sabotaje a nuestro matrimonio, he aprendido a proteger nuestra relación rindiendo mi necesidad de estar al frente.

3. Ámalo de manera incondicional. Una sabia mujer mayor explicó una vez la diferencia entre amor y fantasía de esta manera: «Una fantasía es pensar que tu esposo es tan sexy como Tom Cruise, tan inteligente como Albert Einstein, tan ocurrente como David Letterman y tan atlético como Kurt Warner. El amor es darse cuenta de que tu esposo es tan sexy como Albert Einstein, tan atlético como David Letterman, tan ocurrente como Kurt Warner y nada parecido a Tom Cruise... ¡pero igual lo prefieres a él!».

Todos deseamos que nos amen sin condiciones. ¿Amas a tu esposo por lo que es, con todos sus defectos u observas cada uno de sus movimientos con un ojo crítico? ¿Tienes expectativas tan altas con respecto a él que hacen que el desastre sea inevitable?

Puedes medir el amor que le tienes a tu esposo comparándolo con el modelo que se describe en 1 Corintios 13. ¿Eres paciente y bondadosa o envidiosa y orgullosa? ¿Llevas un registro de los errores de tu esposo y luego los sacas a relucir a todos en un momento que te resulta ventajoso? ¿Sigues sacando cosas a la luz que ya debieras haber tratado y olvidado hace mucho tiempo?

El amor que protege te hace sentir profunda y apasionadamente orgullosa del hombre con el que te casaste. Si no amas a tu esposo tal como es, haces que sea vulnerable y que tu matrimonio quede desprotegido.

4. Comprende las diferencias entre ambos. Así es, los hombres y las mujeres somos diferentes. Una de las cosas más insensatas que puede hacer una mujer es insistir en que su esposo desee lo que ella desea, sienta lo que ella siente, se comporte como ella se comporta, piense como ella piensa. Asimismo, no conozco a una sola mujer que quiera que su esposo insista en que desee, sienta, se comporte y piense como él. Un esposo es ciento por ciento masculino; una esposa es ciento por ciento femenina. Tu esposo no es una amiga, así como tú no eres un compinche. Respeta las diferencias de los géneros y aliéntalo a ser el hombre que Dios espera que sea.

Solo puedes conocer las características únicas de tu esposo si lo estudias. Escúchalo con atención. Comunícate mediante la franqueza y compartiendo con él. Y cuando le hables, dile con sinceridad lo que piensas y sientes; pero hazlo siempre con ternura. Mientras más comprendas y respetes las características masculinas de tu esposo, más satisfarás de forma íntima su necesidad de ti, y en el proceso le ayudarás mejor a proteger su corazón.

5. Honra sus amistades. ¿Recuerdas a alguno de los muchachos que andaban con tu esposo cuando lo conociste, los que se resintieron contigo por quitarles su compinche? Bueno, algunos de ellos han crecido. Tu esposo necesita hombres cristianos con ideas afines que refuercen sus cualidades de carácter. Necesita estar con otros que deseen seguir a Jesucristo sea cual sea el costo. Dale espacio para que se conecte con otros hombres que lo afilen como el hierro afila al hierro (véase Proverbios 27:17).

6. Pon en claro los papeles de tu familia. Cuando Dios creó a Eva, la hizo a su imagen, con cualidades que no se encontraban en Adán. Le dio un título increíble de honor y fuerza al llamarla «ayuda adecuada» (véase Génesis 2:18). El término hebreo que se traduce como «ayuda adecuada» también se puede traducir como alguien que le aporta virtudes y cualidades al otro; estas cualidades, que se encuentran solo en la mujer, completan la unión entre el hombre y la mujer.

En todas partes en el Antiguo Testamento, esta palabra se usa para referirse a Dios mismo. El Salmo 54:4 (RV-60) nos dice que Dios es «el que me ayuda». Es un título de honor y de gran valor.

Al comprender el significado de tu papel como ayuda adecuada, puedes sentirte animada a usar tus virtudes distintivas a fin de edificar a tu esposo y contribuir a su vida. Tu misma singularidad puede ofrecerle cualidades que lo completen como nadie más lo puede hacer.

Puedes completar a tu esposo y puedes proteger su corazón trabajando con él, no en su contra. ¿Cómo lo haces? Si tu esposo tiene luchas en una esfera, ora por él. Habla con él si está dispuesto a hacerlo. Escucha lo que dice y lo que no dice y luego quítate del camino y deja que Dios trabaje en su corazón. Dios abrirá sus ojos espirituales cuando tú obedezcas el mandamiento de la Escritura de ganarlo con «un espíritu suave y apacible» (1 Pedro 3:4). Eres un factor fundamental en la ecuación de ayudar a tu esposo a comprender su papel en la familia, pero no puedes hacerlo sola ni protestando. Debes dejar que Dios lo haga a su tiempo.

7. Comprométete con él y con Dios. A una esposa quizá le parezca que se comprometió con su esposo de una vez y para siempre en el día de su boda. De alguna manera, lo hiciste, pero es necesario que cada día te vuelvas a comprometer.

Asimismo, tu compromiso para toda la vida con Dios debe renovarse cada día al procurar seguir a Cristo momento a momento. Sin lugar a dudas, el regalo más duradero que le puedes dar a tu esposo es tu fe sólida como una roca en Jesucristo. Deseo vivir mi vida con Dios considerándolo mi primer amor. Cuando experimento el amor incondicional de Dios, Él me llena hasta desbordar. Y después de mí, ¿quién es el que más se beneficia de mi andar con Dios? Gary, por supuesto. Se beneficia del desborde de mi dependencia de Cristo.

No cometas el error de poner a tu esposo en el trono que solo debe ocupar Dios. Solo Dios es Dios y tu principal fuente de fortaleza se encuentra en Él. Sin embargo, después de Dios, tu siguiente aliado es tu esposo. Estos son dos compromisos primarios y de todos los días.

Gary ahora dará algunas sugerencias en cuanto a la manera en que los hombres pueden expresarle su amor protector a las esposas.

SIETE CLAVES PARA PROTEGER EL CORAZÓN DE TU ESPOSA

Hombres, si su meta es mantener una conexión de corazón a corazón con sus esposas, aquí tienen siete maneras en que pueden proteger su corazón:

1. ¡Escuchen! Recuerdo un fin de semana hace algunos años, cuando nuestra hija Missy estaba en el último año del instituto. Había llegado el fin de semana en el que se celebra la fiesta anual a la que asisten ex alumnos. Esto significaba mucho para mis tres mujeres: Barb, Missy y Sarah. Para decirlo de una manera suave, la marea emocional de nuestra casa se encontraba en estado de inundación. La inseguridad y la ansiedad con respecto a este acontecimiento hicieron llorar a Barb. Missy y su hermana mayor también experimentaron sus cambios emocionales. Era algo típico de mujeres. ¿Qué hice? Me recordé: *Muy bien, Gary, Barb dice que el éxito matrimonial tanto a largo plazo como a corto plazo depende de la capacidad de un esposo para satisfacer las necesidades emocionales.* Sabía que una palabra, una mirada o una actitud lograrían sintonizarme con estas mujeres que son tan importantes para mí o podía desconectarme. Mi esposa y mis hijas necesitaban mi lado suave durante este momento, no mi lado lógico y duro. Así que escuché. Ejercité la compasión en medio de sus conmociones emocionales.

La manera en que mis mejores amigas en el mundo reaccionaban frente a esta fiesta era una cuestión de «instalación eléctrica celestial», no una falla de su parte. Dios las hizo así. Cuando esa instalación interna se tropieza con una ola y las emociones afloran, el hombre se siente tentado a arreglar este asunto, a decirle a su mujer lo que debe hacer. Sin embargo, a esta altura, ella no quiere saber qué hacer. Lo único que necesita es que estés a su lado durante las variaciones de sentimientos que experimenta. Guárdate los consejos hasta que ella haya tenido la oportunidad de expresar lo que tiene en el corazón, y luego piensa muy en serio guardártelos hasta que ella te los pida.

Muchachos, ¿alguna vez han abrazado simplemente a su esposa cuando se encontraba luchando por alguna razón? Lo intenté hace poco cuando Barb estaba estresada. Solo la miré y le dije: «¿Puedo abrazarte y nada más?». Ella se derritió en mis brazos. Yo no podía creerlo. Luego de varios minutos y de algunos pañuelos de papel, me miró y me dijo: «Gracias, Gary por apoyarme». Quedé pasmado. ¡Dio resultados!

Créanme, hombres: una esposa que recibe apoyo es una esposa protegida.

2. Ofrece ayuda práctica. Si tienes hijos, sabes de qué manera tu esposa se da cuenta de las necesidades de ellos que tú, a veces, ignoras. Por lo general, ella es la que está presente cuando tienen necesidades y hace lo que sea para mantener a los hijos a salvo y satisfechos.

Dios les dio una madre y un padre a los hijos por una razón. Para una madre es difícil seguir a un niño activo y mucho más difícil si tiene otros dos o tres niños necesitados. Puedes proteger el corazón de tu esposa de una montaña de amargura y resentimiento si haces tu entrada y ayudas con los niños. Ponemos en práctica lo que es morir al egoísmo cuando servimos a nuestra esposa en las cosas cotidianas. No reserves tu ayuda práctica solo para ocasiones especiales; haz que sea algo diario. Hay sabiduría en el lema que nos informa que el pasadizo secreto al corazón de una mujer corre justo a través de las tareas diarias: «Me gustan los besos y los abrazos, pero lo que necesito en este momento es ayuda con los platos».

3. Dedica tiempo solo para ella. Esposos, ¿captaron qué es lo que atrae a una mujer hacia otro hombre que no sea su esposo? Por lo general, no tiene nada que ver con el cerebro, los billetes ni los músculos. Es lo que la conquistó en un principio: el tiempo y la atención absoluta de un hombre.

Si no satisfaces la necesidad que tu esposa tiene de amistad e intimidad emocional, la dejas vulnerable. Es probable que se retraiga o puede ser que no sienta libertad para responderte sexualmente. Y lo peor de todo es que puede comenzar a mirar para cualquier parte con tal de satisfacer sus necesidades.

Cuando sientes que tu esposa se retrae, es probable que no sea porque ha decidido que tú tienes razón y que debe «dejar de protestar». Se ha dado por vencida en tratar de conectarse contigo. Hay algo que anda muy mal. Desde la perspectiva de una mujer, significa que no eres un refugio de seguridad para ella, sino que eres una amenaza. Si no te ocupas de este modelo de retraimiento, pueden terminar como dos extraños que habitan bajo el mismo techo, comparten las comidas y la cama, pero que están separados en lo emocional el uno del otro.

4. Dale tiempo para sí. Muchas mujeres que se esfuerzan mucho por satisfacer las necesidades de sus esposos e hijos no satisfacen sus propias necesidades. Un esposo sabio y protector se asegurará de que su esposa tenga tiempo y oportunidad para rejuvenecerse a través del crecimiento espiritual, del ejercicio físico o del intercambio emocional con sus amigas.

Esto no es tan sencillo como sería cuidar a los niños mientras miras un partido de fútbol por televisión durante un par de horas mientras ella está afuera. Tu esposa sentirá que se le cargan las baterías cuando sepa que sus tareas de la casa estarán hechas, no solo retrasadas, mientras ella está fuera de la casa. Por ejemplo, ayer, mientras Barb y yo trabajábamos en este libro, me tomé recreos intermitentes para poner cargas de ropa a lavar, para doblar las prendas que estaban limpias y vaciar el lavaplatos. Estos pequeños actos de servicio me tomaron solo algunos minutos, pero le dieron a Barb tiempo extra para escribir y llenaron su tanque de amor.

Si tu esposa necesita un simple respiro temporal, entra en escena y ocúpate de algunas de las tareas, pero si se encuentra a menudo retrasada, es probable que necesites reestructurar por completo la división de las tareas en la casa. Te puede costar algo de tiempo y esfuerzo, pero también puede hacer que ella tenga pensamientos y sentimientos más positivos acerca de ti.

5. *Ámala de manera incondicional.* Espero que considères a tu esposa como la mujer más maravillosa del mundo. Espero que seas el que más la alienta, pero también eres la persona que ve sus fallas con mayor claridad, no porque tengas una actitud crítica, sino porque la conoces mejor que cualquier otra persona. ¿Qué debieras hacer con lo que sabes acerca de sus debilidades?

La aceptación que una mujer tiene de sí misma se apoya en muchas cosas. Verse a través de tus ojos quizá sea la mayor de todas. Eres su espejo. Se ve con más claridad en la manera en que le respondes. Proteges su corazón amándola a pesar de sus faltas. La proteges amándola aunque no cambie. Cuando te mira y ve el reflejo de tu amor y aceptación incondicional, estará en mejores condiciones de aceptarse a sí misma. Dile a través de tus palabras de afirmación, de tus oraciones de apoyo y del lenguaje positivo de tu cuerpo que ella es lo máximo para ti.

6. Demuestra liderazgo espiritual. El apóstol Pedro escribió: «Ustedes esposos, sean comprensivos en su vida conyugal, tratando cada uno a su esposa con respeto, ya que como mujer es más delicada, y ambos son herederos del grato don de la vida. Así nada estorbará las oraciones de ustedes» (1 Pedro 3:7). El hecho de que tu mujer sea «más delicada» no quiere decir que sea inferior a ti en el plano moral o mental. Más bien se refiere a la fuerza física en cada sexo.

Dios te ha llamado a que te dediques a honrar, comprender y aceptar a tu esposa como a una compañera que está a la misma altura en la vida. ¡Te pide mucho! Sin embargo, tú elegiste aceptar esta misión. Y debes saber que tu esposa anhela experimentar la satisfacción que proviene de saber que amas a Dios y que estás dispuesto a servirle siendo un esposo y un padre eficiente. Por lo tanto, al fortalecer tu relación con Dios, ayudarás a que tu esposa fortalezca su relación con Dios y contigo.

Cuando veo a un hombre que tiene problemas con la respuesta de su esposa a su liderazgo, lo ayudo a concentrarse en su relación con Jesús. Conclusión: Cuando pones en orden tu relación con Dios, es invariable que la respuesta positiva de tu esposa sube a las nubes.

Tanto Barb como yo leemos *La Biblia en un año* (Tyndale House) todos los años. La leo cada mañana, aun antes de mirar la página de deportes. Me llevó algún tiempo desarrollar esta disciplina, pero sé que no solo enriquece mi vida espiritual, sino que también le da a Barb la increíble seguridad de ver que conduzco el hogar estudiando en forma constante la Biblia. Cuando le cuento lo que aprendo en la Palabra, ella se siente guiada a confiar en mí debido a la obra que Cristo hace en mi vida.

7. Ora con ella y por ella. Un esposo que ora con su esposa descubrirá que ella confía más en él. Se sentirá motivada a ser una en mente y espíritu con él. Si deseas tener una familia bíblica, debes comenzar a orar con tu esposa. Dios ha prometido bendecir esa clase de inversión espiritual.

Antes de que Scott se casara con nuestra hija Sarah, lo llevé aparte y le dije: «Scott, tienes la oportunidad de basar tu matrimonio en la oración y en la intimidad espiritual con Sarah. Comienza tu relación matrimonial amando a Sarah como Cristo amó a la iglesia. Cada mañana cuando te despiertas o por la noche antes de ir a dormir, toma las manos de Sarah y oren juntos en voz alta. No soy legalista. Si algún día, de vez en cuando, no pueden hacerlo, no importa. Sin embargo, ¿qué me dices de ser uno de los pocos tipos en Estados Unidos que se compromete a orar a diario con su esposa?».

Cada cierto tiempo le pregunto cómo le va. Gracias a Dios, puedo decir que se encuentra bien enfocado en esta esfera vital.

Por más que Barb y yo oremos juntos ahora, no siempre tuvimos un buen historial. No comencé mi matrimonio con la fuerza que hubiera deseado, pero ahora doy en el blanco. No soy perfecto, pero me entusiasma mi papel de siervo líder en nuestro hogar. Tal vez tu historial tampoco sea perfecto, pero si oras con tu esposa de manera constante, esto los llevará a la intimidad espiritual. Nada la hará sentir más segura, a salvo y protegida que tus oraciones *por* ella y *con* ella.

UNA NOTA ESPECIAL SOBRE LA TRAVESÍA

Ya te contamos lo que hemos aprendido sobre las esferas en que los hombres y las mujeres son más vulnerables al ataque. También te hablamos sobre la manera en que puedes proteger tu corazón y el de tu cónyuge. Te animamos a que des el siguiente paso y formes tu propio grupo de apoyo amoroso en el cual rindas cuentas, si es que todavía no participas de uno. Estudia nuestros nuevos libros *Guard Your Heart* y *Guard Your Heart Workbook*. Al trabajar de forma sistemática en el contenido con fundamento bíblico y al seguir los ejercicios matrimoniales de probada eficacia, descubrirás que las diversas facetas del amor que protege proveerán la seguridad que tu matrimonio necesita para ser a prueba de divorcio.

Sexta parte

EL AMOR QUE CELEBRA

El amor que celebra se goza en la relación matrimonial

y ayuda a que el cónyuge se sienta valorado y cautivado

doce

REAVIVA EL GOZO
DE ESTAR CASADO

*H*ombres, ¿recuerdan cómo se sentían el día que trajeron al hogar al primer amor de sus vidas? No veías la hora de alardear delante de tu familia y de tus amigos. La adulabas. Esperabas un guiño de aprobación de quienes sus opiniones eran tan confiables para ti. Era la niña de tus ojos.

No hablamos de traer a una *novia* a casa para que conociera a tu mamá y a tu papá. Nos referimos a la aventura amorosa con tu primer *auto*.

Es muy probable que tu primer juego de ruedas te costara mucho. Fuera cual fuera su apariencia, no veías la hora de conducirlo hasta tu hogar. Así fuera un cero kilómetro o un auto que era nuevo 'solo para ti, lo estacionabas con cuidado lejos de otros autos para evitar esos feos rayones que se producen en los estacionamientos. Lo mantenías impecable por fuera y por dentro. Es probable que dedicaras los sábados por la tarde para encerarlo y sacarle brillo hasta que resultara cegador mirarlo.

Sin embargo, con el tiempo, la belleza de tu primer auto comenzó a opacarse. No pudiste evitar que se produjeran marcas en la pintura, ni que la alfombra quedara más delgada ni que el vinilo se resquebrajara o la pintura no luciera tan brillante. Y si tuviste la mala suerte de chocar tu auto en un accidente, es probable que tu aventura amorosa terminara más rápido todavía. No veías la hora de cambiar a tu viejo cascajo por un modelo bonito y nuevo.

Tu matrimonio es un compromiso para toda la vida, no es algo que puedas cambiar cuando pierda algo de su brillo de recién casados. Sin embargo, Barb y yo conocemos a muchísimos hombres y mujeres que «cambian» a su cónyuge por otro más nuevo, más bonito o más excitante (ya sea mediante el divorcio o apegándose a un objeto o una actividad al parecer más atractivos).

¿Por qué lo hacen? Porque uno de los cónyuges o los dos pierden de vista el infinito valor del amor que ya tienen. Necesitan un amor que se mantenga fresco y estimulante a medida que pasan los años.

¿EL KILOMETRAJE DA SEÑALES EN TU MATRIMONIO?

El día de la boda te inundaba el gozo por el cónyuge que tenías y con gusto proclamaste tu compromiso imperecedero frente a la familia y los amigos. Fue un momento cuando toda la emoción del poema del rey Salomón cobró vida en su totalidad: «Yo soy de mi amado, y mi amado es mío» (Cantares 6:3).

No obstante, una vez que la relación ha acumulado algunos kilómetros y ha juntado algunas abolladuras y rasguños, mantener esta actitud de regocijo en el otro no es algo automático. Si tienes a cuestas muchas desilusiones sin resolver, es aun peor. ¿Y si tu esposa se parece más a su tía que a la mujer con la que te casaste? ¿Y si tu esposo usa la misma talla de pantalones que usaba en el instituto con veinte kilos más que le cuelgan del abdomen? ¿Y si el brillante extrovertido con el que te casaste se ha convertido en una bolsa de papas que solo mira televisión? ¿Adónde se fue la magia? ¿Existe alguna manera de recuperarla?

Una pareja casada envejece, pierde algo del lustre que tenía en el salón de exposiciones y ventas. Algunos hemos pasado por serias tormentas más de una vez y tenemos toda una colección de cicatrices y lágrimas. Muchas parejas se separan con el paso de los años y sus matrimonios están llenos de marcas que van desde el aburrimiento hasta el odio. Los sentimientos de aburrimiento, de desdén o de suponer que nos merecemos lo mejor pueden conducir a una pareja por el camino que va de la desilusión al divorcio emocional.

Si este es el caso, ¿de qué nos entusiasmamos a medida que pasan los años? ¿Qué tienes que celebrar? ¿De verdad puedes esperar que tu matrimonio mejore con los años o sencillamente tienes que conformarte lo mejor que puedas con el mismo modelo viejo?

El matrimonio no les depara gozo a los que se sienten atascados en el mismo viejo modelo, pero trae una infinita felicidad a las parejas que aprenden a celebrar su amor exclusivo. Barb y yo llamamos a esta faceta del amor *el amor que celebra*.

EL AMOR QUE VALE LA PENA CELEBRAR

El amor que celebra se deleita en las conexiones emocionales, físicas y espirituales que te unen a tu cónyuge. Es un amor que los protege a los dos para que no se separen y les permite enamorarse y sentirse descubiertos una y otra vez. El amor que celebra se goza a diario en el matrimonio que tienes y los ayuda a sentirse apreciados y cautivados el uno por el otro.

La celebración es un elemento ineludible del amor de Dios. Tal vez nunca has pensado en el amor entusiasta de Dios hacia nosotros. La Biblia nos dice: «El SEÑOR tu Dios está en medio de ti como guerrero victorioso. Se deleitará en ti con gozo, te renovará con su amor, se alegrará por ti con cantos» (Sofonías 3:17). Dios está tan entusiasmado con la relación que tiene con nosotros que celebra su amor estallando en cánticos. Y el poema de amor bíblico de Salomón, Cantares, es una celebración romántica del amor matrimonial y de la relación sexual. No nos queda duda: ¡Dios nos celebra!

Te daremos un ejemplo de cómo es el amor que celebra en el mundo actual. Barb y yo recibimos este correo electrónico de un amigo.

> *Mientras esperaba a un amigo que llegaba al aeropuerto de Portland, Oregón, tuve una de esas experiencias que cambian vidas de las que oyes hablar, esas que se te acercan a hurtadillas y sin esperarlas. Esta ocurrió apenas a medio metro de donde me encontraba.*

Esforzándome por localizar a mi amigo que salía del sector de desembarco, vi que un hombre venía hacia mí. Se detuvo justo a mi lado para saludar a su familia. En primer lugar, se dirigió a su hijo más pequeño (de unos seis años) mientras dejaba las maletas en el piso. Se dieron un abrazo muy prolongado. Cuando se separaron lo suficiente como para mirarse a la cara, escuché que el padre decía: «Cuánto me alegro de verte, hijo, ¡te extrañé mucho!». Su hijo sonrió con un poco de timidez, desvió la mirada y contestó con suavidad: «¡Yo también, papá!».

Luego el hombre se levantó, miró al hijo mayor (de unos nueve años) a los ojos y mientras tomaba su rostro entre las manos, le dijo: «Ya eres todo un hombrecito. ¡Te amo mucho, Zach!». Ellos también se dieron un abrazo muy amoroso y tierno.

Mientras sucedía esto, una pequeña de unos dos años se retorcía en los brazos de su madre, sin apartar los ojos ni por un momento de su padre. Entonces el hombre dijo: «¡Hola, mi bebita!», mientras la tomaba con suavidad de brazos de su madre. Le dio besos por toda la cara y luego la apretó contra su pecho mientras la hamacaba de un lado al otro. La niña se relajó de inmediato y solo recostó su cabeza sobre el hombro de su papá, inmóvil y plenamente feliz.

Después de algunos instantes, le entregó la niña a su hijo mayor y declaró: «Me reservé lo mejor para lo último», y procedió a darle a su esposa el beso más largo y apasionado que jamás viera. La miró a los ojos durante varios segundos y luego gesticuló con la boca: «¡Te amo muchísimo!». Se miraron a los ojos y desplegaron grandes sonrisas refulgentes, mientras seguían tomados de las manos. Por un instante, me recordaron a los recién casados, pero por la edad de sus hijos, sabía que no podían serlo.

Me quedé un poco confundido y luego me di cuenta de cuánto disfrutaba de esta muestra de amor que se desarrollaba a menos de medio metro de distancia de donde yo estaba. De repente, me sentí incómodo, como si estuviera invadiendo algo sagrado. Me asombré al escuchar que mi propia voz preguntaba:

—¡Vaya! ¿Cuánto hace que están casados?

—Hace catorce años que nos conocemos y doce que estamos casados —respondió el hombre sin quitarle los ojos de encima al rostro de su mujer.

—Bueno, entonces, ¿cuánto hace que no se ven? —pregunté. Por fin el hombre se dio vuelta y me miró, todavía con su sonrisa resplandeciente—. ¡Dos días enteros!

—¿Dos días? —dije pasmado—. A juzgar por la intensidad del saludo hubiera asegurado que hacía por lo menos por varias semanas, si no meses que no se veían.

Con la esperanza de terminar con mi intromisión, dije:

—Espero que mi matrimonio siga siendo tan apasionado luego de doce años.

De repente, el hombre dejó de sonreír. Me miró directo a los ojos con una fuerza que me hizo arder el alma. Luego me dijo algo que me hizo una persona diferente. Solo dijo:

—No esperes, amigo. ¡Decide! —solo dijo.

Recuperó su maravillosa sonrisa, meneó la cabeza y dijo:

—¡Dios te bendiga!

Dicho esto, él y su familia se dieron vuelta y juntos salieron caminando.

Todavía me encontraba observando a este hombre excepcional y a su familia mientras se alejaban cuando mi amigo vino y me preguntó: «¿Qué miras?». Sin vacilar y con una curiosa sensación de seguridad, respondí: «¡Mi futuro!».

Ese es el poder del amor que celebra. No es solo un sueño. Es una faceta del amor que todos hemos experimentado y que podemos volver a captar en nuestro matrimonio. Produce un gran gozo, ¡y protege a tu matrimonio del divorcio! Si te tropezaras con la misma escena de nuestro amigo en el aeropuerto, sospechamos que te quedarías mirando con el mismo asombro.

¿Quién no daría un brazo y una pierna por tener una relación como esa? ¿A quién se le ocurriría alejarse de esa clase de amor?

RECUPEREMOS EL GOZO

Sin el amor que celebra, tu relación se estancará o llegará a un punto aun peor. No obstante, cuando cultivas el amor que celebra en tu matrimonio, te vuelves a conectar con el amor sincero que descubriste cuando caías de rodillas... y mejor aun. El amor que celebra te permite crecer más hondo en amor año tras año, volviendo a descubrir lo que casi olvidaste del otro, volviendo a valorar lo que quizá perdiera su brillo y demostrando un afecto y un aprecio por todo lo que encontraste en el otro.

Si te pidiéramos que nos dieras tres razones para celebrar el amor, ¿dirías algo o te quedarías pensando sin saber qué decir? Te puede parecer que no tienes nada para celebrar. A lo mejor piensas que los días de pasión, de alegría y de entusiasmo en tu matrimonio terminaron cuando comenzaron a llegar los bebés y firmaste la segunda hipoteca. «Se acabó la fiesta», anuncias con tristeza.

La Biblia ofrece una guía fuerte para recobrar el aspecto de celebración del amor que puede haberse enfriado a lo largo de los años. Vemos la solución en el libro de Apocalipsis, donde Jesús reprendió a los creyentes de Éfeso por abandonar su profundo amor por Él y de los unos por los otros. «Tengo en tu contra que has abandonado tu primer amor» (Apocalipsis 2:4).

Entonces de inmediato el Señor les dice dos cosas que deben hacer para corregir el problema: «¡Recuerda de dónde has caído! Arrepiéntete y vuelve a practicar las obras que hacías al principio» (2:5). Jesús no les dice que esperen a que los viejos y cálidos sentimientos de amor surjan otra vez. Les ordena que actúen *recordando* el primer amor hacia Él y *regresando* a los antiguos hábitos de devoción a Dios.

Este pasaje nos guía a un compromiso total con el Señor, pero el mismo principio se ajusta a la relación con tu cónyuge.

Si recuerdas los primeros días de tu relación, incluso los días anteriores a tu matrimonio, ¿qué te viene a la memoria? ¿Cómo era de grande tu amor en aquel punto? ¿Cómo se demostraban el amor el uno al otro? ¿Qué clase de actitudes y hábitos amorosos practicaban? Si han perdido la chispa y la intensidad del amor del uno hacia el otro, ¿cómo pueden volver a esas expresiones? ¿Cómo pueden regresar al entusiasmo que una vez sintieron el uno por el otro?

CINCO CLAVES PARA CELEBRAR EL AMOR

Las palabras que dijo el hombre en el aeropuerto: «No esperes, ¡decide!», se nos han pegado a Barb y a mí desde el primer momento que leímos aquel correo electrónico. En el matrimonio, cada día es un motivo para celebrar, y disfrutar el uno del otro es una decisión como cualquier otra faceta del amor para tener un matrimonio a prueba de divorcio. Veamos cinco claves para desarrollar el amor que celebra en tu matrimonio.

1. Cada uno ponga al otro como prioridad en su lista

Fred era adicto al trabajo. Las quince horas diarias como consultor en la industria técnica lo consumían y crecía con rapidez en la conquista, ya sea derrotando a las personas en juegos de competitividad o cerrando un trato y dejar a la competencia con un palmo de narices. Estaba orgulloso del estilo de vida que le había proporcionado a su esposa, Peg. Después de todo, había alcanzado el sueño americano de tener de todo: una casa inmensa con un garaje para tres autos, autos caros, una cartera de acciones bien gordita y una cabaña para las cuatro estaciones equipada con todo, con un cobertizo lleno de motos de nieve y con un bote de líneas tan elegantes que parecía una nave espacial. Peg sentía que tenía de todo... menos a su esposo.

Un severo bajón en el sector tecnológico dejó a Fred luchando por conseguir trabajo. Los meses sin empleo se extendieron y se tragaron la mayor parte de los bienes de Fred y Peg, lo cual los dejó luchando por pagar las cuentas. Cuando la bancarrota era ineludible, Fred tocó fondo.

Peg tenía una actitud diferente. Tenía confianza de que podían comenzar de cero, tal como lo hicieron cuando eran jóvenes. Y en secreto estaba feliz de haberse librado de muchas de las cosas que tenían. Le dijo con suavidad a Fred que ella no necesitaba todas las cosas que había acumulado trabajando con tanto ahínco. Él era lo que en verdad deseaba y necesitaba.

La primera clave para celebrar el amor es colocar al otro en lo alto de la lista de prioridades, justo debajo de tu amor a Jesús. El tiempo que pasan juntos debe ser una prioridad, tal como lo era cuando comenzaron a salir. Barb y yo nos quedamos asombrados ante la cantidad de gente que se traga la idea de que el «tiempo de calidad» con sus cónyuges e hijos es suficiente. Lo del tiempo de calidad es un mito. Me avergüenza ver cuántos colegas que se encuentran en el campo de la consejería han perpetuado este mito.

Necesitas cientos de horas, *cantidad de tiempo,* antes de estar en condiciones de disfrutar del verdadero tiempo de *calidad.* Necesitas períodos frecuentes de tiempo lejos de los hijos y de otras responsabilidades. Busquen actividades que los dos logren disfrutar juntos: desde pasatiempos, estimulación sexual hasta conversación, actividades que reaviven la intimidad del corazón y del espíritu. Dale a tu cónyuge la prioridad en el acceso a tu tiempo en lugar de dejarle las sobras. Aquí tenemos varias ideas que te ayudarán a elevar el amor que celebra en tu agenda.

Pon a la familia en segundo lugar, justo después de tu relación con Dios. Planea los momentos juntos que necesiten y escríbelos en tu calendario, con tinta. Esto no solo incluye las salidas por la noche y los fines de semana lejos de casa, sino también a momentos más reducidos en tiempo cada día, como la cena juntos, el tiempo con los hijos y el tiempo para conversar, jugar a algún juego o mirar un programa favorito de televisión luego de que los niños se vayan a la cama.

Ten cuidado cuando aceptas compromisos fuera de tu familia. Pregúntate: ¿Tengo en realidad el tiempo, la energía y los recursos para hacer esto sin descuidar el compromiso de «la familia en segundo lugar»?

Cultiva las relaciones enriquecedoras. Todos tratamos con personas que nos socavan la fuerza. Son esas personas que siempre parecen estar en crisis, que sobre todo toman de nosotros y no pueden dar de sí mismos. Además de estas «oportunidades que brinda el ministerio», necesitas amistades con personas que te fortalezcan en lugar de agotarte.

Haz que la comunicación sea una prioridad en tus relaciones. Aprovecha los momentos en el auto y alrededor de la mesa de la cena para promover la conversación significativa. No abarrotes tu vida con el ruido constante que genera el zumbido de la televisión, de la radio o de la música.

Permite que el lenguaje de tu cuerpo demuestre que tu cónyuge es la prioridad. Cuando conversen, deja a un lado el periódico y apaga la televisión. Mantén el contacto visual. Presta atención exclusiva. Pídele a Dios que te dé la capacidad de concentrarte directamente en tu cónyuge. Cuando caminan juntos, tómense de las manos. Cuando están juntos con otras personas, tóquense o tomen contacto visual a través de la habitación de tal manera que se digan el uno al otro y a la gente que está a su alrededor: «Esta persona es el amor de mi vida».

En lugar de evaluar el éxito que tuviste en el día según la cantidad de tareas que tachas en tu lista de cosas para hacer, pregúntate si son las tareas *adecuadas*, las que equilibran como es debido el tiempo de Dios, el tiempo personal y el de la familia. La atención que le prestes a la Biblia, a la oración y a la comunión con Dios te dará acceso a la única fuente de poder que a fin de cuentas te traerá satisfacción al permitirte honrar como se debe a tu familia.

2. Practiquen la confesión

Regresamos de nuevo a este punto importante de cerrar el circuito a través del perdón.

Cuando el trabajo de Fred como consultor se vino abajo, él y Peg tuvieron que resolver asuntos que eran aun peores que sus problemas financieros. Peg estaba dolorida por todos los años en los que no había estado a la cabeza de la lista de prioridades de Fred y por la falta de conexión emocional que había entre ambos. Ella no sabía dónde tratar todos estos asuntos, entonces se los guardó, enterró vivo su dolor, por así decir.

Luego de declararse en bancarrota, Fred al final encontró trabajo en una de las pocas compañías de tecnología que sobrevivieron en esa área. Comenzó a considerar lo que Peg dijo acerca de arreglárselas bien sin «todas esas cosas». Le preguntó cómo se sentía con respecto a su vieja vida y de qué manera él la había herido. En resumen, se volvió enseñable. Cuando comenzó a entender todo el dolor que le había causado a Peg, confesó lo mal que había estado y le pidió que lo perdonara. Por primera vez en su matrimonio, Fred comenzó a descomponer en factores los pensamientos y sentimientos de Peg con respecto a las decisiones de su carrera.

Las ofensas sin resolver bloqueaban todo tipo de intimidad emocional, física y espiritual. Barb y yo conocíamos esto por experiencia propia y por hablar con incontables parejas cuyo amor se había enfriado. Si tratamos de acercarnos sin resolver esas heridas, es como tratar de saltar una pared de cincuenta metros. No lograríamos hacerlo.

Cuando sientes que existe una pared entre tú y tu cónyuge, hay algo que está muy mal. Esposos, ¿por qué no tomamos la delantera en tratar con el dolor, cerrar el circuito y restaurar la intimidad? Responsabilízate del tono de la relación y vuelve a poner tu matrimonio por el buen camino, en especial si eres culpable de contribuir con este dolor.

Barb hablará de otra clave para celebrar el amor: la importancia de conocerse el uno al otro en profundidad.

3. Vuelvan a conocerse

La mayoría de los hombres nos dicen a Gary y a mí que tenían mucho más éxito en la conexión con sus esposas antes de casarse o antes de que tuvieran hijos. Y muchas mujeres nos informan que a medida que las responsabilidades y los desafíos se amontonaban, perdieron la huella de las necesidades más sinceras de sus esposos. Para captar de nuevo el gozo del amor que celebra en tu relación necesitas volver a conocer a tu cónyuge como al principio. ¿De qué manera? Demuestra tu amor al mostrarte interesado desde lo más profundo en tu cónyuge. Se necesita un esfuerzo para volver a descubrir los puntos fuertes de tu esposa, los intereses personales y sus cualidades únicas. Se necesita concentración a fin de descubrir otra vez cosas sobre tu esposo que pasaste por alto durante años. Sin embargo, al detectar estas cualidades profundas y escondidas renovarás el entusiasmo hacia tu matrimonio. Aquí tenemos algunas ayudas para comenzar.

Estudia a tu cónyuge. Observa con atención para descubrir lo que le ilumina la mirada a tu cónyuge. Hombres, pónganse como meta conocer a sus esposas mejor de lo que ellas se conocen a sí mismas. Mujeres, hagan lo mismo. Aprenderán a saber lo que el otro piensa, en qué está concentrado, qué es lo importante en su vida y a qué le dedica su tiempo y su energía. Cuanto más estudies a tu cónyuge, mejor preparado estarás para servirle.

Escúchense de verdad. Préstale absoluta atención a tu cónyuge, aunque no tengas idea de qué está hablando. Hazle preguntas. Fíjate qué lo entusiasma en la conversación y qué lo hace detenerse y reflexionar. Presta atención a las palabras que elige cuando conversan acerca de un tema que le toca de cerca.

Trabajen codo a codo. Tal vez han planeado una cuidadosa división de las tareas de modo que la casa siga funcionando sin problemas: Él es el que siempre le pone combustible al auto, ella hace todo en la cocina; él se encarga de las tareas de afuera, ella hace los deberes con los niños. Puede ser eficiente y ordenado, pero no es muy divertido realizar las tareas solo. Y en una casa con mucha actividad, puede significar una separación constante.

Intenten cambiar alguno de los papeles y responsabilidades, o mejor aun, formen un equipo para que juntos hagan las cosas.

Prueba de nuevo alguna de tus viejas cosas favoritas. ¿Cuáles son algunas de las cosas que hacían cuando se conocieron y se casaron? Sabes a lo que me refiero: pasatiempos, deportes, compras, salidas de bajo costo, incluso estacionarse frente a un lago. No hace falta que los intereses de tu cónyuge también sean tus cosas favoritas, pero pueden turnarse participando en las cosas favoritas del otro. Honrar a tu cónyuge implica sacrificar algunas cosas de tu propia agenda para complacerse el uno al otro.

Salgan juntos. Salgan de picnic. Salgan a caminar. Lleven a los niños a la casa de la abuela o de una amiga para pasar el fin de semana y váyanse a su hostería preferida. O pasen el fin de semana en casa. Todos los años tómense unas pequeñas vacaciones sin los hijos. Y durante una semana normal y atareada, dediquen una parte de cada día o de cada noche para estar juntos, los dos solos. Las salidas no tienen que ser muy costosas, pero el esfuerzo por estar juntos les rendirá dividendos importantes en su matrimonio.

Déjate cautivar por el amor de tu vida. Hace poco Barb y yo le hablamos a cientos de estudiantes en el campus universitario al que asiste nuestra hija Missy. Nos deleitamos al ver a estos hombres y mujeres jóvenes sedientos de verdad bíblica acerca de las relaciones que agradan a Dios. Mientras les hablaba a los muchachos, les enseñé lo que Salomón escribió en Proverbios 5: «¿Por qué, hijo mío, dejarte cautivar por una adúltera? ¿Por qué abrazarte al pecho de la mujer ajena?» (v. 20). En este pasaje de la Escritura, Salomón nos enfrenta con la descripción de la futilidad de buscar placer en alguien que no sea el amor de nuestra vida: la esposa, o en caso contrario, el esposo. Para que esta enseñanza cobre verdadera vida, lee los versículos 18-19 y capta la instrucción del rey: «¡Bendita sea tu fuente! ¡Goza con la esposa de tu juventud! Es una gacela amorosa, es una cervatilla encantadora. ¡Que sus pechos te satisfagan siempre! ¡Que su amor te *cautive* todo el tiempo!» (énfasis añadido).

Debieras haber visto cómo se les agrandaban los ojos a estos jóvenes mientras describía la forma en que me *cautivaba* la mujer de mi juventud. Sentir que Barb me cautiva no es lo mismo que estar atrapado o atascado. Por el contrario, sentirse cautivado significa celebrar la realidad de que ella me tiene embelesado. Es sentirse ligado el uno al otro. Es la experiencia de no ver a otra mujer en la habitación porque tengo ojos solo para aquella con la que comparto la vida. El amor que cautiva celebra el diseño de Dios para el matrimonio. ¡Y no hay nada mejor!

4. Reconsidera tu manera de pensar

Gary y yo conocemos a muchas personas como Dale, que siempre ve el lado oscuro de todas las cosas. Ya sea que se trate del trabajo, de la iglesia o de su esposa, se da cuenta de las fallas y de los fracasos en todas las esferas. Al concentrarse sin cesar en lo negativo, Dale se pierde el lado brillante de la vida, en especial en sus actitudes hacia su esposa Katie. Su mente da vueltas de manera interminable, como un disco rallado, alrededor de un comentario negativo acerca de ella. Si Dale no rompe este modelo sombrío, él y Katie están condenados a un matrimonio privado de la celebración.

¿Qué cintas reproduces de tu cónyuge? ¿Puedes cambiar la manera de pensar sobre él? Por supuesto. Creemos que es posible aprender a enamorarse de nuevo y tenemos dos consejos sencillos a fin de ayudarte a comenzar:

1. Debes estar dispuesto a enamorarte otra vez de tu cónyuge. El enamoramiento comienza en tu mente con la decisión de rendirte a los sentimientos de amor. La celebración es una respuesta aprendida a la manera en que tu cónyuge se ve y a la manera en que siente, a las cosas que dice y hace y a las experiencias emocionales que expresa. En cuanto tomes esta decisión básica podrás prepararte para ver lo bueno en tu cónyuge y estar feliz por ello.

2. Controla tus pensamientos. El Nuevo Testamento nos alienta a controlar los pensamientos, a llevarlos cautivos y a hacerlos obedientes a Cristo (véase 2 Corintios 10:5). Esto es lo que podemos hacer en nuestros matrimonios. Cuando se nos cruza un pensamiento negativo acerca de nuestro cónyuge, debemos arrestarlo, ponerlo tras las rejas y tirar la llave de la celda. Cuando ves un rasgo positivo en tu cónyuge, aférrate a él, piensa en él, coméntalo y disfrútalo. Cambia el centro de tu pensamiento y dirígelo a las cualidades que hicieron que te enamoraras de tu cónyuge al principio.

Cuando te encuentres cerca de tu cónyuge, míralo con atención. Mírale las manos. ¿Recuerdas cuando el solo hecho de tomarse de las manos te producía un cosquilleo? Míralo a los ojos. ¿Qué los hace lanzar destellos? Piensa en los sueños y pasiones de tu cónyuge. ¿Qué le produce entusiasmo y deseos de vivir?

Entonces dile lo que ves. Pon tu amor en palabras. Exprésalo en voz alta y hazlo con frecuencia.

Pídele a Dios que refresque el amor hacia tu cónyuge. Aun cuando por costumbre te quejes en tu mente de tu cónyuge cien veces al día, aun cuando sientas en verdad que tu matrimonio está mal, aun cuando muchos días ya no te sientas enamorado, puedes cambiar. Dios todavía puede ayudarte a desarrollar el amor que celebra.

5. Reaviva el romance y la intimidad física

Es probable que el romance y la relación sexual sean las primeras cosas que asocias con el amor que celebra. La relación sexual no es todo lo que existe para celebrar el amor; sentirse querido y cautivado es algo más que lo que sucede en los momentos más privados e íntimos que pasan juntos. Sin embargo, Gary y yo estamos tan felices como cualquiera de que el amor que celebra incluya esta clase especial de cercanía entre los esposos.

De modo que miremos por un momento todo lo que abarca el amor que cautiva. Hombres, he descubierto que cuando un esposo demuestra que está cautivado por su esposa, ella florece y se deleita en su amor. El amor que cautiva se refleja cuando un hombre está fascinado con su mujer. Se conecta con ella y está extasiado. Se le encienden los ojos cuando está en su presencia y refleja calidez y ternura cuando habla de ella en su ausencia. Se siente atraído hacia ella y los demás sencillamente saben que hay algo especial en este amor que refleja celebración. El amor que cautiva conduce a la expresión de intimidad sexual en la relación matrimonial.

Al discutir el componente de la intimidad sexual en el amor que celebra, comencemos con una verdad básica: Dios creó a los hombres y a las mujeres para que sean diferentes. «Y Dios creó al ser humano a su imagen; lo creó a imagen de Dios. Hombre y mujer los creó» (Génesis 1:27). Además de las diferencias evidentes en la anatomía física, ¿te has dado cuenta de cómo se manifiesta esta diferencia en la vida diaria? Por ejemplo, mientras una mujer piensa en el piso sucio de la cocina, en dormir, en salir de compras o en bañar a los niños, su esposo quizá esté pensando en la relación sexual. Y cuando él se encuentra en el garaje, reconstruyendo un carburador o renovando el acabado de un mueble con un partido de fútbol a todo volumen en la radio, su esposa puede estar pensando en una tranquila conversación con una tasa de té de por medio.

En el capítulo 7 dijimos que la mayoría de los hombres deletrean la palabra intimidad S-E-X-U-A-L-I-D-A-D y que la mayoría de las mujeres lo deletrean H-A-B-L-A-R. Esta diferencia básica puede conducir a una enorme confusión y a un declarado conflicto; pero aquí tenemos la buena noticia: Esta diferencia fue idea de Dios, fue su diseño. Creó a una esposa con todos los dones y necesidades increíbles y únicos que trae a la relación con su esposo, incluyendo su necesidad de conversar. Y creó a un esposo con todas sus necesidades y todos sus dones maravillosos y únicos, incluyendo su necesidad de intimidad sexual.

Entonces, ¿cómo se las arreglan un esposo y una esposa para salvar estas diferencias de modo tal que ambos disfruten al máximo de la intimidad sexual del amor que celebra? Esto sucede cuando entendemos y con amor le damos cabida a las necesidades únicas de intimidad de nuestro cónyuge. En primer lugar, los guiaré a ustedes, esposos, para que sepan de qué manera satisfacer las necesidades de intimidad de sus esposas. Luego Gary guiará a las esposas para que sepan cómo satisfacer las necesidades únicas de sus esposos.

COMPRENDE LAS NECESIDADES DE INTIMIDAD DE TU ESPOSA

La excitación emocional que comparten los esposos es un catalizador en el desarrollo de un amor físico apasionado. Lo que los esposos deben entender es de qué manera las actividades que al parecer no tienen nada que ver con la relación sexual ayudan a satisfacer el apetito de intimidad física de una esposa. En el corazón de estas acciones no sexuales se encuentra el lazo emocional de ser amigos. «El factor determinante para que las esposas se sientan satisfechas con la relación sexual, el romance y la pasión en el matrimonio es, en setenta por ciento, la calidad de la amistad de la pareja. Así que los hombres y las mujeres provienen del mismo planeta después de todo»[1]. Una cualidad clave en la amistad matrimonial, tanto para los hombres como para las mujeres, es mantenerse interesado en el otro y hacer que este se mantenga interesado en ti. Nada de trucos: ni las flores, ni los dulces ni una cena a la luz de las velas dan resultado a menos que tu cónyuge esté interesado de verdad en ti y que su rostro se ilumine cuando entras en la habitación. En especial para las mujeres, el camino hacia la intimidad sexual es la intimidad *emocional*.

Esposos, no subestimen el poder de las pequeñas señales de afecto que le comunican a la esposa durante todo el día que la aman. Esto es de vital importancia para la satisfacción sexual de tu esposa. Susan nos da un ejemplo personal:

> Durante años he tratado de animar a mi esposo a que me muestre afecto fuera del dormitorio. Sencillamente parece que no puede decir nada agradable, ni puede

tocarme sin desear tener relaciones sexuales en los siguientes cinco minutos.

Un día nos juntamos con otra pareja, Matt y Leann. Matt era un amigo del instituto, no un novio, pero hubiera podido serlo. Los cuatro nos dispusimos a disfrutar de un picnic. Observé toda la tarde cómo Matt sostenía la mano de Leann. Dijo cosas agradables sobre cuánto la apreciaba. Llevó todas las cosas de la camioneta y ayudó a servirles el almuerzo a los niños. Hasta le dio un beso cuando las dos tomamos a los niños y los llevamos a visitar los baños.

Me golpeó muy fuerte la manera en que Matt amaba a su esposa. Es alguien en el que he pensado mucho a lo largo de los años y me he preguntado si me perdí algo al no salir con él cuando éramos más jóvenes. Sin lugar a dudas, ver la conexión que existe minuto a minuto entre él y Leann no me ayudó a sentirme satisfecha con mi esposo. En verdad tuve que entregarle mi actitud al Señor y pedirle que me ayudara a ser paciente con él. En muchos otros sentidos, es un gran hombre.

Una esposa que carece de intimidad emocional y de afecto puede retraerse de ti en el aspecto físico. Puede parecer distraída y distante, dedicando más tiempo del habitual al trabajo o a otras actividades. Se puede encontrar «demasiado ocupada» o «demasiado cansada» para tener relaciones sexuales y puede evitar pasar tiempo contigo. Y puedes notar que tus hijos son una prioridad más alta para ella que tú. Todas estas son señales de advertencias que indican que la necesidad de amistad y afecto de una esposa no están satisfechas. No siente que tú la aprecias. No se siente cautivada. El amor que celebra no forma parte de su experiencia.

Todo esposo que lea este libro está casado con un manual del matrimonio que habla y camina. Te asombrarás al ver cuánto puedes aprender sobre lo que ella necesita si tan solo la observas y le preguntas. Una mujer suele tener el don natural de poder mostrarle a su esposo las claves que fortalecerán en lo emocional su matrimonio. Esposos, sus esposas son la mayor guía para discernir cómo ser tiernos, enseñables y cómo estar conectados; pero no aprenderán nada si no les prestan atención.

Esposas, Gary tiene algunos párrafos importantes para ayudarlas a apreciar y cautivar a sus esposos.

COMPRENDE LAS NECESIDADES DE INTIMIDAD DE TU ESPOSO

Los hombres nos cuentan con frecuencia a Barb y a mí sobre sus frustraciones en cuanto a la intimidad sexual en el matrimonio. Son pocas las mujeres que comprenden la profundidad de la angustia que siente un marido cuando no se satisface del todo su necesidad de intimidad sexual.

«Me parecía que satisfacía las necesidades emocionales de Olivia», dice Owen. «Hasta ella misma decía que era así. Hacía todo lo que sabía que debía hacer y ella me decía cuánto apreciaba la manera en que conversábamos y cómo la trataba. Sin embargo, cuando se trataba de mi deseo de tener relaciones sexuales, dependía por completo del humor en el que ella se encontrara. Algunos días estaba preocupada, como si yo fuera el último en su lista y no mereciera su atención. Otros días sencillamente no sentía deseos. Cuando le decía que deseaba acercarme a ella, me sentía como si estuviera rogando. Era humillante».

Al tener cortada su única salida de escape legítima y diseñada por Dios para la intimidad sexual, Owen tomó represalia clausurando la conexión emocional de la que Olivia disfrutaba tanto. El tiro le salió por la culata cuando su esposa lo hizo a un lado y comenzó una relación con un hombre en su trabajo.

Las frustraciones sexuales pueden conducir a serios problemas matrimoniales. El marido cuya esposa pasa por alto su impulso hacia la intimidad sexual se siente rechazado como persona y como hombre. La mayoría de las veces se cierra o se retrae, y tal vez se dedica a la pornografía o a tener aventuras que satisfagan sus necesidades. No justificamos ni excusamos estas actividades sin importar cuál de los dos tenga la culpa. El hombre o la mujer que se aparta de las guías morales de Dios tiene la responsabilidad personal de las dolorosas consecuencias. Sin embargo, estas acciones se pueden evitar si una esposa es consciente de la profundidad de la necesidad que tiene su esposo de la intimidad física.

Esposas, tal vez vean la fuerte necesidad sexual de sus esposos como algo negativo, como un problema con el que tienen que lidiar o se pueden deleitar en el hecho de que este hombre tenga un apetito tan profundo por ustedes. Si la intimidad sexual es una lucha para ti, comienza por llevarle el problema de la relación sexual a Dios. Pregúntale: «¿Qué me impide disfrutar del aspecto sexual de nuestro matrimonio? ¿Existe alguna herida entre mi esposo y yo? ¿Existen conflictos sin resolver o falta de perdón? ¿Llevo dolores pasados de otras relaciones a nuestro lecho matrimonial?».

Hasta que no resuelvas tus propios problemas, será casi imposible que disfrutes de una relación sexual saludable y activa con tu esposo. Las mujeres con algún dolor emocional sin resolver tienen dificultad para arriesgarse a abrir sus corazones y sus cuerpos a sus esposos.

Si deseas fortalecer al máximo la relación sexual con tu esposo, sigue los siguientes consejos:

No te quedes enojada. El enojo te priva de la intimidad y la tensión sin resolver trae un frío helado a tu dormitorio. Confiesa tus ofensas, perdona las suyas, ¡y a otra cosa!

Intercambia los consejos con tu esposo. Fuera del dormitorio, a la luz tranquila del día, pregúntale a tu esposo cómo le gustaría que le proporcionaras placer la próxima vez que tengan un encuentro sexual. Pídele que haga una lista de cosas que puedes hacer para agradarle. Luego crea tu propia lista de tres a cinco maneras en las que él te puede dar placer sexual. Intercambien las listas y túrnense dándole el gusto al otro con las nuevas ideas.

Enfrenta la oscuridad. Cada vez más mujeres nos cuentan de manera confidencial que sus esposos llevan la pornografía al dormitorio como estimulación erótica: revistas de sexo explícito, vídeos, etc. Si esto sucede en tu relación, ponle punto final. Mantén puro el lecho matrimonial.

Ora por tu vida sexual. A Dios no le intimida ni le avergüenza tu vida sexual. ¡Él la inventó! Invita al Creador de la relación sexual a este terreno de tu matrimonio y permite que Él te guíe en cuanto a cómo apreciar y cautivar a tu esposa.

LAS COSAS PEQUEÑAS SIGNIFICAN MUCHO

Es mucho lo que puedes hacer para reavivar el amor que celebra en tu matrimonio si prestas atención a las cosas pequeñas. Los pequeños actos de amor pueden encender un fuego de pasión en el corazón de tu cónyuge. Con Barb hemos hecho una lista de varias ideas que exponemos a continuación. Tal vez algunas te resulten conocidas al recordarlas en los primeros días de tu noviazgo o matrimonio. Selecciona algunas para ponerlas en práctica. Luego de hacerlo volverás a sentirte cautivado y apreciado.

IDEAS PARA CELEBRAR A TU ESPOSO

❖ Despídelo y recíbelo en casa con una sonrisa y con un beso.

❖ Dile que eres feliz de que esté en casa solo porque lo amas, no porque el fregadero esté obstruido ni porque necesites librarte un rato de los niños.

❖ Si llegas a casa después de tu esposo, búscalo antes de cualquier otra cosa y dile lo feliz que te hace estar en casa.

❖ Dile que te preocupas. Cómprale una tarjeta romántica y envíasela a la oficina, escóndela en su maletín o deslízala dentro del libro que lee cuando se va a la cama.

❖ Escribe una lista de razones por las que lo amas, luego léele la lista durante una cena romántica.

❖ Déjale una nota sorpresa con un versículo bíblico de aliento.

❖ Cómprate alguna prenda íntima atractiva... ¡Y esconde las de él!

❖ Dale masajes.

❖ Ora por él antes de que salga para el trabajo.

❖ Acompáñalo en su actividad favorita aunque no sea algo que te vuelva loca. Trata de hacer con él alguna de las cosas que disfruta haciendo con sus amigos.

❖ Di: «Lo lamento» cuando te equivocas, y perdónalo cuando él se equivoca.

❖ Inicia la intimidad sexual.

❖ Escucha sus opiniones sobre temas espirituales. Pregúntale qué clase de actividades animarían su crecimiento espiritual. No le impongas tus ideas.

❖ Déjale un mensaje en el que le digas que lo amas y que oras por él.

❖ Desayuna con él y entra en su mundo al comienzo del día.

❖ Acepta tu cuerpo y disfruta al experimentar con él en el campo sexual.

IDEAS PARA CELEBRAR A TU ESPOSA

❖ Sé accesible, ¡siempre! Dile dónde estarás y cuánto tiempo estarás fuera.

❖ Infórmales a tus compañeros de trabajo que siempre te pueden interrumpir cuando ella te llama.

❖ Repite a menudo los votos matrimoniales. Dile que si tuvieras que empezar de nuevo, la elegirías una y otra vez, y otra vez...

❖ Prométele a cada momento y vuelve a asegurarle que tu amor y tu fidelidad hacia ella es «hasta que la muerte los separe».

❖ Invítala a que te diga cómo desea que la ames, luego procura amarla de esa manera.

❖ Dale un masaje de pies a cabeza.

❖ Elógiala, en especial por las cosas pequeñas.

❖ Envíale flores, chocolates o cualquier otro regalo pequeño que le guste.

❖ Asistan juntos a una conferencia sobre el matrimonio. Toma la iniciativa para encontrar una, encárgate de todos los arreglos incluyendo una niñera si es necesario. Únete a nosotros en una de nuestras conferencias. Revisa nuestro sitio en la Web (www.afclive.com) para ver si estaremos en tu comunidad este año.

❖ Prodígale contacto que no esté relacionado con lo sexual.

❖ Llámala durante el día solo para saludarla.

❖ Abrázala o toma su mano en público.

❖ Dile «te amo» antes de que ella lo haga. Comienza y termina cada día con palabras de aliento.

❖ Escríbele notas con regularidad diciéndole lo orgulloso que estás de ella.

❖ Tómala de las manos y ora por ella.

❖ Envíale tarjetas o cartas de amor.

❖ Llévale el desayuno a la cama.

El amor que celebra no necesita ser extravagante ni ostentoso. Se puede expresar en una caminata tomados de la mano, en una simple rosa, una nota guardada con esmero y la amabilidad creativa que proviene del corazón. Puedes comenzar con palabras de afirmación y elogio porque la falta de aprecio por tu cónyuge aniquilará cualquier otra cosa que intentes hacer.

Otro componente del amor que celebra es tan importante que requiere su propio capítulo. Consideremos lo que la intimidad espiritual es capaz de hacer para ayudarlos a ti y a tu cónyuge a sentirse apreciados y cautivados.

trece

CONSTRUYE LA INTIMIDAD ESPIRITUAL

$\mathcal{L}$a siguiente carta proviene de una mujer a la que llamaremos Nicole. La escribió luego de escuchar nuestro programa de radio, *America's Family Coaches... LIVE!* Barb y yo escuchamos con mucha frecuencia historias tristes como esta de la gente que escucha nuestro programa y de los que asisten a nuestras conferencias. Nos recuerdan la naturaleza vital que tiene la intimidad espiritual para tener matrimonios a prueba de divorcio.

> *Queridos Gary y Barb:*
>
> *Mi esposo y yo escuchamos su programa de radio todos los días, y hemos asistido a sus conferencias sobre el matrimonio y hemos leído sus libros. Me alegro de que mi esposo tuviera contacto con el material de ustedes, pero también hay un problema. Es como si existieran dos hombres en mi vida. La cara pública de Trent va a la iglesia y hace todas las cosas cristianas aceptables; pero en casa, que es donde en verdad cuenta, Trent vive una vida privada que no concuerda con su profesión. Sé que parezco crítica y tal vez lo sea. Es que el hombre con el que pensé que me casaba no es el mismo que con el que vivo. Se los explicaré.*
>
> *Trent creció en un hogar cristiano. Cuando era pequeño, iba a la escuela dominical y recibió enseñanza basada en los principios cristianos. Cuando salíamos, parecía que tenía una relación con Jesús, pero poco después de nuestro casamiento, se fue alejando de la poquita de fe que tenía. Lo vi en el manejo de sus negocios, cuando se movía en zonas*

grises en cuanto a lo financiero y violaba principios bíblicos. Lo vi en sus hábitos personales. Se quedaba despierto hasta tarde en la noche mirando televisión y si escuchaba que yo entraba a la habitación, enseguida cambiaba de canal.

La Internet se convirtió en una obsesión para Trent. Una vez me conecté para averiguar una tarifa aérea y me encontré con que había entrado a una serie de sitios pornográficos que me produjeron náuseas.

Sin embargo, no era solo el dinero y las cuestiones sexuales lo que me molestaba. Eran las cosas del corazón. Trent asistía a conferencias para hombres, compraba los libros y parecía estar en busca de lo espiritual, pero jamás me decía algo. Algunas veces lo veía cuando hablaba con su pequeño grupo de compañeros en la entrada de la iglesia, mientras se reían y disfrutaban de una rica comunión; pero yo lloraba por dentro porque jamás tenía esta clase de gozo conmigo.

Escuché que ustedes le dijeron a una oyente que una esposa herida debía expresarle a su esposo lo que tenía en el corazón. Eso fue lo que hice con Trent. Escuché que animaban a otro oyente para que orara. He orado una y otra vez. Luego escuché que le decían a otra persona que se hiciera a un lado y le permitiera a Dios trabajar. Esa es la única cosa que no he hecho. Tengo temor de que si me hago a un lado, Trent nunca más se acerque a mí o a Dios.

Anhelo que Trent ore conmigo. Anhelo que me diga: «Nicole, mira lo que acabo de leer en la Biblia». Anhelo que inicie conversaciones espirituales conmigo. Veo a otras mujeres que crecen en lo espiritual con sus esposos, pero en mi interior siento que me muero. Deseo amar a Trent de manera incondicional. Deseo alentarlo y es lo que hago la mayor parte del tiempo; pero por sobre todas las cosas, anhelo el «matrimonio de tres» del cual hablan ustedes en la radio: un matrimonio entre Jesús, Trent y yo. No quiero

*más bienes materiales, quiero más de mi esposo, de sus pen-
samientos y de sus sentimientos. Por sobre todas las cosas
deseo más de su esencia espiritual.*

*No dejaré a Trent. Tengo un compromiso con él. Tam-
bién sé que formo parte del problema. Deseo que las cosas se
den con demasiada rapidez, le presto poca atención y a
veces soy muy crítica. Por favor, oren por nosotros: Trent y
Nicole. Oren para que no me desaliente y para que de alguna manera experimentemos un gran avance sin tener que
enfrentar una gran crisis. Muchas veces los he escuchado
decir que el dolor es el precursor del crecimiento. Tengo
temor de lo que pueda suceder, de lo que Dios pueda permitir para llevarnos a crecer. Aun así, estoy dispuesta a rendir-
me si Dios ocupa su lugar adecuado en nuestro hogar.*

Gracias por estar allí. Oro por los dos.

Nicole

Esta clase de cartas nos parten el corazón. Es triste, pero este
no es el único hogar cristiano en el que uno de los cónyuges ha
permitido de manera sutil o deliberada que los apuntalamientos
espirituales del matrimonio cedan y se vengan abajo. Encontramos a muchas parejas que viven en una niebla, que se preguntan
cuál es la pieza del rompecabezas matrimonial que les falta. Por
lo general, es la intimidad espiritual.

Como resultado de escuchar a las parejas, hemos identifica-
do varias señales reveladoras que sugieren que un matrimonio
puede estar languideciendo en la impotencia espiritual. Fíjate
en la lista y mira si alguno de ellas describe a tu matrimonio.

Quizá experimenten conflictos en muchas esferas. La dimensión espiritual proporciona el fundamento que establece la
manera en que se debe jugar el juego de la vida. Es difícil jugar
bien en el matrimonio si tú y tu cónyuge no valoran de la misma
manera a Dios y la Escritura. No te gustaría jugar un partido de
béisbol si las personas no estuvieran de acuerdo en cuanto a las
reglas. Lo mismo sucede en el matrimonio.

Es posible que te sientas incompleto. Tal vez te encuentres en la cima del partido en cualquier otra esfera de tu relación, pero si no te conectas en lo espiritual, siempre tendrás la sensación de que falta algo porque *falta* el ingrediente más importante. Sin una conexión espiritual te pierdes la cercanía y el gozo que Dios pretende. La parte más profunda de tu cónyuge quedará inexplorada, dejando ocultos los mayores goces de tu matrimonio.

Tal vez te falte un cimiento sólido para tu compromiso matrimonial. La Biblia declara que el matrimonio es una unión sagrada e inquebrantable. No obstante, sin los fundamentos bíblicos en tu vida, es fácil ver al matrimonio como un acuerdo de conveniencia antes que un compromiso. Y cuando ya no conviene, lo abandonas.

A lo mejor te faltan cercas que protejan tu matrimonio. La Biblia proporciona normas absolutas para el bien y el mal. El pueblo de Dios disfruta de la confianza que proporciona saber que los límites dentro de los que viven los levantó un Dios de amor. Con todo, sin la dimensión espiritual, a tu matrimonio le falta la protección y la provisión de Dios.

Muchas de estas señales son evidentes en el matrimonio de Trent y Nicole; pero existe una gran esperanza para esta pareja y otras que tienen luchas en el campo de la intimidad espiritual. Desarrollar y enriquecer la intimidad espiritual en el matrimonio es un elemento vital del amor que celebra porque ayuda a los esposos y las esposas a sentirse apreciados y cautivados.

UN MATRIMONIO DE TRES

Es bastante fácil entender la *intimidad emocional* que liga los corazones de un esposo y su esposa y la *intimidad física* que junta sus cuerpos. No obstante, toda pareja necesita también una unión de sus almas. Si deseas disfrutar del nivel más profundo de conexión y celebración, necesitas desarrollar y hacer crecer la *intimidad espiritual* en tu relación.

La unión espiritual quizá sea una esfera de enorme confusión para llevarse bien como esposos. Aun cuando la desees, es probable que te cueste alcanzarla. Aun si ambos se ponen como meta la unión espiritual, es probable que tengan dificultades en decidir cómo llegar allí. Y si uno de los dos es el único que desea buscar la profundidad espiritual en la relación, es probable que nunca la consigan.

Entonces, ¿qué es la intimidad espiritual? No tiene nada de extraño ni de místico. La intimidad espiritual tiene lugar cuando los esposos rinden sus vidas y su relación al Señor. Se unen y crecen juntos en lo espiritual cuando viven en su relación matrimonial de acuerdo con los caminos de Dios y tienen como objetivo agradarle en todas las cosas.

La intimidad espiritual es un ingrediente accesible solo para los que tienen una relación personal con Dios por medio de Jesucristo y que viven procurando agradarle. Cuando estás unido en matrimonio a otro cristiano, tienes el maravilloso privilegio de buscar la intimidad espiritual en el matrimonio. Cuando los esposos crecen en su relación vertical, relación individual con Dios, la relación horizontal entre ellos tiende también a acomodarse.

Barb y yo creemos que la intimidad espiritual en un matrimonio es «cosa de Dios». Se trata de un matrimonio de tres, una relación íntima entre Dios, el esposo y la esposa. La intimidad profunda ocurre cuando dos corazones, dos cuerpos y dos almas se conectan con el Dios que los creó y que diseñó el matrimonio. Se podría ver poniéndolos a ti, a tu cónyuge y a Dios en tres esquinas de un triángulo. A medida que tú y tu cónyuge se acercan más a Dios, es natural que se acerquen más el uno al otro.

La mayor parte de nuestro mundo no comprende la intimidad espiritual en el matrimonio. Es lamentable, pero muchas parejas cristianas tampoco han captado esta profunda verdad. Entonces cuando un esposo y una esposa comienzan a entender de verdad la importancia de tener un matrimonio de tres, su relación comienza a florecer. Eclesiastés 4:12 ofrece una gran imagen de lo que queremos decir con esto de la intimidad de tres. «Uno solo puede ser vencido, pero dos pueden resistir. ¡La cuerda de tres hilos no se rompe fácilmente!»

Más adelante en este capítulo veremos formas prácticas en que puedes hacer que la intimidad espiritual sea una realidad en tu relación; pero primero deseamos explicar con exactitud lo que puedes lograr en tu matrimonio a través de la intimidad espiritual. Y deseamos hablar con franqueza sobre el daño que les sobreviene a los matrimonios que carecen de este importante cimiento.

LOS BENEFICIOS DE LA INTIMIDAD ESPIRITUAL

Es posible que no te des cuenta del poder que tiene la intimidad espiritual para crear amor que celebre en tu relación. Barb y yo solemos describirlo de la siguiente manera. La intimidad emocional y física encienden los motores del cohete en tu matrimonio, pero la intimidad espiritual enciende los dispositivos después de la combustión y te ponen en órbita. La atracción emocional y física es lo que los puso juntos, pero la conexión espiritual es la que los mantiene juntos. La intimidad espiritual es indispensable para alcanzar el matrimonio de tus sueños y tenerlo a prueba de divorcio por completo.

La intimidad espiritual será la fuente de mayor gozo que tengan como esposos. También es la fuente de fortaleza que necesitas para proteger a tu matrimonio del divorcio. En realidad, no podemos limitar la función de la intimidad espiritual solo al amor que celebra. Es el cimiento para las seis clases clave de amor que presentamos en este libro. Tu relación vital con Dios a través de Cristo le otorga poderes a:

❖ la gracia en el amor que perdona
❖ la humildad en el amor que sirve
❖ la paciencia en el amor que persevera

❖ la sabiduría en el amor que protege
❖ el gozo en el amor que celebra
❖ el poder en el amor que renueva.

Tú, tu cónyuge y Dios son un equipo invencible. No importa lo que la vida te arroje, no importan las maneras en que el enemigo trate de frustrarte, no importan los errores que uno de ustedes o los dos cometan, un matrimonio de tres puede conducirte a través de todas estas cosas y puede llevarte a mayor profundidad. La intimidad y la cercanía espiritual en el matrimonio son la mayor conexión de todas. Aquí tenemos tan solo algunos beneficios clave de la intimidad espiritual:

La intimidad espiritual le otorga poder al amor que celebra. La conexión espiritual no hará que tu matrimonio sea perfecto, pero te mantendrá en contacto con el autor del matrimonio que tiene las respuestas para los problemas más profundos de este. La conexión espiritual los capacita para aceptarse el uno al otro como personas a las que Dios ha perdonado. Y mientras Dios te recuerda la verdadera naturaleza de tu unión, que tu amor no es entre dos personas sino entre tres, experimentarás las profundidades de unirse en cuerpo, alma y espíritu. Es imposible impedir que una conexión así despierte sentimientos de aprecio y cautivación.

La intimidad espiritual te permite conectarte en el nivel más profundo. Dios diseñó a los esposos y a las esposas para que se unan de manera emocional y física, ¡y estas conexiones son eléctricas! Aun así, también los creó para que se unan en los niveles más profundos de su ser: el alma y el espíritu. Si deseas tener la conexión más profunda posible con tu cónyuge, es esta. Al buscar juntos a Dios, el hambre de unión total se satisfará.

La intimidad espiritual te une a los propósitos y planes que Dios tiene para ti. En el Antiguo Testamento, Dios le dijo a su pueblo: «Porque yo sé muy bien los planes que tengo para ustedes —afirma el SEÑOR—, planes de bienestar y no de calamidad, a fin de darles un futuro y una esperanza» (Jeremías 29:11). Esta promesa está vigente para ti también. Dios tiene buenos planes para tu matrimonio. Te garantiza hacer de tu matrimonio una aventura en la medida en que confíes en Él para que los guíe juntos a través de la vida.

La intimidad espiritual les permite bendecirse el uno al otro con el amor de Dios. En la Biblia, muchas veces Dios usa la intimidad de la relación matrimonial como una metáfora de su amor por la humanidad. Como esposo o esposa, puedes demostrar la apariencia del amor de Dios por tu cónyuge. Puedes ser la voz y los brazos de amor y cuidado de Dios. ¡Qué privilegio! A medida que satisfaces las necesidades de tu cónyuge, eres el amor de Dios «revestido de piel».

La intimidad espiritual hace que los valores y deseos más profundos de cada uno estén de acuerdo. Barb y yo creemos que la Biblia no solo comunica la manera en que puedes conocer a Dios y conectarte con tu cónyuge, sino que también establece los principios para lo que es bueno e importante en la vida. A medida que tengan una mayor intimidad espiritual y se sometan a las enseñanzas de la Escritura, sus mayores creencias y sueños estarán en armonía.

La intimidad espiritual abre la puerta hacia los niveles más profundos de comunicación. Uno de los aspectos fundamentales de la intimidad es ser sincero en cuanto a lo que eres, con defectos y todo. A medida que crezcas en intimidad espiritual y transparencia, la comunicación se expandirá de los niveles físico y emocional e incluirá el elemento espiritual de sus vidas y de su relación. La intimidad espiritual permite disfrutar de una manera profunda como no es posible en ningún otro nivel.

La intimidad espiritual le otorga poder a tu matrimonio para sobrevivir. Toda pareja se encuentra frente a circunstancias en las que se siente abrumada. El poder de Dios es mayor que cualquier situación a la que jamás le hagas frente y te puede capacitar para permanecer firme en la tormenta. Barb y yo hemos visto a muchas parejas cristianas que colapsan bajo las pruebas y los conflictos, pero estos colapsos tuvieron lugar solo después que uno de los cónyuges, o los dos, abandonaron o comprometieron sus valores espirituales.

La intimidad espiritual te conecta con un cuerpo de apoyo de discípulos y compañeros. Un esposo es la fortaleza de su esposa y una esposa es la fortaleza de su esposo, pero ningún matrimonio sobrevive ni prospera por su cuenta. Dios te ha dado a su pueblo, la iglesia, para que esté junto a ti cuando te encuentres en la lucha y para celebrar contigo cuando triunfes. Si no estás conectado con un cuerpo local de creyentes que apoyen tu matrimonio, ¡conéctate! Es un beneficio que Dios no quiere que pierdas.

A QUÉ SE PARECE LA INTIMIDAD ESPIRITUAL

La intimidad espiritual es más que ir a la iglesia juntos y tomarse de la mano durante la reunión, por más bonito que pueda ser. La historia de Carl y Danielle nos da una idea de la apariencia de la intimidad espiritual en la relación matrimonial.

«Danielle y yo nos conocimos en la universidad», explica Carl. «Todo lo que sabía es que no podía dejar de mirar a la joven que se encontraba al otro lado de la habitación en la clase de Literatura de segundo año. Me atraía mucho en el aspecto físico y más tarde descubrí que yo también le resultaba atractivo.

»Cuando me acerqué a Danielle y le propuse comenzar un grupo de estudio, estuvo de acuerdo con la condición de que nos encontráramos en un lugar como un restaurante o una biblioteca, no en los dormitorios. También insistió en que otra gente formara parte del grupo. No tenía idea de dónde salían todas estas "reglas", pero estaba dispuesto a dar grandes saltos con tal de llegar a conocerla».

«Para mí», interrumpe Danielle, «no eran solo reglas. Era cristiana y estos límites tenían sentido. No tenía idea de quién era este muchacho y lo único que sabía de él era que era listo... y guapo. Las "reglas" protegían nuestro bien a largo plazo».

«El gran cambio», continúa Carl, «se produjo cuando le pedí que saliéramos juntos. Danielle me rechazó de plano. Para entonces, nuestros estudios habían tocado algunos temas espirituales y tanto ella como yo sabíamos que no era cristiano. Me dijo que si deseaba acercarme a ella, un buen lugar para comenzar sería unirme a la iglesia».

«No te imaginas cómo me sentía a esta altura», dice Danielle. «Carl era un muchacho maravilloso, pero no tenía idea acerca de Dios. Sabía que uno de los límites de Dios para mí era no salir con muchachos que no fueran cristianos. No quería permitir que mi corazón se apegara a un muchacho si no confiaba en Cristo, pero tampoco quería que fingiera un despertar espiritual tan solo para conseguir una cita. Debía entender la verdad de la Biblia por sí mismo y de verdad. Y así lo hizo».

Carl explica: «Danielle no solo me hizo esperar hasta que me convirtiera para tener una cita, sino que me hizo esperar casi un año más para asegurarse de que esta experiencia fuera legítima. Dijo que su hermana mayor se había casado con un muchacho que siempre asentía cuando hablaban de temas espirituales. Es un tipo compasivo de verdad, que trabaja con los niños en la ciudad, pero la fe en Cristo no es real para él y desde entonces siempre han tenido luchas. Danielle no pensaba ir a parar al mismo lugar.

»No permitió que la atracción física fuera lo que motivara nuestra relación. Es más, me dijo que guardara las manos en los bolsillos, otro de esos límites. Me dijo que deseaba que su cuerpo fuera un regalo para su esposo, pero debía desenvolver el paquete después de casados.

»Conocer a Danielle y a Dios revolucionó mi vida, no tanto en *qué* hacía, sino en *por qué* lo hacía. Antes de hacerme cristiano, era una persona buena y moral, pero no tenía una relación con Dios. Cuando supe que Cristo había muerto por mí y que su muerte me había hecho aceptable ante Dios, me di cuenta de que necesitaba a Dios y quería vivir para Él. El verdadero cambio en mí llevó su tiempo, casi seis meses. No sucedió de la noche a la mañana».

«Eso pasó hace quince años», dice Danielle. «Nos casamos sabiendo que nuestras vidas estaban comprometidas del todo con Dios. Nuestra fe fuerte y creciente nos ha ayudado a permanecer junto a Dios como individuos y a apoyarnos el uno al otro en el crecimiento. Y nuestra vida espiritual juntos ha tenido un gran impacto en la manera en que criamos a nuestros hijos y en lo que les enseñamos acerca de la fe y de la vida.

»Pienso que una de las maneras en que nos diferenciamos de las parejas que no son cristianas es que tomamos decisiones al estilo de Dios. En primer lugar, siempre oramos y le decimos a Dios que deseamos seguir su voluntad para nuestras vidas. Entonces buscamos con avidez en la Biblia para ver qué dice sobre nuestra situación. No discutimos por lo que *yo* quiero ni lo que *él* quiere. Algunas veces no nos ponemos de acuerdo en cuanto a lo que *Dios* quiere, pero dejamos que Él nos muestre a través de la Biblia o de las otras maneras en las que nos guía, como la oración y el sabio consejo de los hermanos».

Carl añade un último punto. «Cuando me convertí a Cristo, todo esto era un misterio para mí, pero ya dejó de serlo. Se trata de tener una relación estrecha con Cristo y con mi esposa, amándolos a cada uno con todo mi corazón».

IMPEDIMENTOS PARA LA INTIMIDAD ESPIRITUAL

Quizá respondas: «Es una historia maravillosa, pero creo que es imposible que suceda en nuestro matrimonio. Ya me cuesta bastante mantener el crecimiento espiritual en mi propia vida, así que mucho menos puedo preocuparme por el desarrollo de la intimidad espiritual con mi cónyuge. ¿Cómo amontono más cosas en mi vida?». O tal vez pienses: «A mi cónyuge sencillamente no le interesa las cosas espirituales. ¿Qué puedo hacer?».

Barb nos guiará a través de tres obstáculos principales de la intimidad espiritual y nos dirá cómo los vencemos.

«No tengo tiempo para las cosas espirituales. Tenemos cuestiones más apremiantes en este preciso instante». Si entro al garaje mañana por la mañana y me encuentro con que mi auto no

arranca, investigaré. (En realidad, le pediré a Gary que investigue). Primero, se fijará si por alguna razón la batería se ha descargado durante la noche. Revisará de nuevo que el auto tenga la cantidad adecuada de combustible. Sin embargo, el problema quizá sea más profundo. No hay nada como mantener la batería cargada y tener combustible en el tanque, pero a veces el motor necesita ajustes. Los arreglos superficiales no serán suficientes.

Esto es lo que sucede con nuestras vidas. Las preocupaciones menores nos presionan y son urgentes, pero no hay nada que sea tan importante como desarrollar intimidad espiritual. Aunque nuestra vida sea un caos, lo más importante que podemos hacer es dejar lugar para Dios.

«Temo que Dios espere más de nosotros de lo que podemos hacer». Ese es un temor que muchos experimentamos cada vez que consideramos la posibilidad de profundizar en Dios. Es el temor a que Dios te obligue a renunciar a algo que te gusta o que te lleve por un camino doloroso. Es verdad, muchas veces rendirse a Dios implica tomar decisiones difíciles en cuanto a nuestras posesiones y actividades, pero recuerda que su propósito es que tengamos «vida, y la tengan en abundancia» (Juan 10:10). Puedes tener la confianza que lo hará mientras los edifica como una pareja que vive cerca de Él.

«A mi cónyuge no le interesan los asuntos espirituales». Si tu cónyuge tiene luchas en esta esfera, ora por él. Dile tus propias convicciones, si es que te escucha, y luego deja que Dios obre en su corazón. De manera gradual, Dios abrirá los ojos espirituales de tu esposo en la medida que obedezcas el mandamiento de la Escritura de ganarlo mediante un «espíritu suave y apacible» (1 Pedro 3:4). O Dios trabajará en el corazón de sus esposas cuando «sean comprensivos en su vida conyugal» (1 Pedro 3:7). Puedes ser el instrumento de Dios para alcanzar a tu cónyuge, pero debes permitir que Dios lo haga a su buen tiempo.

Lo cierto es que la única persona a la que puedes cambiar es a ti mismo. Entonces deja que Dios haga su obra en ti. Ábrele tu corazón y sigue persiguiendo una relación obediente y fiel a Él, dándole todo tu corazón, tu alma y tu mente. Al mismo tiempo, ora con fidelidad por tu cónyuge. Tal vez hasta quieras pedirle a algunos de tus amigos de confianza y compañeros de oración que oren contigo para que Dios obre en su vida. Luego sé paciente. Nunca te des por vencido.

En los primeros días de nuestro matrimonio, tanto Gary como yo crecíamos en nuestra fe, aunque teníamos mucho que madurar todavía. Recuerdo un conflicto con implicaciones espirituales. Un verano nuestra casa necesitaba pintura con urgencia. Gary decidió que como no podía pintar durante la semana debido al trabajo, no iría a la iglesia durante cuatro domingos y pintaría un costado de la casa por semana.

A mí no me pareció una buena idea. Me entusiasmaba la idea de ir a la iglesia, no quería perdérmelo y temía que cuatro semanas sin asistir tuvieran un efecto negativo sobre el crecimiento de Gary y sobre nuestro matrimonio. Hubiera podido protestar, hubiera podido quejarme y hasta hubiera podido permitir que su comportamiento me hiciera quedar en casa con él, pero decidí rendirle este asunto a Dios, mantener mi propia relación con Él y permitirle que se hiciera cargo de Gary. Por lo tanto, asistí a la iglesia ese mes mientras mi esposo pintaba la casa.

Resultó ser un momento crucial en el crecimiento de Gary. Luego de no ir a la iglesia durante cuatro semanas seguidas, se dio cuenta más que nunca del valor de la adoración, de la enseñanza y de la comunión que se había perdido. Cuando me hice a un lado, Dios, a su tiempo, trató a su manera con Gary.

PONGÁMONOS EN MARCHA EN LA TRAVESÍA ESPIRITUAL

Tal vez mires las posibilidades más que los impedimentos. «Me gusta lo que hablas», dices, «pero no sé por dónde empezar». Esta es una actitud con la que nos gusta trabajar a Gary y a mí. Es el lugar en el que todos nos encontramos en algún momento.

¿Cómo profundizamos nuestra relación con Dios? ¿Cómo hacemos una conexión espiritual con nuestro cónyuge? Permítenos guiarte con algunos consejos para comenzar tu travesía espiritual.

Como contadora en un negocio de rápida expansión, Denise se encuentra exhausta la mayor parte del tiempo. Por la noche se lleva a su casa una computadora portátil llena de trabajo y sigue respondiendo correos electrónicos y llamadas telefónicas provenientes de todo el país hasta altas horas de la noche. En algún momento disfrutaba de su trabajo y le resultaba desafiante. Ahora tiene deseos de renunciar. Sin embargo, no puede hacerlo porque ella y su esposo, Ken, necesitan el doble ingreso.

Ken sabe que las necesidades de Denise en este momento son mucho más profundas que lo que él puede satisfacer por su cuenta. Sabe que ella hace todo lo posible frente a una situación difícil en el trabajo, pero hace un tiempo que obvia sus propias necesidades espirituales. Cuando Ken le sugiere que se una a un grupo de estudio bíblico los lunes por la noche para madres que trabajan, Denise se burla. Luego Ken le explica que dejará libre su propia agenda los lunes por la noche para cuidar los niños. Denise aprecia mucho su sacrificio y acepta la oferta. A los pocos días les notifica a los clientes clave que no estará disponible los lunes por la noche. Con la ayuda amorosa de su esposo, Denise al fin obtiene algo del tan necesitado alimento para el alma.

Tanto tú como tu cónyuge necesitan el crecimiento espiritual y aunque en definitiva no tienes la responsabilidad por el crecimiento de tu esposo o el de tu esposa, puedes favorecerlo o impedirlo en maneras significativas. Anímense el uno al otro a participar en ambientes en que puedan crecer en su relación con el Señor: estudios bíblicos, grupos de oración, grupos de discipulado o conferencias, y luego hagan lo posible, como proporcionar el cuidado de los niños, para permitir que el cónyuge saque ventaja de estas oportunidades.

Aquí tenemos varias maneras específicas para alentar la intimidad espiritual y el amor que celebra en tu hogar:

Alienta el tiempo personal de oración y de estudio bíblico. Una vez Gary abrió la puerta de nuestro armario empotrado y me encontró allí en la oscuridad, de rodillas. Quedé un poco sorprendida, pero él quedó más sorprendido aun. Fue entonces cuando Gary descubrió que en verdad tengo mi «aposento de oración» y cuán precioso es ese tiempo para mi crecimiento espiritual. Si descuido la oración o me concentro en mis preocupaciones en lugar de orar por ellas, mi corazón puede endurecerse con rapidez. Por lo tanto, una de las maneras en que tengo comunión con Dios es ir a un lugar apartado para orar. Ahora que Gary sabe lo vital que es este tiempo de oración para mí, hace todo lo posible para asegurarse que no haya nada que interfiera con él.

Entonces, ¿de qué oras cuando estás a solas con Dios? Esposa, ora por tu esposo; ora a diario para que Dios le dé sabiduría, fortaleza, conocimiento y poder para vencer la tentación. Ora por las esferas en que necesita ayuda y dirección. Ora por las esferas en las que no están de acuerdo y pídele a Dios que les revele su plan a ambos.

Esposo, ora por la ayuda de Dios. Pídele que te revele maneras en que puedas agregar significado y valor a la vida de tu esposa. Busca con sinceridad el punto de vista de Dios y su liderazgo a medida que aprendes nuevas maneras de expresar tu amor hacia ella. Dile que oras por ella y anímala al contarle lo que aprendes.

Cada uno debe estudiar la Biblia a diario por su propia cuenta, pero pueden duplicar la perspectiva comentando juntos lo que han aprendido. Tal vez deseen utilizar algo como *La Biblia en un año* (Editorial Unilit), que divide a la Biblia en 365 lecturas diarias. Cuando los dos leen el mismo pasaje cada día, pueden hablar de lo que han aprendido. También pueden leer el mismo libro de lecturas devocionales o la guía de estudio que utilicen en su tiempo devocional individual, para comentar los puntos de vista en otro momento. Gary y yo recomendamos

Una luz en la noche: Un devocionario para parejas, escrito por el Dr. James Dobson y su esposa Shirley.

Anima la participación en la comunión y la adoración. Beth y Steve siempre estuvieron comprometidos con la asistencia regular a las reuniones del domingo en la iglesia. Les encantaba encontrarse con sus amigos cristianos para adorar y escuchar la enseñanza. Cuando los horarios de Steve cambiaron, se vio obligado a trabajar algunos fines de semana. Aunque Beth prefería ir a la iglesia los domingos, entendió la necesidad que tenía Steve de flexibilidad para asistir a la iglesia. Apoyó a su esposo en su necesidad de participar de manera activa. Algunas semanas podían adorar juntos los domingos por la mañana. Otras semanas asistían al servicio nocturno de los martes. Y cuando la agenda de Steve le impidió ir a cualquier reunión, Beth animó con amabilidad a Steve para que asistiera a un estudio para hombres que se realizaba los miércoles temprano en la mañana.

Eso es la comunidad cristiana: participar cada semana con un cuerpo de creyentes. Tanto tú como tu cónyuge necesitan tener contacto regular con personas a las que puedas conocer y que puedan conocerte. Hebreos 10:25 dice: «No dejemos de congregarnos, como acostumbran hacerlo algunos, sino animémonos unos a otros, y con mayor razón ahora que vemos que aquel día se acerca». Asegúrate de que tú y tu cónyuge sigan activos, aunque tengan que programar incluyendo un poco de creatividad.

Anima la expresión de los dones espirituales. Karl descubrió una gran satisfacción al formar parte de un ministerio que instalaba y mantenía un campo de juegos para los más pequeños en la iglesia. Su esposa, Lisa, aunque no era maestra por naturaleza, disfrutaba de enseñar en la escuela dominical en la clase de los párvulos. Karl no era maestro, pero él y Lisa se divertían de lo lindo dirigiendo juntos las canciones y los juegos para los pequeños. Estaban comprometidos a usar sus dones particulares cuando se necesitaban y juntos cuando era posible.

Los dones del Espíritu son la habilidades especiales que Dios les da a todos los creyentes para que realicen su tarea en el mundo (véanse 1 Corintios 12 y 14, Romanos 12:4-8 y Efesios 4:11-16). Dios decidió que participáramos en la edificación de su reino. «Porque somos hechura de Dios, creados en Cristo Jesús para buenas obras, las cuales Dios dispuso de antemano a fin de que las pongamos en práctica» (Efesios 2:10). Cada uno de nosotros debería usar sus dones únicos para el reino de Dios y deberíamos alentar a nuestros cónyuges a que hagan lo mismo.

Es muy divertido descubrir un ministerio común. Tal vez no se sientan atraídos por el mismo interés, pero si encuentran un lugar en el que los dos pueden ministrar como equipo, experimentarán una maravillosa armonía espiritual.

CONSEJOS PARA CRECER JUNTOS EN LO ESPIRITUAL

El crecimiento espiritual es tarea tanto del esposo como de la esposa en forma individual. Aun así, la intimidad espiritual tiene lugar cuando experimentan a Dios juntos y comentan lo aprendido. Aquí tenemos algunas ideas que Gary y yo recomendamos para crecer en lo espiritual como pareja:

1. *Lean la Biblia*. Programen momentos diarios para leer la Palabra de Dios. Hagan una cita con Dios y sean fieles.

2. *Hablen la Palabra*. Conversen sobre lo que Dios les enseña a cada uno.

3. *Oren juntos en voz alta*. No hay un plano de intimidad mayor que puedan alcanzar como pareja que el de orar juntos. Si no has orado con tu cónyuge antes, comiencen poco a poco, pero comiencen hoy.

4. *Tómense de las manos y oren*. Unir las manos al igual que los corazones y las voces mientras oran es una gran manera de acercarse.

5. *Estudien juntos.* Hagan un estudio bíblico, sigan un libro devocional o trabajen de manera independiente en un estudio y luego discútanlo juntos.

6. *Los domingos descansen.* Planeen con antelación para que ir a la iglesia no sea un hecho agitado. Sustituyan la carrera hacia la iglesia por el descanso y la preparación del corazón. Si tienen niños, compartan la responsabilidad de alistarlos y de llevarlos a sus clases antes de sentarse para adorar.

7. *Ríndanse cuentas el uno al otro.* Su relación espiritual se profundizará más si se dicen las cosas y permiten recibir la corrección del otro.

8. *Alienten la acción de rendirle cuentas a otros.* Ayúdense el uno al otro a buscar un grupo en el que puedan rendir cuentas: hombres para los hombres, mujeres para las mujeres, que servirá como una plataforma segura y un apoyo espiritual. Elijan grupos que en definitiva fortalezcan el compromiso que tienen, no que lo debiliten.

9. *Pasen tiempo con otras parejas.* Escojan con sabiduría. Únanse a parejas que tengan la fuerte intención de desarrollar matrimonios sólidos y que tengan límites.

10. *Busquen mentores.* Pídanle a una pareja cristiana madura que tenga un matrimonio saludable que sean sus mentores.

11. *Sean expresivos.* Cuando vean que su cónyuge da pasos hacia delante en el crecimiento espiritual, elógienlo. Anímenlo a que siga buscando más.

12. *Busquen la voluntad de Dios para sus vidas.* Comiencen diciéndole a Dios que desean vivir a su manera. Lean la Escritura y presten atención al consejo de cristianos más maduros en el descubrimiento de lo que significa poner en práctica la voluntad de Dios.

13. *Enséñenles a sus hijos a seguir a Dios.* Una de las mayores responsabilidades del compromiso común que tienen con Cristo es transmitirles su fe a sus hijos. Planeen juntos

estrategias que los ayuden a hacer que la fe sea algo vital para cada uno de ellos y actúen de acuerdo a los planes.

14. *Consideren las bendiciones que tienen.* Separen tiempo para agradecer a Dios por todo lo que ha hecho por ustedes.

Cualesquiera que sean las maneras que encuentren para construir la intimidad espiritual, nunca dejen de ponerlas en práctica. Uno de los mejores regalos que puedes darle al compañero o compañera de tu vida es un compromiso para toda la vida con el crecimiento espiritual. Así que no pospongas el comienzo. Como te dirá Gary, pasar por alto o demorar la travesía espiritual unida no favorece al amor que celebra.

COMIENZA AHORA

Muchas parejas cristianas con las que Barb y yo hablamos desearían tener una vida espiritual común más profunda. Saben lo importante que es, pero por alguna razón nunca llegan a lograrlo. Las intenciones son buenas, pero las excusas tienen prioridad. Piensa en la manera poderosa en que Dios obraría en tu matrimonio si le permitieras comenzar.

Puedes aprender de la experiencia de Alex y Carla, que visitaron mi oficina hace poco en busca de consejo. Alex le había roto el corazón a su esposa otra vez más. Se había distanciado de ella y de los niños, había trabajado demasiadas horas y se había desconectado de su esposa y del Señor. Había cedido a las tentaciones. Carla había respondido con una amargura que desmoralizaba a Alex y exacerbaba el problema. La confianza se había roto. Ninguno de los dos buscaba al Señor y su relación estaba en peligro.

Carla rogó: «Gary, no sé cómo llegar a él. Deseo que nuestro matrimonio sea rico en Cristo. Extraño los momentos tranquilos con Alex, los tiempos de oración que solíamos experimentar. Ahora son recuerdos distantes. ¡Ayúdenos!».

Vi a la pareja cinco veces y traté de deshacer algo del dolor. Parecía que nada daba en la tecla. Cuando llegamos a la sexta cita, de inmediato logré discernir que algo había cambiado de verdad. Alex se mostraba más receptivo. Carla estaba más amable. Los miré y les dije: «¿Qué sucedió? Ustedes dos están cambiados por completo». A continuación me contaron su historia.

Alex comenzó: «Gary, la semana pasada estaba en el trabajo tan enojado con Carla que decidí escribirte una carta. Llené cinco páginas. Señalé todo lo que había hecho para herirme en los últimos tiempos. Estaba que echaba humo. Me quejé de su falta de eficiencia en el cuidado de la casa. Ataqué su frialdad en el dormitorio, martillé acerca de su desorden flagrante con el dinero. Y así seguí y seguí.

»Me sentí un poco mejor luego de sacarme todo eso de adentro, así que decidí escribirle una carta a Carla. Tenía el bolígrafo en la mano y estaba listo para derramar todo el veneno que había escrito en la carta dirigida a ti. Entonces me golpeó un rayo. Pensé: *¿Qué estoy haciendo? Deseo tanto que mi esposa se conecte conmigo, deseo tanto experimentar a Dios como solía hacerlo, deseo tanto que nuestros dos hijos crezcan en un hogar cristiano saludable y aquí estoy, a punto de arruinarlo todo.* Pareciera que mi deseo de conectarme con Carla se encontrara bloqueado por mi falta de conexión con Dios. No he orado. No he leído la Biblia. Solo jugaba a ir a la iglesia los domingos. En aquel momento me di cuenta de que al confesar mi dureza de corazón hacia Dios y al sentir de verdad su perdón, podría entonces tratar con la dureza de corazón hacia Carla. Tal como te he escuchado decir, Gary, un matrimonio de verdad es un matrimonio de tres».

Mientras escuchaba a Alex que derramaba su corazón, Carla estaba cautivada por sus palabras. Lo miraba como si acabara de conquistar el monte Everest, y de alguna manera, lo había hecho.

«En lugar de arremeter contra ella», continuó Alex, «comencé a derramar mi dolor en aquella carta. Le confesé que no era el hombre que sabía que ella necesitaba. Le pedí que me perdonara. Oré pidiendo otra oportunidad de parte de Dios y de parte de ella. Oré pidiendo otra oportunidad para conectarme con mi esposa y con mis hijos. Oré pidiendo que Carla me escuchara de verdad.

»Cuando regresé a casa, le leí la carta a Carla. Gary, fue increíble. Comenzó a llorar y a abrirme su corazón. Lo único que hicimos fue sentarnos en el sofá y abrazarnos. Nuestro hijito de dos años se acercó y nos palmeó la espalda. Fue como si recuperara a mi familia y nunca más quiero volver a perder a mi esposa».

¿Qué le sucedió a esta familia? Alex y Carla volvieron a conectarse, pero antes Alex volvió a conectarse con Dios y experimentó su gracia y su misericordia. A medida que el Señor traía convicción de pecado a su corazón y a medida que Alex restauraba su relación vertical con Dios, la relación horizontal con su esposa se abría de nuevo. Cuando Carla vio la obra que Dios hacía en la vida de su esposo, sintió que se reafirmaba la confianza en que Dios restauraría su relación. Todavía tiene que reconstruir su confianza en Alex, pero su confianza en Dios le permitió dar los primeros pasos para volver a conectarse con su esposo.

Alex y Carla todavía tienen alguna distancia que recorrer en la reconstrucción de su matrimonio, pero se encuentran en el buen camino. Sus dos corazones duros, quebrantados delante de Cristo, se están sanando mediante el poder del Señor. La celebración regresa poco a poco a su relación. Poco a poco se sienten apreciados y cautivados una vez más.

Carla está experimentando lo que es ser «el tesoro» de Alex. Se gozan en la unidad con Dios y del uno para con el otro. Ella experimenta un amor cautivante que los atrae. Este matrimonio se está convirtiendo en uno que no solo recorre de vuelta la distancia, sino que también experimenta un amor atractivo y cautivante a lo largo del camino.

Esta pareja está descubriendo el gozo y la satisfacción de la intimidad espiritual. Este mismo descubrimiento te espera a ti y no existe mejor momento que el ahora para comenzar esta travesía.

UNA NOTA ESPECIAL SOBRE LA TRAVESÍA

Tal vez nunca hayas incluido en tu relación la disciplina de seguir a Dios juntos, o tal vez debas reavivar las brasas de tu matrimonio. Cualquiera que sea el caso, todos necesitamos mantener fresca nuestra relación a través del amor que celebra. La clave es crear un modelo de firmeza y constancia en la vida amorosa. Planeamos escribir un libro acerca del amor que celebra que te ayudará a establecer y reforzar patrones saludables que no solo traerán una bendición inmediata a tu relación sino que también protegerán a tu matrimonio y lo harán a prueba de divorcio.

Séptima parte

EL AMOR QUE RENUEVA

El amor que renueva, refresca y apoya el lazo

matrimonial, y ayuda al cónyuge

a sentirse confiado y arraigado

catorce

UN AMOR QUE SE RENUEVA
DÍA TRAS DÍA

Una de las partes favoritas del programa de radio que Barb y yo hacemos es que nos permite conocer mediante la conversación a parejas que tienen cincuenta o más años de casados. A decir verdad, invitamos con regularidad a parejas en su aniversario de oro para que se unan a nosotros en el programa y nos permitan beber de su sabiduría. No podemos menos que admirar el amor que ha resistido toda una vida.

Hemos buscado pistas que nos lleven a descubrir por qué estos matrimonios han permanecido fuertes a través de los años siendo que otros se han derrumbado. Una de las cosas que les preguntamos a las parejas con cinco décadas de casados es: «¿Qué nos pueden decir a los que no hemos llegado tan lejos en la travesía? ¿Qué les da resultado? ¿Cómo lo logran?». Aquí tenemos la clase de cosas que escuchamos:

«Gary y Barb, nos tomamos tiempo a diario para escucharnos el uno al otro y enterarnos de lo que el otro ha experimentado durante el día».

«Nos encanta pasar tiempo juntos. Disfrutamos del simple hecho de ser mejores amigos».

«Da un poco de vergüenza decirlo por radio, pero Barney me enseñó hace mucho tiempo que cuando satisfago sus necesidades sexuales, él se siente valorado. Cuando lo escucho y lo aliento, se siente respetado. Cuando ora conmigo, me siento muy segura. Cuando paso tiempo con él, me hace sentir como si tuviera un millón de dólares».

«Mildred me recuerda a menudo que mis palabras de fe en ella son las únicas, después de las de Dios, que necesita oír de verdad. Por lo tanto, he aprendido a expresarme. Así es, hace cincuenta y cuatro años que estamos casados y creo que el matrimonio promete, ¿no les parece, Barb y Gary?»

En el otro extremo de la línea del tiempo del matrimonio se encuentran las personas como nuestra hija y nuestro yerno. Parece que fue ayer cuando Barb y yo fuimos a buscar a Sarah y a Scott al aeropuerto al regresar de su luna de miel. Nos sentimos muy gozosos al escuchar a Sarah que desde el asiento trasero dijo: «Ay, estamos muy felizmente casados». En ellos se percibía esa chispa de recién casados. ¿La recuerdas? ¿Recuerdas cuánto te esforzabas día tras día para mantener al amor vivo y en crecimiento?

Muy bien, ¿dónde te encuentras? Quizá estés al comienzo de tu matrimonio o cerca del final. A lo mejor tienes bebés en el regazo o adolescentes subidos a la cabeza. O tal vez se encuentren solos en un nido vacío. ¿Su matrimonio seguirá floreciendo hasta el final, «hasta que la muerte los separe»? ¿Los dos estarán resplandecientes cuando cumplan las bodas de oro? ¿Cuál es el plan que tienen para que su relación se mantenga fresca, vital y satisfactoria durante todo el largo y difícil trayecto?

Dondequiera que te encuentres en tu travesía matrimonial, cada día tienes la oportunidad de fortalecer la relación con la persona que pasarás el resto de tu vida. La inversión que hagas en un matrimonio para toda la vida es una inversión en un matrimonio a prueba de divorcio.

AMOR QUE RECORRE LA DISTANCIA

Cuando nos casamos, Barb y yo teníamos veintiuno y veintitrés años respectivamente. A esa joven edad no había forma de que nuestras mentes captaran el significado de lo que era una relación para toda la vida. Es verdad, habíamos observado el amor de nuestros padres sosteniéndose durante décadas, pero solo después de acumular veintisiete años juntos hemos tenido la suficiente experiencia de primera mano para comprender lo que significa un compromiso para siempre.

Hemos descubierto que el amor de casados se parece más a una planta en maceta que a un ramo de flores. El increíble brillo de un ramo de flores cortadas dura solo unos pocos días. Luego los capullos se secan y se caen. Una planta radiante dura mucho más. Las flores pueden abrirse una y otra vez. Lo que todos necesitamos es un amor que le permita a nuestra relación crecer en forma continua y florecer sin cesar. Necesitamos una dimensión de amor que refresque y apoye nuestro lazo como pareja casada, que ayude a cada miembro a sentirse bien confiado y arraigado en la relación.

Barb y yo llamamos a esta faceta del amor *el amor que renueva*. Este amor que renueva mantiene vivo el compromiso del matrimonio. Refresca de manera continua la promesa solemne y sincera de un amor duradero que nos hicimos delante de Dios, de nuestras familias y de nuestros amigos.

¿De qué se trataba ese compromiso? Tal vez parezca una pregunta tonta, pero conocemos a muchas personas que suponen que el compromiso de su matrimonio solo abarca la fidelidad sexual o no pensar jamás en la posibilidad de divorciarse. Sin embargo, el compromiso matrimonial es mucho más que esto. La verdadera esencia del amor que renueva es un compromiso para seguir creciendo juntos. Es una promesa continua de amar al máximo de tu capacidad, de no rendirte jamás. Es un compromiso sellado por el inquebrantable lazo que Dios formó entre tú y tu cónyuge cuando se hicieron aquella promesa diferente a todas las demás. Es un compromiso vivo que Dios hace funcionar.

El amor que renueva refresca y apoya ese lazo inquebrantable y los ayuda a ti y a tu cónyuge a sentirse confiados y arraigados. Fíjate en alguno de los profundos beneficios que disfrutarás. El amor que renueva:

- ❖ proporciona un entorno en el que se puede formar el nivel más profundo de confianza humana;
- ❖ suple la *seguridad* que permite que la *intimidad* se desarrolle a plenitud;
- ❖ los protege a ti y a tu cónyuge del temor de romper promesas;
- ❖ te ayuda a redescubrir las raíces de tu relación y a permanecer apegado de forma vital al amor de tu vida;
- ❖ proporciona *seguridad para los hijos* que crecen en tu hogar; y
- ❖ apúntala a todos los demás amores que protegen del divorcio y les permite florecer.

MANERAS DE NUTRIR EL AMOR QUE RENUEVA

Todos conocemos parejas que tenían la seria intención de cumplir las promesas que pronunciaron el día de su boda, pero cuyos matrimonios se secaron y murieron. Descuidaron el lazo vivo entre el esposo y la esposa, un lazo que debe cuidarse a diario y con entusiasmo. No refrescaron ni renovaron su amor, entonces, cuando aparecieron los problemas, estos matrimonios no pudieron soportar. Los arrancaron de raíz.

Barb y yo deseamos darte cinco claves para el amor que renueva, maneras específicas en que puedes refrescar y apoyar tu compromiso matrimonial.

Decide perseguir el sueño

Esperamos que te des cuenta que el matrimonio soñado que describimos al comienzo de este libro no es un espejismo. Es un lugar real dentro del mapa del matrimonio, tan real como la desilusión, el distanciamiento, la desconexión, la discordia y el divorcio emocional.

Aun así, recuerda: Cuando hablamos del matrimonio soñado, no nos referimos a un matrimonio en el que nos amamos de una manera perfecta y jamás nos herimos el uno al otro. No queremos decir que serás inmune a las circunstancias difíciles o que no tendrás que esforzarte para alcanzar la intimidad y la comunicación. El sueño describe la *calidad de la relación* entre los dos, no la *calidad de las circunstancias*. Al poner en práctica las clases de amor que crean un matrimonio a prueba de divorcio, pueden regresar al sueño y tener un matrimonio lleno de vida incluso en medio del estrés y las luchas. Esforzarse dentro de la relación es el estado normal de un matrimonio saludable, ¡incluso cuando vives en el sueño!

El sueño es la clase de matrimonio que todos esperábamos cuando comprometimos nuestras vidas delante del altar. Es un matrimonio en el que los esposos son diligentes en perdonarse entre sí, satisfacen las necesidades del otro, conquistan juntos las dificultades, se protegen los dos de amenazas y tentaciones, disfrutan de la continua cercanía emocional, física y espiritual, y se comprometen a mantener al matrimonio fresco y vivo.

Dios desea aun más que tú esta clase de matrimonio para ti y tiene los recursos para llevarte hasta allí. Con todo, existe un requisito previo: Debes decidirte a perseguir el sueño. Si deseas que el lazo de tu matrimonio sea cada vez más fuerte, no sucederá por accidente. Si deseas que tu unión sea todo lo que puede ser, no debes dejarla librada al azar. Creemos que sin un compromiso básico de perseguir lo mejor para tu matrimonio, los esfuerzos por implementar las seis clases de amor de las que hemos hablado en este libro fracasarán. El primer paso del amor que renueva es decidir en tu corazón que deseas perseguir el sueño. Necesitas un compromiso que te impulse hacia el sueño y hacia las cualidades que harán florecer tu relación.

Comprométete con Cristo

Barb y yo hacemos todo lo posible por equipar a las iglesias y a las parejas para que tengan matrimonios a prueba de divorcio. Te instamos a ti y a tu cónyuge a que no te conformes con nada menos que lo mejor de Dios en tu relación. Esta no es idea nuestra; los matrimonios a prueba de divorcio son idea de Dios. Estas normas altas para el matrimonio, las seis facetas del amor que presentamos, tienen sus raíces en la Escritura. Por lo tanto, la actitud que debes tener al buscar el amor que renueva en tu matrimonio es la misma actitud de humildad y servicio que tenía Jesús (véase Filipenses 2:1-11).

Una vez que te comprometes a perseguir el sueño de Dios para tu matrimonio, necesitas de su poder para que se haga realidad. El compromiso de perseguir este sueño comienza con un compromiso con Cristo. Solo si permaneces conectado a Cristo encontrarás los recursos para la travesía que Dios te tiene preparada. Jesús dijo: «Yo soy la vid y ustedes son las ramas. El que permanece en mí, como yo en él, dará mucho fruto; separados de mí no pueden ustedes hacer nada» (Juan 15:5). Esto se ajusta tanto a nuestros matrimonios como a nuestras vidas individuales de servicio a Dios. Necesitamos a Jesús, pero cuidado: el enemigo hará todo lo posible por engañarte y desviarte de la fuente de vida que es tuya por medio de la conexión con Cristo. Como descubrió una pareja, la desconexión no siempre es resultado de la desobediencia flagrante ni de la rebelión. El enemigo es capaz de engañarte para apartarte de tu dependencia de Cristo de maneras muy sutiles.

Cuando Paul y Tasha se mudaron a la costa oeste debido a un nuevo trabajo de Paul, disfrutaron de la visita a muchas iglesias grandes y con elevados perfiles. Sin embargo, cada domingo se sentían como dos espectadores solitarios en medio de las multitudes. Después de meses de buscar iglesia, todavía no habían encontrado un lugar en el que sintieran que encajaban. Entonces la pareja decidió tomar un descanso de la enseñanza y la comunión que había nutrido su relación hasta ese momento. Paul había ido a la iglesia cada domingo de su vida. Era evidente que si faltaba algunos domingos no le haría daño. Y Tasha pensó que sería grandioso dormir los domingos e ir a la playa al mediodía. Como estaban lejos de la familia y los amigos, no tenían nadie que los controlara y que los reprendiera por faltar a la iglesia.

Pronto la pareja se dio cuenta de que la decisión no era la mejor para su matrimonio. «Después de algunos meses de dormir», explica Tasha, «nos dimos cuenta de que nuestra pasión espiritual desaparecía. Parecía que nunca teníamos tiempo para orar ni para comentar cualquier pensamiento espiritual. Aun así, lo que en verdad nos hizo caer en la cuenta de lo que sucedía fue que comenzamos a discutir por toda clase de cosas. Nos comportábamos de manera egoísta como nunca antes lo habíamos hecho.

»Al mirar hacia atrás, Paul y yo sentimos como si hubiéramos pasado por alto una curva en nuestras vidas y nos hubiéramos apartado del camino. Dios nos había conducido a nuestro nuevo hogar, pero nosotros no tuvimos en cuenta preguntarle cuál era el lugar en el que *Él* quería que nos congregáramos. En cuanto Paul y yo le preguntamos a Dios a dónde debíamos ir, pudimos encontrar una iglesia en la que nos encontramos cómodos. La llamamos "la pequeña iglesia debajo de la autopista". La gente de allí nos dio la bienvenida. Hasta nos hablaban de la primera vez que los visitamos. Por primera vez desde que nos mudamos al oeste, nos sentimos rodeados de gente que se preocupaba por nosotros, y una vez que obtuvimos una dosis fresca del amor de Dios para nosotros, tuvimos más amor el uno por el otro. Nos sorprendimos al ver cómo un sencillo paso como este de conectarnos con un grupo de cristianos podía volver a poner a nuestro matrimonio en el camino».

Dios no espera que nuestro compromiso con Él sea una tarea que cumplir. Estar pegados a Él es sencillamente su manera primaria de darle poder al compromiso que tenemos el uno con el otro.

Barb tuvo una experiencia que presenta otra clave para construir en tu matrimonio un cimiento del amor que renueva. Te la comentará.

Entra al mundo de tu cónyuge

Almorzaba con unas amigas cuando una de las mujeres comenzó a quejarse de que su marido jugaba demasiado al golf.

—¿Por qué no vas con él? —pregunté.

—¡No aguanto el golf! —exclamó mi amiga.

—Pero Stacey, amas a tu esposo. Ve y juega con él. Únete a él, entra en su mundo.

Al principio no me hizo caso, pero al terminar nuestro almuerzo decidió anotarse en una clase de golf para principiantes. No le contó nada a su esposo porque deseaba darle una sorpresa.

Pasadas varias semanas, Stacey apareció en el campo de golf en el que su esposo se preparaba para jugar. Quedó un poco sorprendido, pero cuando anunció que formaba parte de su grupo de cuatro, quedó encantado. Desde entonces, han disfrutado jugando muchas rondas de golf juntos y hasta tienen un día fijo para jugar una noche por semana durante los meses de verano.

Cuando los cónyuges se comprometen a entrar el uno en el mundo del otro, por lo general les espera una verdadera revelación. Es probable que tu cónyuge viva en un mundo que rara vez exploras. Cuando experimentas de primera mano sus intereses y actividades (lo cual comprende desde trabajo, pasatiempos, libros y programas de televisión favoritos, hasta miembros de la familia y amigos), puedes tener una rica fuente de comprensión. Entrar al mundo de tu cónyuge es una manera grandiosa de renovar el lazo de amor.

Mujeres, no es necesario que sean buenas en todo lo que su esposo hace, ni tampoco tienen que sentir el mismo entusiasmo que él siente por lo que le interesa; pero si desean unirse desde lo más profundo con sus esposos, necesitan validar sus intereses y unirse a algunas de sus actividades. Si juega a los bolos, acompáñalo algunas veces para mirar, para vitorearlo y hacer algunos tiros, ya sea que tumbes todos los bolos o que la bola se desvíe. Si mira de forma religiosa el fútbol por televisión una vez a la semana, prepara un tazón de palomitas de maíz y mira televisión a su lado. Si le encanta entretenerse trabajando en el garaje, quédate un rato con él observando, haciendo preguntas y pasándole herramientas.

Lo mismo es válido para los hombres. Esposos, abran sus ojos a las experiencias que conforman el mundo de su esposa. La mayoría de las mujeres tiene una vida interesante y atareada. ¿Alguna vez te has dado cuenta del esfuerzo, la planificación y las complicaciones que forman parte del programa diario de tu esposa? Ya sea que sus días transcurran alrededor de un empleo, del cuidado de los niños, o del intento desesperado de realizar ambas cosas a la vez, ponte en sus zapatos durante uno o dos días todos los meses. ¿Qué puedes hacer con ella o por ella de manera que disfrute de algún tiempo libre o tenga tiempo para recrearse cada día?

No sugerimos que te entrometas en el grupo de golf de tu esposo ni que entres al club de libros de tu esposa sin que te inviten. Busquen cosas divertidas que los dos puedan hacer juntos. Entra con tu cónyuge a su mundo. Llévalo a una tienda a elegir su presente de cumpleaños seis meses antes durante la liquidación. Acompáñala a la tienda de regalos para descubrir sus perfumes favoritos. No le entregues simplemente un certificado de regalo. Entra en su mundo y entrégale tú mismo el regalo.

También puedes explorar las facetas más serias de la vida de tu cónyuge. ¿Cuánto sabes sobre su trabajo, ya sea dentro o fuera de la casa? Si es posible, visita su centro de trabajo. Conoce a la gente con la que tu cónyuge interactúa cuarenta horas a la semana o más. Si no puedes visitar el lugar de trabajo, hojea alguna publicación para aprender más acerca de su tarea. Asistan juntos a una conferencia de negocios o a una exposición de ventas. Si uno de los dos se queda en casa, lo justo es que el otro cónyuge tome esa tarea durante todo un día de vez en cuando. Entérate de las complejidades de su agenda, del mundo social con el que se relaciona el que se queda en casa.

También puedes entrar al mundo de tu cónyuge haciendo preguntas: «¿Qué hiciste hoy en el trabajo (o en casa)?», «¿Cómo anduvieron las cosas?», «¿Qué victorias tuviste?», «¿Cuáles fueron tus mayores luchas?», «¿Cómo las enfrentaste?», «¿Cuál sería la cosa que más te gustaría cambiar del día de hoy?».

Mientras más tiempo y energía inviertas en experimentar el mundo de tu cónyuge, más fuerte será el lazo entre los dos.

Anímense sin cesar el uno al otro

Gary es la principal persona que me anima y yo soy la principal persona que lo alienta a él. Hay dos cosas que se deben entender en cuanto a animar al otro. En primer lugar, el apoyo que proviene de las gradas puede cambiar el resultado de un partido. Saber que alguien tiene confianza en nosotros en un momento en que ya no creemos en nosotros mismos es un motivador de un poder increíble. En segundo lugar, los que animan siempre andan cerca. A diferencia de los fanáticos, que se van del estadio más temprano cuando parece que el partido se pierde, los que animan se quedan hasta el final. Y siempre aparecen en el partido siguiente, aunque el equipo local recibiera una paliza la última vez.

Es difícil imaginar algo más alentador que a tu cónyuge alentándote mientras las tormentas de la vida rugen a tu alrededor. Algunas veces hasta puede motivar a otros que te rodean para que se unan al vitoreo. La actriz de cine y teatro Celeste Holm una vez dijo: «Vivimos gracias al aliento y morimos si no lo tenemos. De manera lenta, triste y furiosa». Donde mejor se ajustan sus palabras es en el matrimonio. A Gary y a mí nos entristece ver que el auténtico aliento escasea en muchos hogares hoy en día. Tanto los hombres como las mujeres necesitan aliento. Cuando encuestamos a hombres y mujeres preguntándoles las principales necesidades en el matrimonio, descubrimos que *tanto* hombres como mujeres ponían al aliento en el cuarto lugar de sus necesidades.

Como los hombres y las mujeres son diferentes, el aliento que se den el uno al otro puede adquirir diferentes formas. Fíjate de qué manera necesidades similares se satisfacen en forma distinta en el caso de las esposas y los esposos.

NECESIDADES DE LOS ESPOSOS	NECESIDADES DE LAS ESPOSAS
1. Una tarjeta una o dos veces al año para decirle que lo aman.	1. Dosis diarias de «te amo» (¡Las tarjetas y las flores también sirven!)
2. Una salida nocturna de vez en cuando.	2. Una noche por semana los dos solos.
3. Un compañero de golf (o de navegación o del juego de bolos).	3. Una amiga en la que pueda confiar.
4. Un nuevo desafío cada cinco años para que la vida siga siendo interesante.	4. Frecuentes momentos libres de su rutina para recargar la batería.
5. Una palmada en la espalda proveniente de los muchachos en la cancha de baloncesto.	5. Abrazos de apoyo de parte de sus amigas.

Una de las cosas más refrescantes y renovadoras que puedes hacer por tu matrimonio es ofrecer continuo apoyo a tu cónyuge. De este modo, se estimula el espíritu de equipo. Cuando Gary y yo tenemos un problema, nunca se trata de Gary en contra de mí, ni yo en contra de él; somos los dos en contra del problema. Por supuesto, las discusiones y el enojo se encienden algunas veces en nuestro hogar, igual que en el tuyo. Sin embargo, Gary y yo nos hemos puesto de acuerdo por el bien de nuestro matrimonio en ser humildes y honrarnos el uno al otro a través de cada palabra que nos digamos.

Esposos, las quejas y las peleas pueden ser devastadoras para una mujer. Cuando le dices palabras ásperas a tu esposa, es como si le arrojaras piedras. Esposas, cuando no apoyan ni alientan a su esposo, es como si lo abuchearan en lugar de vitorearlo.

También serás una gran fuente de aliento y apoyo cuando tu cónyuge te escuche orar en voz alta por él. Por ejemplo, si tu cónyuge te tomara de las manos antes del desayuno y orara: «Querido Señor, ayúdame a ser el cónyuge más amoroso y que más apoye en el día de hoy. Ayúdame a amar a mi cónyuge como tú nos amas. Cambia mi corazón y corrige mis faltas en los aspectos en que estoy equivocado y bendice a mi cónyuge con un día feliz y satisfactorio», ¿cómo te sentirías?

¿Cuánto aliento te proporciona saber que tu cónyuge se preocupa lo suficiente por ti como para invocar el mayor bien de Dios sobre tu vida? ¿Cuán bendecido te sientes al saber que tu cónyuge le pide a Dios que lo cambie para ser lo mejor posible? Tú puedes proporcionar esa clase de aliento diario al orar juntos el uno por el otro.

Como Gary y yo trabajamos juntos y también vivimos juntos, nos enfrentamos a conflictos potenciales durante todo el día. No te imaginas cuántas parejas nos han dicho que no podrían trabajar con sus cónyuges. Sin embargo, nosotros no cambiamos nuestra situación por nada, aunque tengamos nuestros momentos ásperos.

Un día, luego de un debate acalorado y de la toma de una decisión en la oficina, uno de los miembros más nuevos de nuestro equipo me llevó aparte. Estaba impresionada por la manera en que Gary y yo resolvimos la situación en la que no estábamos de acuerdo. «Aun en medio del conflicto», dijo, «se honran el uno al otro».

Esto es lo que implica ser el que vitorea al cónyuge. Esto significa estar en el mismo equipo, alentándose el uno al otro hacia una meta común. Necesitamos ponernos de acuerdo en los asuntos importantes, pero debemos comprometernos a amarnos, honrarnos y apreciarnos el uno al otro durante el proceso. Ayuda a tu cónyuge a saber que es más importante para ti que cualquier problema y que tu relación nunca corre riesgo, incluso cuando discuten. Ten siempre una actitud de aliento y apoyo. Renovará el lazo de amor entre ustedes.

Tenemos un consejo más para renovar el amor. Gary les hablará de la importancia de resistir cuando otras parejas se dan por vencidas.

Comprométete a guardar el pacto

Algunas personas se han casado en ceremonias poco comunes. Si buscas en la Red bajo el título «bodas inusitadas», descubrirás que una pareja se puede casar cabalgando a caballo, a bordo de un crucero, dando saltos con cuerdas elásticas, tirándose de un avión en caída libre, buceando, volando en helicóptero, remando en canoa, sumergidos en una bañera caliente, posados en lo alto de un podio, flotando en un globo aerostático o galopando hacia una cuidad fantasma. Una mujer que se llama a sí misma reverenda Karyl «Caso a cualquiera» Miller ofrece «ceremonias dulces, sinceras y personalizadas» que van desde «bodas baratas y muy de moda», hasta «la boda millonaria que paga papá». Puedes «deslizarte al matrimonio en una pista de patinaje» o «amarrar tus botes en el mismo embarcadero». Hasta puedes celebrar la ceremonia en una montaña rusa «siempre y cuando proporciones bolsas para el mareo».

Aunque Barb y yo no tenemos nada en contra de las ceremonias creativas y con un significado personal, sospechamos que a una pareja que se casa mientras cae en paracaídas, el verdadero significado del matrimonio puede estrellársele contra la tierra sin paracaídas.

Es triste, pero la disolución de los matrimonios se trata muchas veces de manera tan superficial como las bodas novedosas. Vivimos en la tierra de los acuerdos prenupciales y del divorcio sin culpa. Al haber hablado con miles de parejas, Barb y yo hemos descubierto que el divorcio es contagioso, como una gripe o un resfriado. Cuando las parejas vienen y nos anuncian que se van a divorciar, la primera pregunta que casi siempre le hacemos es: «¿Conocen a otra persona en trámites de divorcio?». Por lo general, es un amigo cercano o un pariente. El divorcio crea una atmósfera de aceptación para los que rodean a la pareja, que los hace abandonar sus propios matrimonios.

En la esencia del amor que renueva se encuentra la continua reafirmación del compromiso de permanencia en el matrimonio, amar al máximo de nuestra capacidad y nunca rendirnos. Este compromiso es mucho más solemne de lo que la mayoría de las personas entiende. Es un compromiso tanto mayor que uno común y corriente que necesitamos una palabra diferente para referirnos a él. Es un *pacto*. Este es un término que ya no usamos mucho. Un pacto es un acuerdo vinculante e inquebrantable entre dos personas.

Puedes entender el significado del término cuando consideras su uso en la Biblia. Dios hizo un pacto con Abraham cuando le prometió que haría de su descendencia una nación poderosa. Dios hizo un pacto con Moisés y con los israelitas cuando les dio los Diez Mandamientos. Dios hizo un pacto con David cuando juró que su trono duraría para siempre. Hizo un pacto con nosotros cuando Cristo murió por nuestros pecados y nos abrió el camino a Dios a través de la fe en Él.

Estos pactos bíblicos son serios, permanentes e irrevocables. Tu matrimonio también es un pacto y deberías considerarlo con la misma solemnidad. El pacto de gracia de Dios movió a Jesucristo de manera voluntaria y estoica hacia la cruz. Tu pacto matrimonial debería llevarte a cualquier extensión necesaria de amor, honor y aprecio por la vida de tu cónyuge.

Vivir tu pacto de matrimonio cada día es lo que trae una sensación de confianza y de arraigamiento a tu relación. No necesitas preguntarte si permanecerán juntos o no; la decisión ya se tomó. Y cuando afirmas esa decisión día tras día mediante el compromiso y el servicio amoroso, incluso en los tiempos difíciles, te sentirás confiado y arraigado en tu lazo inquebrantable.

Hudson Taylor, el gran misionero de la China, dijo una vez que cuando el estrés viene sobre una relación, levanta una cerca entre las dos personas y los empuja al aislamiento, o se pone al costado de ambos y los empuja a uno más cerca del otro. Cuando nos encontramos dentro de una relación de pacto, no le damos lugar al estrés para que nos divida. Lo único que puede hacer es acercarnos más. Un compromiso así nos da la capacidad de decir con confianza: «Perseveraremos. Lo lograremos. Remaremos contra la corriente en una cultura que no aplaude el compromiso. Tenemos un amor que dirá otra vez: "Sí, acepto"».

EL DIVORCIO NO ES UNA OPCIÓN

Esposos, la supervivencia misma de su matrimonio depende de que reconozcan el alcance del pacto que hicieron el día de su boda. El amor que renueva dice con absoluta convicción: «El divorcio no es una opción. Estamos casados para toda la vida». Sin esta promesa firme hecha a Dios y el uno al otro, tu matrimonio es vulnerable a la derrota desde todos los ángulos; pero cuando te plantas en la promesa de para toda la vida que hiciste, tu matrimonio logrará sobrevivir a cualquier cosa.

A continuación tenemos lo que uno de los participantes de nuestras conferencias nos escribió sobre la permanencia del matrimonio:

> *Mi esposo y yo asistimos a una conferencia donde ustedes hablaron. Hace ocho años que estamos casados y hemos tenido los altibajos normales, como cualquier pareja; pero nuestro primer año fue en extremo difícil. A pesar de que a través de nuestro compromiso y boda me sentía llena de gozo, desde el momento en que salí de la iglesia y me fui de luna de miel, me sentí cada vez más desilusionada con la vida de casada.*
>
> *Desde aquel mismo día, se plantó un pensamiento en mi cabeza y permití que quedara allí; el pensamiento de que quizá nos divorciaríamos algún día. Ahora bien, mis padres nunca se divorciaron ni tampoco los padres de mi esposo; pero mi matrimonio nunca me parecía «bueno». Sencillamente no estábamos hechos el uno para el otro. Me*

parecía que habíamos cometido un terrible error (y estoy segura de que él sentía lo mismo). Los dos pensábamos que nos habíamos casado con un monstruo.

Por la gracia de Dios, salimos adelante durante esos primeros años, pero los pensamientos de divorcio seguían rondando en mi cabeza. Sin embargo, al mismo tiempo, Dios comenzaba a enseñarme algo que nunca antes había comprendido o de lo que nunca me había dado cuenta: nuestro matrimonio no era un error. Estaba casada con la persona adecuada. Comencé a cambiar mi actitud para ser la esposa que Dios quería que fuera.

Durante la conferencia, alguien dijo que el matrimonio es para toda la vida. Entonces me di cuenta que nunca había rechazado ese pequeño pensamiento de divorcio que rondaba mi mente. Así que, alabado sea Dios, ahora he tomado una decisión consciente. Mi esposo es mi esposo para toda la vida. Estoy comprometida con él mientras viva. Es el regalo perfecto de Dios para mí.

Debemos borrar para siempre la idea del divorcio de nuestra mente. Nuestros matrimonios estarán protegidos a prueba de divorcio solo cuando nos comprometamos a no usar jamás la palabra que empieza con *d: divorcio.* Antes de que podamos conocer la profunda seguridad y confianza que Dios pretende que disfrutemos como pareja, necesitamos estar seguros en el fondo de nuestro corazón de que nuestra relación está arraigada en un amor que nunca se dará por vencido.

La renovación de tu compromiso con tu cónyuge es tan esencial para un matrimonio a prueba de divorcio que deseamos explicar en el próximo capítulo de qué manera tú y tu cónyuge pueden guardar su compromiso en la vanguardia de sus mentes y en el centro de su matrimonio.

quince

NUTRE TU MATRIMONIO PARA QUE DURE TODA LA VIDA

$\mathcal{C}$uando Mike y Cheryl, cuya historia contamos en los primeros capítulos de este libro, celebraron el vigésimo aniversario de su nuevo casamiento, la multitud que los rodeaba sabía que estos esposos habían dado un giro completo. Cuando estaban divorciados veinte años atrás, la joven pareja no veía posibilidades de reconciliación. La ira y las palabras abusivas que intercambiaron, junto con la sensación de seguridad de que estos patrones hirientes nunca cambiarían, los separó por completo. La animosidad y el dolor eran tan grandes que durante siete meses después del divorcio ni siquiera se hablaban a no ser por breves intercambios que tenían cuando se entregaban a su hijito.

Sin embargo, dos décadas después, Mike y Cheryl estaban juntos de pie frente a cientos de personas en la rotonda del capitolio del estado de Iowa. Resultó ser que este aniversario especial tuvo lugar el mismo día que el gobernador de Iowa proclamó como el día del matrimonio y la familia. La multitud estaba atenta mientras Mike y Cheryl contaban su historia y luego firmaban un pacto matrimonial, una reafirmación de sus votos que reconocía la permanencia del lazo matrimonial diseñado por Dios.

Por cierto, Mike y Cheryl Wells han dado un giro completo. En lugar de repartir leche, Mike es ahora un ejecutivo en el negocio de la familia, la Corporación *Wells Blue Bunny* que factura setecientos millones de dólares, fabricantes del helado *Wells Blue Bunny*. El pasado doloroso de la pareja pasó y se sustituyó por el perdón, el altruismo y el compromiso inconmovible. En la actualidad, Mike y Cheryl tienen cuatro hijos y no pueden creer lo maravilloso que es su matrimonio. Ven cada día como un comienzo, como otro paso en la travesía. Y la historia de la reconstrucción de su matrimonio de la ruina total del divorcio tiene un profundo impacto en los matrimonios en todo el país.

Cuando estaban divorciados, Mike y Cheryl eran sinceros al pensar que lograrían escapar el uno del otro. Entonces se encontraron frente a frente con una realidad transformadora de la vida. Su matrimonio, el primero, los había unido en un lazo sagrado. «Desde el día del divorcio fui la persona más desdichada del mundo», dice Mike. «La noche en que el divorcio fue definitivo, me fui a beber con mis amigos. Alguien vino y me dijo: "¡Vaya! Debes sentirte de maravillas. Al fin te divorciaste". Le dije que nunca me había sentido más vacío en toda mi vida. Me habían quitado una parte de mí. Me faltaba un pedazo».

Mike pensó que al estar lejos de Cheryl todo andaría bien. Aunque los papeles legales decían que ya no eran uno, no podían cortar el lazo emocional que se había formado entre ellos. En su caso, el divorcio los hacía sentir como si les hubieran arrancado un brazo o una pierna.

En aquel entonces no comprendían que cuando pronunciaron el primer «sí, acepto», se trataba de una promesa para toda la vida. Dios los había unido el uno al otro sobre la base de su compromiso y deseaba que volvieran a estar juntos. No estaba dispuesto a permitir que se separaran sin luchar, ¡incluso después del divorcio!

Este es nuestro mensaje para ti: no importa en qué lugar del mapa del matrimonio te encuentres, aunque languidezcas en el divorcio emocional o incluso estés en vías de la separación y el divorcio legal, las cosas buenas son posibles porque existe un lazo entre ustedes y Dios no permitirá que lo pasen por alto. Él creó el lazo del matrimonio, ese solemne pacto, para que sea inquebrantable. El amor que renueva lo mantiene así y los ayuda a sentirse confiados y arraigados en el amor mutuo.

EL MATRIMONIO ES PARA TODA LA VIDA

Dios tomó en serio el pacto que hicieron el día de su boda. Queda claro que su intención es que el matrimonio sea un compromiso para toda la vida.

Como reconoce el dolor de las relaciones rotas, Dios nos advierte de las maneras más fuertes en contra del divorcio. En el último libro del Antiguo Testamento, el profeta Malaquías escribe:

> Y todavía preguntan por qué. Pues porque el SEÑOR actúa como testigo entre ti y la esposa de tu juventud, a la que traicionaste aunque es tu compañera, la esposa de tu pacto. ¿Acaso no hizo el SEÑOR un solo ser, que es cuerpo y espíritu? Y ¿por qué es uno solo? Porque busca descendencia dada por Dios. Así que cuídense ustedes en su propio espíritu, y no traicionen a la esposa de su juventud. «Yo aborrezco el divorcio —dice el SEÑOR, Dios de Israel—, y al que cubre de violencia sus vestiduras», dice el SEÑOR Todopoderoso. (2:14-16)

En este breve pasaje, Malaquías nos enseña varios principios centrales del pacto matrimonial:

1. Dios es testigo del pacto matrimonial.
2. El pacto matrimonial se encuentra en primer lugar en la lista de las preocupaciones de Dios por su pueblo.
3. Dios hace que los esposos sean uno en cuerpo y espíritu.
4. Dios busca una descendencia para sí.
5. Debemos guardarnos y no traicionar a nuestro cónyuge.
6. Dios aborrece el divorcio.

¿Entiendes por qué Barb y yo sentimos tanta pasión por proteger del divorcio a los matrimonios de Estados Unidos? ¡Los matrimonios a prueba de divorcio son idea de Dios!

Dios nos llama a proteger nuestro matrimonio del divorcio no solo por nuestro bien y por su gloria, sino también por el bien de

nuestros hijos. Él desea una descendencia. Los beneficios del pacto matrimonial siempre salpican y bendicen a nuestros hijos.

Nuestra hija Missy tenía diez años cuando un hombre en nuestro vecindario dejó a su esposa y a cuatro hijos, todos menores de doce años. Cuando pasamos junto a estos niños que jugaban en la calle con sus bicicletas, estacioné el auto a un lado, le tomé el rostro a Missy entre las manos y le dije:

—Missy Rosberg, voy a decirte algo.

—¿Qué, papi? —dijo con los ojos muy abiertos.

La traspasé con la mirada y le dije con énfasis:

—Nunca, nunca, *nunca* dejaré a tu madre.

—Lo sé, papá —dijo Missy sonriendo—, porque si lo intentas, les voy a coser los cuerpos para que jamás puedan separarse.

¡Creo que su respuesta me impresionó más de lo que mi proclama la impresionó a ella!

Los niños hoy necesitan saber que el matrimonio es para toda la vida. De forma más específica, *tus* hijos necesitan saber que *tu* matrimonio es para toda la vida.

Necesitamos proteger nuestro matrimonio a prueba de divorcio por el bien de la próxima generación. No solo les digas a tus hijos que estás comprometido para toda la vida, *muéstraselos*. Demuéstrales que tu compromiso se trasunta en cada actitud y acción.

En el pasaje de Malaquías Dios no se limitó a diagnosticar el problema. También señaló la solución; nos mostró el camino de regreso al centro de su voluntad. «Así que cuídense ustedes en su propio espíritu, y no traicionen a la esposa de su juventud» dijo (versículo 15). La Versión Reina Valera-1960 traduce «no traicionen» como «no seáis desleales». Esto es justo lo que les decimos que hagan. Estén alerta a cualquier cosa que ponga en riesgo su matrimonio o lo destruya. Practiquen sin cesar el amor que perdona, el que sirve, el que persevera, el que protege, el que celebra y el que renueva. Nunca traiciones a tu cónyuge. Eso es construir un matrimonio a prueba de divorcio.

EL ESTADO DE TU UNIÓN

Ahora es el momento de un verdadero control. Barb y yo queremos hacerte una pregunta: ¿Cómo te va en el proceso de construir un matrimonio a prueba de divorcio? De forma más precisa, ¿adónde te encuentras en el mapa del matrimonio? Una parte muy importante del proceso de reconstrucción en el caso de Mike y Cheryl, en el de nosotros y en el de otras parejas mencionadas en este libro fue llegar al sincero reconocimiento del estado de nuestros matrimonios.

Por lo tanto, piensa con cuidado en el estado de tu unión.

EL ESTADO DE NUESTRO MATRIMONIO

Repasa las siete escalas en el mapa del matrimonio tal como se describen abajo, luego marca una o dos que te parezca que se acercan más a la descripción de tu matrimonio en el día de hoy. Ten en cuenta que tu cónyuge quizá tenga una perspectiva diferente del estado de tu matrimonio. Si este es el caso, Barb y yo recomendamos que los dos completen el ejercicio de manera independiente y luego discutan juntos la evaluación. Si poner las respuestas en el libro te hace sentir demasiado vulnerable, haz dos fotocopias de la lista (véase apéndice A para encontrar una lista que se puede fotocopiar) y registra allí tus respuestas.

M   E

SUEÑO

☐   ☐   Nos comunicamos con franqueza y no guardamos secretos inadecuados.

☐   ☐   Nos perdonamos el uno al otro y procuramos el perdón.

☐   ☐   Procuramos descubrir y satisfacer las necesidades del otro.

☐   ☐   Enfrentamos y conquistamos circunstancias difíciles.

☐   ☐   Protegemos nuestro matrimonio contra amenazas y tentaciones.

☐   ☐   Disfrutamos de la constante cercanía emocional, física y espiritual.

☐   ☐   Estamos comprometidos «hasta que la muerte nos separe».

DESILUSIÓN

☐   ☐   Tenemos dificultad para afirmarnos el uno al otro.

☐   ☐   Nos sorprenden las fallas del otro.

☐   ☐   Nos sentimos desanimados ante las imperfecciones del otro.

☐   ☐   Nos causamos heridas y enojos.

☐   ☐   Tenemos conflictos en cuanto a nuestras diferencias.

☐   ☐   Comparamos al otro con los demás.

☐   ☐   Desearíamos poder cambiar cosas en el otro.

DESALIENTO

☐   ☐   Siempre nos preguntamos si en nuestro matrimonio falta algo.

❏ ❏ Tenemos razones para estar insatisfechos con nuestro matrimonio.

❏ ❏ No nos entendemos ni satisfacemos las necesidades mutuas.

❏ ❏ Sentimos que no le importamos al otro.

❏ ❏ No tenemos éxito en satisfacer las necesidades del otro.

❏ ❏ Tenemos dificultad para expresarnos las necesidades.

❏ ❏ Nos preguntamos si escogimos al cónyuge equivocado.

DISTANCIAMIENTO

❏ ❏ No vemos un respiro en nuestras dificultades.

❏ ❏ Realizamos muchas actividades en forma independiente, sin el otro.

❏ ❏ Nos hemos dado por vencidos con respecto a la mayor parte de las expectativas hacia el otro.

❏ ❏ Sentimos muy poco entusiasmo al estar casados.

❏ ❏ Algunas veces nos sentimos y actuamos como extraños.

❏ ❏ Nos reservamos muchos de nuestros pensamientos y sentimientos, y no se los decimos al otro.

❏ ❏ Enfrentamos un problema que puede llegar a separarnos.

DESCONEXIÓN

❏ ❏ Algunas veces nos sentimos solos aun cuando estamos juntos.

❏ ❏ No sentimos una conexión emocional el uno con el otro.

❏ ❏ Casi nunca tenemos mucho para decirnos.

❏ ❏ Por lo general, no entendemos o malinterpretamos lo que dice el otro.

❏ ❏ Dirigimos nuestra atención y nuestras actividades en dirección contraria al otro.

❏ ❏ Dudamos que nuestro matrimonio cambie para mejor.

❏ ❏ No estamos interesados el uno en el otro.

DISCORDIA

❏ ❏ Pensamos y actuamos de manera negativa el uno hacia el otro.

❏ ❏ Nos atacamos y nos herimos verbalmente.

❏ ❏ Nos preguntamos cómo serían las cosas si no estuviéramos casados.

❏ ❏ Nos preguntamos cómo sería estar casados con otro.

❏ ❏ Sentimos que estamos en guerra.

❏ ❏ Nos falta ternura e intimidad sexual.

❏ ❏ No podemos esconder de los demás que nuestro matrimonio se encuentra bajo una severa tensión.

DIVORCIO EMOCIONAL

❏ ❏ Seguimos casados por alguna otra razón que no es el amor.

❏ ❏ No tenemos esperanza de que nuestro matrimonio mejore.

❏ ❏ Fingimos que nuestro matrimonio está bien para guardar las apariencias.

❏ ❏ Lo único que queremos es protegernos de más dolor.

❏ ❏ Nos hemos separado o hemos considerado la posibilidad de separarnos.

❏ ❏ Nos sentimos emocionalmente apegados a otra persona.

❏ ❏ En el aspecto emocional ya estamos fuera de nuestro matrimonio.

SÍ, TE PUEDE SUCEDER A TI

La sinceridad con respecto al punto de partida, la condición actual de tu matrimonio, es el primer paso para trazar el camino de vuelta hacia el sueño. Sin embargo, desde el comienzo, algunas parejas no son sinceras en cuanto al verdadero estado de su matrimonio. El mismo número de parejas que se divorcian por año debiera ser suficiente para asustarnos y ser sinceros. No te tires abajo al decir que tu matrimonio está peor de lo que en realidad está, pero tampoco te engañes pensando que eres inmune a la desilusión, al desaliento, al distanciamiento, a la desconexión y a la discordia que pueden llevar al divorcio emocional. El amor que renueva comienza por ver cuál es la situación y la llama por su nombre.

Puedes decir: «La mayor parte del tiempo estoy comprometido a renovar mi matrimonio, pero algunas veces no me siento tan comprometido. ¿Qué tiene de malo "levantarse con el pie izquierdo" en el matrimonio de vez en cuando?». Es lamentable, pero una interrupción ocasional en el compromiso puede llevar a problemas matrimoniales más serios. El experto en matrimonio y profesor de sicología John Gottman nota que la insatisfacción con respecto al matrimonio que crece poco a poco puede reflejar un período de tensión matrimonial más largo que experimentan muchas parejas.

Gottman afirma que cada matrimonio pasa por un ciclo de fases calientes y frías. Los primeros siete años son, por lo general, una fase caliente y de sumo compromiso durante la cual tratamos en verdad de aprender y practicar la solución de los conflictos. Algunas veces arremetemos de cabeza y hasta podemos ser ásperos, pero tratamos de solucionarlo. En los siguientes siete años, entramos en una fase fría en la que nos volvemos distantes y suprimimos las emociones. Las fases frías son mortales en potencia. Si no atacamos nuestros problemas, podemos encontrarnos enredados en un matrimonio sin risa, sin amor y sin interés el uno por el otro[1].

Gottman también advierte acerca de cuatro indicadores de peligro inminente en el matrimonio. Sus métodos predicen con precisión de noventa y cuatro por ciento de probabilidades de divorcio en los matrimonios donde se encuentran estos cuatro indicadores:

❖ *Queja*. La queja puede estar dirigida a tu cónyuge o puede ser acerca de él, pero tu esposo o esposa reciben el mensaje.

❖ *Estar a la defensiva*. Un cónyuge a la defensiva dice: «Levanto la guardia. Eres el enemigo y no te quiero cerca de mí».

❖ *Desprecio*. Cuando las paredes defensivas se levantan, hay enojo y este puede generar el desprecio. Esta es la discordia de la que hemos hablado.

❖ *Retraimiento*. Esto significa apartarse de manera emocional o física de la situación. Cierras la persiana[2].

¿Alguna vez te has quejado de tu cónyuge o le has llevado quejas? ¿Te das cuenta de hasta dónde te puede llevar un lapso tan «insignificante» en el compromiso? Barb y yo nos lo tomamos muy en serio. Si no experimentas de manera constante el amor que renueva, tu matrimonio se encuentra en peligro de dirigirse en la dirección equivocada.

EL CAMINO DE REGRESO AL SUEÑO

Aquí están las buenas noticias. Dondequiera que te encuentres hoy en el mapa del matrimonio, puedes encontrar el camino de regreso hacia el sueño al edificar uno a uno en tu matrimonio los elementos del amor que protegen contra el divorcio. Te hemos contado cada una de estas historias en este libro.

❖ *El amor que perdona* reconcilió a Mark y Shanon después que Mark revelara su adicción a la pornografía.

❖ *El amor que sirve* le permitió a Robertson McQuilkin ministrarle a Muriel cuando cayó víctima del Alzheimer.

❖ *El amor que persevera* preservó a Dan y a Jeanie luego de la caída en el accidente de la construcción que dejó paralítico a Dan.

❖ *El amor que protege* erigió una nueva pared de protección para Michelle después de su aventura con un hombre que conoció en la Internet.

❖ *El amor que celebra* acercó a Carl y a Danielle en intimidad espiritual.

❖ *El amor que renueva* vio a Mike y Cheryl renovar su compromiso y mantenerlo fresco cada día.

El lugar en el que se encuentra tu matrimonio es importante, pero el lugar hacia el que te diriges es más importante. Por lo tanto, Barb y yo deseamos hacerte algunas otras preguntas: ¿Qué harás para edificar en tu matrimonio las diversas clases de amor que protegen contra el divorcio? ¿Qué clase de amor es el que más necesitas hoy para empezar a proteger tu matrimonio del divorcio? Teniendo en cuenta que no puedes abordar todos los problemas al mismo tiempo, y que la protección a prueba de divorcio es un proceso de toda la vida, ¿en qué lugar concentrarán tú y tu cónyuge sus esfuerzos en este momento?

DE REGRESO AL SUEÑO

Fíjate en la lista que se encuentra a continuación y marca las clases de amor que te parece que traerán de manera más eficaz el crecimiento que necesita tu matrimonio. Luego indica en los espacios en blanco a la derecha qué clase de amor te parece que merece la más alta prioridad en la estrategia para regresar al camino hacia el sueño. Identifica las tres prioridades principales. Completen el ejercicio de manera independiente y luego discutan juntos la evaluación. Si poner las respuestas en el libro te hace sentir demasiado vulnerable, haz dos fotocopias de la lista (véase apéndice A para encontrar una lista que se puede fotocopiar) y registra allí tus respuestas.

M   E

❑   ❑   El amor que perdona (prioridad: _____)

❑   ❑   El amor que sirve (prioridad: _____)

❑   ❑   El amor que persevera (prioridad: _____)

❑   ❑   El amor que protege (prioridad: _____)

❑   ❑   El amor que celebra (prioridad: _____)

❑   ❑   El amor que renueva (prioridad: _____)

Una palabra de advertencia: Si deseas un compromiso sólido en tu matrimonio, comienza con el amor que renueva. Pondrá a todos los demás en acción. Necesitas los elementos protectores contra el divorcio del amor que perdona, el amor que sirve, el amor que persevera, el amor que protege y el amor que celebra para hacer que tu matrimonio dure toda la vida; pero si no te comprometes desde lo más profundo a experimentar, y seguir experimentando, estas diversas expresiones, te faltará la confianza de que tu matrimonio logrará sobrevivir a las presiones de la cultura del siglo veintiuno.

El amor puede ser una decisión, pero es más que una decisión del corazón y la mente. Debes comprometer toda tu energía para nutrir, alimentar y apreciar a tu cónyuge.

Ya ves, el diseño de Dios es que la persona a la que le dices «sí, acepto» sea el amor de tu vida. Tu compromiso hacia esa persona se debe renovar con cada día que pasa de manera que tu amor crezca y se profundice hasta llegar a un nivel de intimidad más allá de lo que jamás hubieras podido soñar. Esto no es fantasía. Es una realidad viva para los que llegan a entender el significado del amor y se comprometen a amar de esta manera.

A lo largo de todo libro, nos hemos referido a una serie de cuadernos de ejercicios que te ayudarán a poner en práctica el amor que protege contra el divorcio de una manera práctica y satisfactoria. La herramienta diseñada para solidificar tu compromiso con el proceso de mantener vivo el amor es el cuaderno de ejercicios titulado *Divorce-proof Your Marriage Workbook*. Este cuaderno de ejercicios te ayudará a comprender lo que cada uno de los amores que protegen contra el divorcio significa para tu matrimonio. También te ayudará a profundizar tu compromiso con el proceso de rendir cuentas en cuanto a la experimentación de estos amores de una manera constante. Barb y yo te animamos a que saques ventaja de estos cuadernos de ejercicios e invites a tus amigos a unirse a ti en la apasionante aventura de descubrir otra vez el amor de tu vida.

SI RECORRES EL CAMINO SOLO

Tal vez leas este libro y apliques sus lecciones por tu cuenta porque a tu cónyuge no le interesa proteger tu matrimonio contra el divorcio. Barb y yo oramos por ti debido a que nuestro corazón se duele. Si pudiéramos sentarnos contigo para escuchar tu historia personal de dolor y aislamiento, te diríamos que tu compromiso es, en primer lugar y por sobre todas las cosas, con Dios. Deja que Él sea tu compañero en el proceso de protección de tu matrimonio contra el divorcio desde tu lado de la relación. No existe un mayor lugar de bendición que aquel que nos ampara bajo el amor y el cuidado de Dios.

También deseamos ofrecerte algunas razones para que sigas en el proceso de proteger tu lado del matrimonio contra el divorcio aunque tu cónyuge no te siga. Hazlo por el bien de tu propia fidelidad a Dios. Hazlo con la esperanza de que tu compañero cambiará; pero también hazlo por el bien de tus hijos y de las otras personas en tu vida. Puede ser difícil, pero trata de pensar más allá de tu propio dolor, en aquellos que se beneficiarán de tu compromiso y ejemplo de un amor contra el divorcio. Tal vez tus hijos no miren hacia atrás y digan que sus padres tuvieron un matrimonio ideal, pero mirarán hacia atrás y dirán que vieron a su madre y a su padre mostrar un compromiso de amor.

Uno de los grandes desafíos de estar solo para renovar el matrimonio es confiar en Dios en cuanto a la obra que tiene que hacer en la vida de tu cónyuge. La posibilidad de restauración es muy grande cuando pones en práctica como cónyuge la humildad y la obediencia. No dejes de creer lo que Dios puede hacer y hará a través de ti.

Mientras tanto, puedes experimentar dolor y desilusión. Necesitas expresar tus sentimientos y recibir aliento. Lo mejor que puedes hacer con tu dolor es llevarlo a una persona cristiana de tu mismo sexo que sea madura y que te apoye: un pastor, la esposa de un pastor, el líder de un estudio bíblico, un consejero, un amigo cristiano maduro, etc. Al hacerlo, continúa aferrándote a la esperanza de lo que tu gran Dios puede hacer por tu matrimonio mientras mantienes el compromiso que asumiste el día de tu boda.

CAPTA LA VISIÓN

No hace mucho tiempo, Barb y yo nos encontrábamos almorzando juntos en Carmel, California, donde nos encontrábamos hablando en una conferencia para matrimonios. Cuando miré al otro lado de la mesa y vi a mi esposa y compañera en el ministerio, le dije:

—Barb, ¿qué está haciendo Dios en nuestro ministerio? Quiero decir, Él hace cosas tremendas. Somos anfitriones de cientos de programas de radio y hablamos en conferencias todos los años. Tenemos un gran compañero en la casa de publicaciones *Tyndale House Publishers*. Tengo el privilegio de conocer a cientos de hombres todas las semanas en nuestro ministerio *Cross-Trainers*. Todo esto es grandioso —le dije—, ¿pero será que Dios tiene un propósito para nosotros más allá de lo que estamos haciendo? ¿Será que desea combinar estos elementos para lanzar una campaña que tenga un profundo impacto sobre nuestra nación, una campaña que toque a decenas de miles de iglesias y a cientos de miles de hogares? ¿Será que Dios nos ha estado preparando todo este tiempo para ser instrumentos que protejan a los matrimonios y a las familias de Estados Unidos en contra del divorcio?

—Gary, ¿de dónde salió esa idea? —me dijo Barb un tanto confusa.

—Creo que vino del Señor, Barb —le dije, y se lo dije en serio.

Por lo general, Dios no se me revela a través de visiones. Lo hace mediante su Palabra y la oración. Sin embargo, aquel día la visión de Dios fue muy clara para mí. Se nos llamaba a Barb y a mí a tomar una posición a favor de los hogares de Estados Unidos, a desafiar a la iglesia y al pueblo de Dios para que trazaran una línea en la arena y declararan: «Por mi parte, mi familia y yo serviremos al SEÑOR». Se nos ponía en una posición para servir al cuerpo de Cristo, para entregar nuestras vidas y ministerio a brindar ayuda a fin de recuperar lo que el enemigo ha robado: el matrimonio y la familia cristiana.

Luego comencé a pensar: ¿Qué esfuerzo más valioso podríamos llevar a cabo que desafiar, edificar y enseñar los principios basados en la Biblia que has leído en este libro para edificar hogares amorosos y preparar matrimonios a prueba de divorcio en Estados Unidos? Para nosotros, no existe un llamado mayor y deseamos ayudarte en tu matrimonio y en tu iglesia a que protejas a las familias en contra del divorcio.

Lo fundamental es lo siguiente:

Si no lo hacemos juntos, ¿quién lo hará?

Si no lo hacemos *ahora*, ¿cuándo?

Si no comienza aquí, con nuestra familia y con los nuestros, ¿dónde?

Barb y yo creemos que un fuego santo puede encenderse por toda esta tierra. Si tomas los principios que te hemos dado y permites que echen raíz y crezcan en el terreno de tu matrimonio, te encuentras bien encaminado hacia proteger a tu hogar contra el divorcio. Aun así, eso no es todo. Si tú, como pareja, como pastor, como líder de un pequeño grupo, como maestro de la clase de adultos de la escuela dominical, les enseñas estos principios a otras parejas por las que te preocupas, te convertirás en un héroe de la familia. Piensa en el impacto que se produce a medida que las pautas de Dios contra el divorcio cambian pareja tras pareja, familia tras familia.

Déjame aclarar la visión y decirte cómo Dios ya ha usado este material para cambiar a los matrimonios de una iglesia. En el otoño de 2001, presentamos esta campaña en nuestra iglesia local, *Valley Church* en West Des Moines, Iowa, donde hicimos una prueba de campo con este material. Ministramos a unas quinientas personas durante ocho domingos consecutivos por la noche. La última noche, celebramos una reunión de pacto en la que doscientas veinte parejas firmaron pactos personales, así como un pacto de toda la iglesia, comprometiéndose a seguir hasta el final en sus matrimonios. Esa noche vimos parejas que tenían menos de un año de casados y parejas de cuarenta o cincuenta años de casados que celebraron un compromiso para toda la vida con el matrimonio. Teníamos a cuatro generaciones de una familia que fueron testigos del nuevo compromiso de un esposo y una esposa con sus votos matrimoniales. Había niñas vestidas como damas de compañía que acompañaban a sus padres.

Semanas más tarde, una abuela de ochenta y tantos años se me acercó y me dijo que había estado en el santuario aquella noche con su hijo y su hija. Su comentario lo dijo todo: «Gary, estuve en su *primera* boda hace veinte y tantos años y no hubiera dado ni un centavo por la duración de su matrimonio, pero luego de ver cómo Dios los ha transformado a través de estas series, *sé* que ahora lo van a lograr».

Una pareja proclamó que luego de haber estado sentada en el estacionamiento de la iglesia durante tres domingos por la noche después de las reuniones, planeando su divorcio en medio de la desesperación, Dios los restauró. Luego, con lágrimas en los ojos, nos mostraron sus flamantes alianzas de boda que celebraban su compromiso. En la actualidad, el pacto matrimonial de toda la iglesia está colgado en el vestíbulo de bienvenida, proclamándola como la primera iglesia en este movimiento para proteger a Estados Unidos del divorcio. Esposos y esposas, niños y abuelos, amigos en las buenas y en las malas pueden volver al documento para recordar la gracia de Dios y la proclama de una familia de creyentes comprometida a seguir hasta el final en sus matrimonios. Hasta terminamos la última noche con una torta de bodas, con ponche y una celebración con niños, nietos y amigos.

Sí, podemos promover una campaña nacional y ver innumerables hogares transformados. Pero cuidado. Si no les enseñamos estos principios a nuestros hijos, corremos el riesgo de perder la mayor oportunidad de todas: transmitir nuestro legado de hogares piadosos a la próxima generación. Barb y yo creemos que, *por el bien de la próxima generación*, no existe causa más valiosa. Este fuego santo debe purificar primero nuestros propios hogares.

Por lo tanto, prepárate para la acción. Ponte la armadura de Dios. Toma la Palabra de Dios en tu corazón y en tu hogar. Ponte de rodillas en oración. Mantente limpio delante de tu cónyuge y del Señor Jesús. Experimenta su gracia y perdón cuando luches y luego vuelve a la carrera. Y esparce la buena palabra que dice que Dios no ha terminado con los hogares estadounidenses. Solo busca parejas que estén dispuestas a unirse a Él en el ministerio de proteger a los matrimonios contra el divorcio por el bien de la próxima generación.

Pueden contar con Barb y conmigo. Estamos aquí para ayudarlos a ustedes, a su iglesia o a su grupo pequeño. Y como todavía siguen leyendo el libro a esta altura, creemos que están de nuestro lado.

Te veremos en la batalla o en el otro lado. ¡Dios te bendiga!

EVALUACIÓN DEL MAPA
DEL MATRIMONIO

$\mathcal{C}$ada prueba y lista de opciones analizadas en este libro se incluyen aquí en un formato que es fácil de fotocopiar para el uso de una pareja o de un grupo pequeño de parejas.

MAPA DEL MATRIMONIO

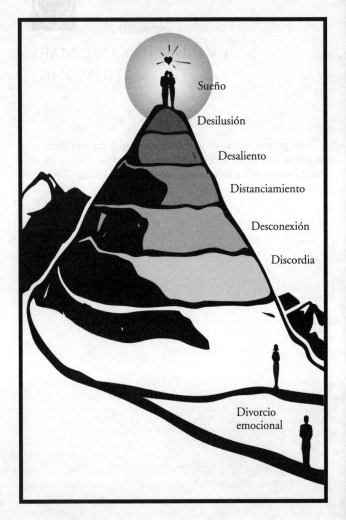

Sueño

Desilusión

Desaliento

Distanciamiento

Desconexión

Discordia

Divorcio
emocional

LA ESCALA DEL SUEÑO

Compárate con estos indicadores y marca cualquiera que describa el estado actual de tu matrimonio:

M   E

❑   ❑   Me comunico con facilidad con mi cónyuge y no guardamos secretos inadecuados.

❑   ❑   Perdono a mi cónyuge cuando me ofende y pido perdón cuando ofendo. Me siento amado sin restricciones.

❑   ❑   Mi cónyuge y yo procuramos con empeño descubrir y satisfacer las necesidades del otro.

❑   ❑   Hemos enfrentado y conquistado circunstancias difíciles que han destruido los matrimonios de otros.

❑   ❑   Me cuido de forma consciente de las amenazas y tentaciones que quizá separen nuestro matrimonio.

❑   ❑   Disfrutamos de la continua cercanía emocional, física y espiritual.

❑   ❑   Nos hemos comprometido a mantener nuestra relación fresca y viva «hasta que la muerte nos separe».

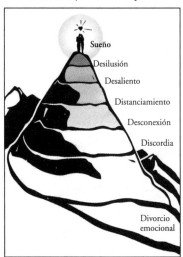

Sueño
Desilusión
Desaliento
Distanciamiento
Desconexión
Discordia
Divorcio emocional

LA ESCALA DE LA DESILUSIÓN

Compárate con estos indicadores y marca cualquiera que describa el estado actual de tu matrimonio:

M   E

☐   ☐   Tengo dificultad para expresarle mi apoyo a mi cónyuge o para hablar bien de él delante de otros.

☐   ☐   Mi cónyuge no es la persona impecable con la que pensé que me había casado.

☐   ☐   Me sorprendo y me desanimo cuando encuentro una imperfección en mi cónyuge.

☐   ☐   Ambos nos hemos herido y hemos hecho enojar al otro.

☐   ☐   Mi cónyuge y yo hemos tenido conflictos debido a las diferentes personalidades, a las tendencias masculinas y femeninas o a las maneras de hacer las cosas tal como las aprendimos en nuestras familias.

☐   ☐   Comparo a mi cónyuge con otras personas.

☐   ☐   Tengo una lista mental de cosas que me gustaría cambiar en mi cónyuge.

Sueño
Desilusión
Desaliento
Distanciamiento
Desconexión
Discordia

Divorcio emocional

LA ESCALA DEL DESALIENTO

Compárate con estos indicadores y marca cualquiera que describa el estado actual de tu matrimonio:

M	E	
☐	☐	A menudo me pregunto si me estoy perdiendo algo en mi matrimonio.
☐	☐	Tengo una lista mental de razones por las cuales estoy insatisfecho con mi matrimonio.
☐	☐	Mi cónyuge insinúa –o dice– que no lo comprendo o que no sé cómo satisfacer sus necesidades.
☐	☐	En mi matrimonio, mis necesidades no se ven satisfechas. Siento que las amistades de mi cónyuge, su trabajo, su participación en la iglesia y los hijos son más importantes que yo.
☐	☐	Aunque reconozca las necesidades de mi cónyuge, no logro satisfacerlas.
☐	☐	Me cuesta mucho expresar mis necesidades de manera tal que mi cónyuge pueda entenderlas y satisfacerlas.
☐	☐	Me pregunto si me equivoqué al escoger a mi cónyuge.

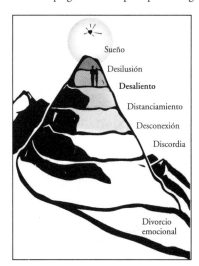

Sueño
Desilusión
Desaliento
Distanciamiento
Desconexión
Discordia
Divorcio emocional

LA ESCALA DEL DISTANCIAMIENTO

Compárate con estos indicadores y marca cualquiera que describa el estado actual de tu matrimonio:

M	E	
☐	☐	Describiría nuestra relación como «parcialmente nublado, sin probabilidades de buen tiempo».
☐	☐	Casi siempre lleno mi tiempo libre con actividades que no incluyan a mi cónyuge.
☐	☐	He renunciado a la mayoría de las expectativas que tenía con respecto a mi cónyuge.
☐	☐	Me pregunto si alguna vez mi cónyuge se siente entusiasmado ante la idea de estar casado conmigo.
☐	☐	Algunas veces mi cónyuge me parece un extraño.
☐	☐	A mi cónyuge no le digo muchos de mis pensamientos o sentimientos.
☐	☐	Me preocupa pensar que algún día quizá enfrentemos un problema que sea mayor que nuestra disposición para permanecer juntos.

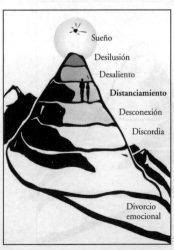

Sueño
Desilusión
Desaliento
Distanciamiento
Desconexión
Discordia

Divorcio emocional

LA ESCALA DE LA DESCONEXIÓN

Compárate con estos indicadores y marca cualquiera que describa el estado actual de tu matrimonio:

M   E
- ☐   ☐   Algunas veces me siento solo, aun cuando estoy con mi cónyuge.

- ☐   ☐   Me resulta difícil «sentir» que mi esposo me ama. Lo sé de manera intelectual, pero no siento una conexión emocional.

- ☐   ☐   Cuando estamos juntos, no tenemos mucho que decirnos.

- ☐   ☐   Cuando hablamos, por lo general no nos entendemos o nos malinterpretamos.

- ☐   ☐   Prefiero dedicar mi tiempo, mi energía y mi dinero a algo o a alguien que no sea mi cónyuge.

- ☐   ☐   Dudo que mi matrimonio crezca o cambie para mejor.

- ☐   ☐   No creo que a mi cónyuge le interese mucho quién soy ni qué deseo hacer.

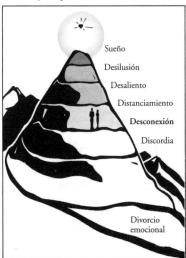

Sueño

Desilusión

Desaliento

Distanciamiento

Desconexión

Discordia

Divorcio emocional

LA ESCALA DE LA DISCORDIA

Compárate con estos indicadores y marca cualquiera que describa el estado actual de tu matrimonio:

M E
☐ ☐   La mayoría de mis pensamientos sobre mi cónyuge es negativo.

☐ ☐   Mi cónyuge y yo nos agredimos verbalmente y nos decimos cosas que lastiman.

☐ ☐   Muchas veces me pregunto cómo sería estar o no casado con una persona diferente.

☐ ☐   Sueño despierto o fantaseo con otra persona que quizá sea mejor cónyuge.

☐ ☐   Siento como si mi cónyuge y yo estuviéramos en guerra.

☐ ☐   La verdadera ternura hacia mi cónyuge es un recuerdo desvanecido. Esquivamos la intimidad sexual.

☐ ☐   La familia y los amigos cercanos se dan cuenta de que nuestro matrimonio está bajo severas tensiones.

Sueño
Desilusión
Desaliento
Distanciamiento
Desconexión
Discordia

Divorcio
emocional

LA ESCALA DEL DIVORCIO EMOCIONAL

Compárate con estos indicadores y marca cualquiera que describa el estado actual de tu matrimonio:

M   E
☐   ☐   Sigo casado por otra razón ajena al amor hacia mi cónyuge.

☐   ☐   He perdido la esperanza de que mi matrimonio mejore.

☐   ☐   Finjo no tener problemas matrimoniales para guardar las apariencias.

☐   ☐   Mi meta principal en el matrimonio es protegerme de más dolor.

☐   ☐   Mi cónyuge y yo nos hemos separado o hemos considerado la posibilidad de la separación.

☐   ☐   Mi corazón está apegado hasta lo más profundo a otra persona que no es mi cónyuge, aunque no actúe de acuerdo a ese sentimiento.

☐   ☐   Sé que en el aspecto emocional me he alejado de mi cónyuge.

Sueño
Desilusión
Desaliento
Distanciamiento
Desconexión
Discordia

Divorcio emocional

EL ESTADO DE NUESTRO MATRIMONIO

Repasa las siete escalas en el mapa del matrimonio tal como se describen abajo, luego marca una o dos que te parezca que se acercan más a la descripción de tu matrimonio en el día de hoy. Ten en cuenta que tu cónyuge quizá tenga una perspectiva diferente del estado de tu matrimonio. Si este es el caso, Barb y yo recomendamos que los dos completen el ejercicio de manera independiente y luego discutan juntos la evaluación. Si poner las respuestas en el libro te hace sentir demasiado vulnerable, haz dos fotocopias de la lista y registra allí tus respuestas.

M   E

SUEÑO

❑   ❑   Nos comunicamos con franqueza y no guardamos secretos inadecuados.

❑   ❑   Nos perdonamos el uno al otro y procuramos el perdón.

❑   ❑   Procuramos descubrir y satisfacer las necesidades del otro.

❑   ❑   Enfrentamos y conquistamos circunstancias difíciles.

❑   ❑   Protegemos nuestro matrimonio contra amenazas y tentaciones.

❑   ❑   Disfrutamos de la constante cercanía emocional, física y espiritual.

❑   ❑   Estamos comprometidos «hasta que la muerte nos separe».

DESILUSIÓN

❑   ❑   Tenemos dificultad para afirmarnos el uno al otro.

❑   ❑   Nos sorprenden las fallas del otro.

❑   ❑   Nos sentimos desanimados ante las imperfecciones del otro.

❑ ❑ Nos causamos heridas y enojos.

❑ ❑ Tenemos conflictos en cuanto a nuestras diferencias.

❑ ❑ Comparamos al otro con los demás.

❑ ❑ Desearíamos poder cambiar cosas en el otro.

DESALIENTO

❑ ❑ Siempre nos preguntamos si en nuestro matrimonio falta algo.

❑ ❑ Tenemos razones para estar insatisfechos con nuestro matrimonio.

❑ ❑ No nos entendemos ni satisfacemos las necesidades mutuas.

❑ ❑ Sentimos que no le importamos al otro.

❑ ❑ No tenemos éxito en satisfacer las necesidades del otro.

❑ ❑ Tenemos dificultad para expresarnos las necesidades.

❑ ❑ Nos preguntamos si escogimos al cónyuge equivocado.

DISTANCIAMIENTO

❑ ❑ No vemos un respiro en nuestras dificultades.

❑ ❑ Realizamos muchas actividades en forma independiente, sin el otro.

❑ ❑ Nos hemos dado por vencidos con respecto a la mayor parte de las expectativas hacia el otro.

❑ ❑ Sentimos muy poco entusiasmo al estar casados.

❑ ❑ Algunas veces nos sentimos y actuamos como extraños.

❑ ❑ Nos reservamos muchos de nuestros pensamientos y sentimientos, y no se los decimos al otro.

❑ ❑ Enfrentamos un problema que puede llegar a separarnos.

DESCONEXIÓN

❑ ❑ Algunas veces nos sentimos solos aun cuando estamos juntos.

❑ ❑ No sentimos una conexión emocional el uno con el otro.

❑ ❑ Casi nunca tenemos mucho para decirnos.

❑ ❑ Por lo general, no entendemos o malinterpretamos lo que dice el otro.

❑ ❑ Dirigimos nuestra atención y nuestras actividades en dirección contraria al otro.

❑ ❑ Dudamos que nuestro matrimonio cambie para mejor.

❑ ❑ No estamos interesados el uno en el otro.

DISCORDIA

❑ ❑ Pensamos y actuamos de manera negativa el uno hacia el otro.

❑ ❑ Nos atacamos y nos herimos verbalmente.

❑ ❑ Nos preguntamos cómo serían las cosas si no estuviéramos casados.

❑ ❑ Nos preguntamos cómo sería estar casados con otro.

❑ ❑ Sentimos que estamos en guerra.

❑ ❑ Nos falta ternura e intimidad sexual.

❑ ❑ No podemos esconder de los demás que nuestro matrimonio se encuentra bajo una severa tensión.

DIVORCIO EMOCIONAL

❑ ❑ Seguimos casados por alguna otra razón que no es el amor.

❑ ❑ No tenemos esperanza de que nuestro matrimonio mejore.

❏	❏	Fingimos que nuestro matrimonio está bien para guardar las apariencias.
❏	❏	Lo único que queremos es protegernos de más dolor.
❏	❏	Nos hemos separado o hemos considerado la posibilidad de separarnos.
❏	❏	Nos sentimos emocionalmente apegados a otra persona.
❏	❏	En el aspecto emocional ya estamos fuera de nuestro matrimonio.

DE REGRESO AL SUEÑO

Fíjate en la lista que se encuentra a continuación y marca las clases de amor que te parece que traerán de manera más eficaz el crecimiento que necesita tu matrimonio. Luego indica en los espacios en blanco a la derecha qué clase de amor te parece que merece la más alta prioridad en la estrategia para regresar al camino hacia el sueño. Identifica las tres prioridades principales. Completen el ejercicio de manera independiente y luego discutan juntos la evaluación. Si poner las respuestas en el libro te hace sentir demasiado vulnerable, haz dos fotocopias de la lista y registra allí tus respuestas.

M E
❏	❏	El amor que perdona (prioridad: _____)
❏	❏	El amor que sirve (prioridad: _____)
❏	❏	El amor que persevera (prioridad: _____)
❏	❏	El amor que protege (prioridad: _____)
❏	❏	El amor que celebra (prioridad: _____)
❏	❏	El amor que renueva (prioridad: _____)

Apéndice B

DESCUBRE TUS CINCO
NECESIDADES PRINCIPALES

*E*stos datos representan el informe mayoritario que surgió de nuestra encuesta hecha a setecientas parejas en ocho ciudades. Le dimos a cada esposo y cada esposa una lista de veinte necesidades y les pedimos que las ubicaran en orden de importancia. Las listas que se encuentran a continuación representan sus elecciones.

¿Cómo hubieras ordenado tus necesidades según su importancia? ¿Cómo las hubiera ordenado tu cónyuge? Descubre tus cinco necesidades principales y analízalas con tu cónyuge.

CINCO NECESIDADES DE LOS ESPOSOS	CINCO NECESIDADES DE LAS ESPOSAS
1. Amor y aceptación incondicionales	1. Amor y aceptación incondicional
2. Intimidad sexual	2. Intimidad emocional y comunicación
3. Amistad	3. Intimidad espiritual
4. Ánimo y afirmación	4. Ánimo y afirmación
5. Intimidad espiritual	5. Amistad
6. Confianza	6. Relaciones familiares.
7. Sinceridad y franqueza	7. Sinceridad y franqueza
8. Intimidad emocional y comunicación	8. Contacto físico no sexual
9. Relaciones familiares	9. Seguridad y estabilidad

10. Ser deseado

10. Romance

11. Apoyo en la profesión

11. Confianza

12. Proveer y proteger

12. Comprensión y empatía

13. Tiempo personal

13. Intimidad sexual

14. Comprensión y empatía

14. Tiempo personal

15. Admiración

15. Ser deseada

16. Seguridad y estabilidad

16. Apoyo doméstico

17. Trascendencia

17. Proveer y proteger

18. Romance

18. Trascendencia

19. Apoyo doméstico

19. Admiración

20. Contacto físico no sexual

20. Apoyo en la profesión

Capítulo 2: El mapa del matrimonio

1. Mike McManus, *«Marriage Savers Answers 25 Tough Questions»*, pregunta 2, 2001; <www.marriagesavers.org/public/marriage_savers_answers_25_tough.htm>

2. E. Mavis Hetherington y John Kelly, *For Better or for Worse: Divorce Reconsidered*, Norton, Nueva York, 2002, p. 272.

3. *Ibíd.*, p. 262.

4. Citado en John Trent, *My Mother's Hands*, WaterBrook, Colorado Springs, CO, 2002, p. 1.

5. William Doherty, «Warning Signs of a Breakup Quiz Can Assess Situation», *USA Today*, 21 de julio de 2001.

Capítulo 3: Puedes lograr un matrimonio a prueba de divorcio

1. Robert Coombs, «Marital Status and Personal Well-Being: A Literature Review», *Family Relations* 40, enero de 1991, pp. 97-102.

2. Linda J. Waite, «Why Marriage Matters», trabajo presentado en *Strengthening Marriage Roundtable*, Washington, D.C., 23 de junio de 1997.

3. Mike McManus, *«Marriage Savers Answers 25 Tough Questions»*, pregunta 18, 2001; <www.marriagesavers.org/public/marriage_savers_answers_25_tough.htm>.

4. *Ibíd.*

5. *Ibíd.*

6. La lista de las seis maneras en que los hijos sufren a causa del divorcio se basa en Karen S. Peterson, «Unhappily Ever After: Children of Divorce Grow into Bleak Legacy», *USA Today*, 5 de septiembre de 2000, que resume los hallazgos registrados en la obra de Judith Wallerstein, Julia Lewis y Sandra Blakeslee, *The Unexpected Legacy of Divorce*, Hyperion, Nueva York, 2000.

Capítulo 4: El camino pedregoso de las heridas y el enojo

1. Les Carter, *Good 'n' Angry*, Baker, Grand Rapids, 1983, p. 35.
2. Lewis B. Smedes, *Forgive and Forget*, Harper & Row, San Francisco, 1984, p. 133.
3. Véase Mateo 6:14-15.
4. C.S. Lewis, *El problema del dolor*, Editorial Rialp, Madrid.

Capítulo 5: Cerremos el circuito

1. Bill y Lynne Hybels, *Fit to Be Tied*, Zondervan, Grand Rapids, 1991, p. 178.
2. David A. Stoop y James Masteller, *Forgiving Our Parents, Forgiving Ourselves*, Vine Books, Ann Arbor, MI, 1991, p. 263.

Capítulo 6: En honor a tu cónyuge

1. Dennis Rainey, *Lonely Husbands, Lonely Wives*, (nuevo título: *Staying Close*), Word, Dallas, 1989, p. 31.

Capítulo 7: Comunica tus necesidades

1. Robertson McQuilkin, *A Promise Kept*, Tyndale House, Wheaton, IL, 1998, pp. 22-23.
2. *Ibíd.*, p. 85.
3. *Ibíd.*, p. 64.
4. Los cinco niveles están adaptados de la obra de John J. Powell, *Why Am I Afraid to Tell You Who I Am?*, Argus Communications, Chicago, 1969.
5. Gary y Bárbara Rosberg, *Las 5 necesidades de amor de hombres y mujeres*, Editorial Unilit, Miami, FL, 2003.
6. Gary y Bárbara Rosberg, *40 Unforgettable Dates with Your Mate*, Tyndale House, Wheaton, IL, 2002.
7. Por favor, entiende que mencionamos estos libros porque de verdad creemos que te pueden ayudar, no porque deseemos hacernos promoción.

Capítulo 8: El amor que resiste los tiempos difíciles

1. Glenna Whitley, «George and Laura, Love and Marriage», *Ladies' Homejournal*, febrero de 2002, pp. 56-58.
2. *Ibíd.*, p. 58.
3. *Ibíd.*, p. 144.
4. *Ibíd.*

Capítulo 11: Construye muros de protección

1. Todas las citas bíblicas en este párrafo se tomaron de la Nueva Versión Internacional. Énfasis añadido.

Capítulo 12: Reaviva el gozo de estar casado

1. John M. Gottman y Nan Silver, *The Seven Principles of Making Marriage Work*, Crown, Nueva York, 1999, p. 17.

Capítulo 15: Nutre tu matrimonio para que dure toda la vida

1. Karen S. Peterson, «"Hot" and "Cool" Phases Could Predict Divorce», *USA Today*, 14 de septiembre de 2000.
2. Gary Smalley, *Para que el amor no se apague*, Editorial Caribe-Betania, Nashville, TN, 1996.

ACERCA DE
LOS AUTORES

$\mathcal{E}$l **Dr. Gary Rosberg y su esposa Barbara** equipan y alientan a las familias estadounidenses a desarrollar y terminar bien la vida. Con casi treinta años de matrimonio, Gary y Barbara tienen un mensaje único para las parejas. Su éxito de librería *Las 5 necesidades de amor de hombres y mujeres,* finalista del premio *Gold Medallion,* está produciendo un impacto en los matrimonios de todo el país. También escribieron *40 Unforgettable Dates with Your Mate,* una guía práctica y creativa para planificar citas con el propósito de comprender y satisfacer las necesidades de amor de los esposos y las esposas.

Juntos dirigen un programa diario de radio que se transmite en todo el país, *America's Family Coaches... ¡LIVE!* Este programa en vivo se escucha en las ciudades de todo el país y en el cual las personas que llaman reciben el consejo de Gary y Barb sobre muchos temas relacionados con la familia. Los Rosberg también dirigen un programa radial los sábados en la radio secular WHO.

Gary y Barbara han dictado conferencias sobre la familia y asuntos en cuanto a las relaciones en más de cien ciudades en todo el país. Se encuentran en los equipos nacionales de oradores de las conferencias para matrimonios *FamilyLife* y las actividades masivas para parejas «*I Still Do*». Gary también le ha hablado a miles de hombres en las actividades de los Cumplidores de Promesas que se realizan cada año desde 1996 y a padres y adolescentes en la gira «*Life on the Edge*» de Enfoque a la Familia.

Gary, que obtuvo su doctorado en la *Drake University,* ha sido consejero matrimonial y familiar durante veinte años. Dirige *CrossTrainers,* un estudio bíblico para hombres y grupo de rendición de cuentas compuesto con más de seiscientos hombres.